Höhepunkte des Tiroler Sports

Fred Steinacher

Höhepunkte des Tiroler Sports
Jahrbuch 2024

Herausgegeben vom
Amt der Tiroler Landesregierung – Sport

Haymon

Die Drucklegung dieses Buches wurde unterstützt durch:

Amt der Tiroler Landesregierung
Sportabteilung, Mag.ª Simone Larcher

Achensee Tourismus
Arlberg St. Anton
ASVÖ
Brauunion
DCL.Racing
GEPA Pictures
GrECo International AG
HYPO Tirol Bank
IKB
IMAGO Images
Lang Bau
Region Seefeld – Tirols Hochplateau
ORF Tirol
Österreichische Lotterien
Ötztal Tourismus
Picturedesk by APA
Raiffeisen
Servus TV
Tirol Werbung
Tiroler Sparkasse
Tiroler Tageszeitung
Tiroler Versicherung
TVB Kitzbühel

Gefördert von LAND TIROL

ISBN 978-3-7099-8258-7

Haymon Verlag Ges.m.b.H.
Erlerstraße 10
A-6020 Innsbruck
office@haymonverlag.at
www.haymonverlag.at

Redaktion: Fred Steinacher
Bildredaktion: GEPA, Fred Steinacher
Layout, Satz und Umschlaggestaltung: Haymon Verlag/Maria Strobl

www.sportjahr.at

Inhalt

Wir sind ein begeistertes Sportland

Tirol ist eine Region, in der Sport eine zentrale Rolle spielt. Die beeindruckende Alpenlandschaft prägt nicht nur unsere Identität, sondern bietet eine ideale Kulisse für eine Vielzahl an Sportarten. Von schneebedeckten Gipfeln im Winter über moderne Sportstätten bis hin zu blühenden Bergwelten im Sommer – Tirol lädt Menschen jeden Alters und Könnens dazu ein, sich körperlich zu betätigen. Das Sportjahrbuch zeigt die Vielfalt, die das Sportland Tirol zu bieten hat.

Und dabei hat Sport eine doppelte Bedeutung. Er steht für Herausforderung und Gesundheit, für Anstrengung und Erholung, für Wettkampf und Teamgeist, für Erwartung und Erfolg, für Gemeinschaft und Konkurrenz. Als Landeshauptmann möchte ich deshalb allen Sportlerinnen und Sportlern in Spitzen- und Breitensport, allen Funktionärinnen und Funktionären in den Vereinen und Verbänden, aber auch allen Sportbegeisterten meinen Dank und Respekt aussprechen. Die Tirolerinnen und Tiroler sind bereit, aus eigener Kraft etwas zu schaffen. Sie sind bereit, mehr zu leisten, als sie müssten. Das erlebe ich jeden Tag im ganzen Land, in den Familien, am Arbeitsplatz und im Ehrenamt. Sport ist dabei der Inbegriff der Werte, mit denen sich Tirol identifiziert. Freiheit, Leistungsbereitschaft und Zielstrebigkeit sind kaum irgendwo so präsent. Andererseits stärkt Sport auch den Zusammenhalt und das Zusammengehörigkeitsgefühl. Wettkämpfe sind ein Ausdruck des regionalen Stolzes und gemeinschaftsstiftend. Sport hat in Tirol aber auch eine wirtschaftliche Bedeutung, insbesondere der Tourismus fußt auf den vielen Outdoor-Aktivitäten, die unser Land zu bieten hat. All diese Faktoren machen Tirol zu einer international bekannten Sportdestination und faszinierenden Sportregion.

Es liegt an uns allen, insbesondere junge Menschen für den Sport zu begeistern und ihnen den Zugang zu Sportstätten zu ermöglichen. Ob begeisterter Freizeitsportler, mitfühlender Sportfan oder erfolgreicher Profisportler – allen Tirolerinnen und Tirolern soll die Tür zu „ihrer" Sportart offenstehen.

In diesem Sinne wünsche ich Ihnen viel Freude mit dem diesjährigen Sportjahrbuch und weiterhin viele begeisternde, motivierende und vor allem unfallfreie Sportmomente. Lassen Sie sich von den Impressionen im Sportjahrbuch begeistern!

Mit sportlichen Grüßen

Anton Mattle
Landeshauptmann von Tirol

Tirols sportliche Botschafterinnen und Botschafter

Vor einigen Jahren hatte ich im Vorwort zum Tiroler Sportjahrbuch geschrieben „Sport ist das, was uns bewegt, ab und zu nachdenklich stimmt, aber meist zum Jubeln verführt!“

Und ja, seit nunmehr 26 Jahren erscheint diese Chronologie des Tiroler Sports, freut sich die große Tiroler Sportfamilie auf den Blick zurück, um sich die schönsten Augenblicke der sogenannten wichtigsten Nebensache der Welt zwischen Jänner und Dezember in Erinnerung zu rufen. Die 27. Ausgabe, die Sie, geschätzte Leserinnen und Leser, nun in den Händen halten, ist einmal mehr ein bunter Streifzug durch die faszinierende Welt des Sports.

Wie immer haben wir versucht, sowohl die umfangreichen Geschehnisse im Land als auch die Auftritte unserer vielen Sport-Botschafter*innen und Athlet*innen noch einmal in Wort und Bild einzufangen. Selbst in einem Jahr mit Olympischen Sommerspielen – wie sie heuer in Paris stattgefunden haben – oder der Europameisterschaft im Fußball (Deutschland) ist und bleibt das Sportland Tirol weltweit ein Begriff. Unzählige Veranstaltungen, Weltcups in fast allen Sportarten und selbstverständlich die großartigen Erfolge der Tiroler Sportlerinnen und Sportler sind ja ein Garant dafür, dass man über Tirol spricht. Doch nebst all den Siegen in diversen Weltcups auch die Medaillen, die bei Titelkämpfen gewonnen worden sind, aufzuzählen, würde den Rahmen dieses Vorwortes sprengen. Aber auf den folgenden 348 Seiten ist – hoffentlich – alles zu finden, was 2024 die Bedeutung und den Stellenwert des Tiroler Sports untermauerte.

Und natürlich blicken wir mit Stolz auf ein ganz besonderes Ereignis – denn mit dieser Ausgabe ist tatsächlich bereits 20 Jahre das Tiroler Sportjahrbuch unter sportjahr.at im Internet präsent. Ein Jubiläum, auf das wir gerne mit Manfred Pascher angestoßen hätten; dem Wegbereiter der Online-Version, der leider drei Monate vor dem Erscheinen des Bandes seinen tapferen Kampf gegen eine heimtückische Krankheit verloren hat. Der Sport wird sein Vermächtnis verwalten!

Wie immer gilt mein Dank jenen, die mitgeholfen haben, dass diese 27. Auflage – einzigartig in Österreich – erscheinen konnte. Den Kolleginnen und Kollegen aus der Sportredaktion der TT, deren Storys den Background liefern, der Sportabteilung des Landes, den Fotografen und Fotografinnen, die fast rund um die Uhr im Einsatz sind. Erstmals Hanna Rusch vom Haymon Verlag, wie immer Maria Strobl für ihre Geduld und Übersicht bei der Gestaltung der Seiten, weiters natürlich Victoria Ribisl, die verlässlich darauf schaut, dass etwaige Fehler rechtzeitig die Rote Karte erhalten, sowie ganz besonders all den Sponsoren, Gönnern und Förderern, die immer wieder untermauern, wie sehr sie dem Sport in diesem Land verbunden sind und es ermöglichen, dass dieses Werk Jahr für Jahr erscheinen kann.

Viel Spaß mit dem Blick zurück auf das Jahr 2024.

Herzlichst
Fred Steinacher

JÄNNER

Machtdemonstration der ÖSV-Adler am Bergisel

Die 72. Auflage der Vierschanzentournee war – wie immer schon, oder genau gesagt, seit nunmehr bereits 72 Jahren – der traditionelle sportliche Höhepunkt zum Jahreswechsel. Mit bekannten Namen als jeweilige Gewinner in den vier Austragungsorten und erstmals wieder mit einem Gesamtsieger, der keines der vier Springen gewonnen hatte. Zuletzt war dies dem Finnen Janne Ahonen in der Saison 1998/99 gelungen; diesmal lächelte in Bischofshofen der Japaner Ryoyu Kobayashi als Nummer eins der Tournee vom Podest; dies allerdings bereits zum dritten Mal. Die Österreicher? Als Mannschaft eine einsame Macht, in der Endabrechnung mit insgesamt fünf Athleten unter den Top 13 (3. Kraft, 4. Hörl, 6. Michael Hayböck, 8. Clemens Aigner, 13. Daniel Tschofenig), dazu zwei Siege in Innsbruck (Jan Hörl) und Bischofshofen (Stefan Kraft). Eine beeindruckende Machtdemonstration. Den Auftakt hatte – sehr zur Freude seiner Fans – der Deutsche Andreas Wellinger vor Kobayashi und Kraft für sich entschieden, in Garmisch siegte der Slowene Anze Lanisek vor Kobayashi und Wellinger.

Die Gala der ÖSV-Adler in Innsbruck, als Jan Hörl vor Kobayashi und Michael Hayböck triumphierte, während Kraft (6.), Tschofenig (8.), Aigner (9.) sowie der junge Tiroler Stephan Embacher (13.) kräftig mitmischten, war die Initialzündung für ein Skisprungfest im Hexenkessel des ausverkauften Bergisel-Ovals.

Der Salzburger Stefan Kraft bejubelte seinen allerersten Sieg in der engeren Heimat – gefeiert wurde anschließend mit einem Schnitzel und Pommes, ehe sich der 30-jährige auf die nächsten großen Aufgaben und damit auch den Angriff auf Janne Ahonens Podest-Rekord konzentrieren durfte.

Die strahlenden Sieger am Bergisel – Ryoyu Kobayashi (2.), Jan Hörl (1.) und Michael Hayböck (3.; v.l.n.r.).

Gesamtsieger Kobayashi wird auf den Schultern seiner japanischen Teamkollegen gefeiert.

Mit dem erst 17-jährigen Stephan Embacher, der in Innsbruck aufzeigte, steht nach Clemens Aigner und Manuel Fettner der nächste Tiroler im wahrsten Sinne des Wortes am Sprung zu einer großen Karriere.

Punktlandungen für Eva

War es in Villach noch die Slowenin Nika Prevc, die zweimal vor der Österreicherin Eva Pinkelnig gewonnen hatte, so durfte die Weltcup-Titelverteidigerin nach den ersten vier Bewerben nach ihrem verletzungsbedingt verspäteten Saisonstart trotzdem positiv bilanzieren. Zweimal Zweite in Kärnten, dazu ein vierter Platz in Garmisch, dem dann gleich der erste Triumph in Oberstdorf folgte. Dort hatte die Vorarlbergerin auf der Großschanze mit 2,7 Punkten vor der Kanadierin Strate Abigail gewonnen. Ebenfalls auf das Podest schaffte es im Allgäu Jacqueline Seifriedsberger, die auf Platz drei landete. Die „Two Nights Tour" schloss Pinkelnig damit auf Rang zwei ab.

Mika Vermeulen im Vormarsch

Auf Mika Vermeulen ist Verlass. Denn nebst Teresa Stadlober zeigte just am ersten Tag des Jahres auch der steirische Langlauf im Rahmen der Tour de Ski auf. Vermeulen hatte sich nach einer Verkühlung gut erholt und sich mit der neuntschnellsten Laufzeit von außerhalb der Top 30 in die Top 15 manövriert. Stadlober wiederum hatte sich nach den 22 Skating-Kilometern im frisch verschneiten Pustertal um drei Plätze auf den 13. Rang nach vorne gearbeitet.

Eiskalte Haie wahrten mit Serie Play-off-Chance

Damit hatten nicht einmal die größten Optimisten im Lager der zahlreichen Haie-Fans gerechnet – doch ausgerechnet nach der ersten Niederlage (1:2 gegen Wien) im Anschluss an die Trennung von Topscorer Brady Shaw sorgten die Innsbrucker mit vier Siegen in Serie für ein unglaubliches Zwischenhoch im Kampf um einen der begehrten Plätze unter den Top 6. Dem sensationellen 4:2-Erfolg in Bozen folgten ein 4:2 gegen Vorarlberg sowie das 3:1 gegen Linz und dann quasi als Draufgabe der 4:3-Sieg nach Verlängerung gegen die Villacher Adler. Kevin Roy hatte nach Vorarbeit von Adam Rockwood das 1:0 erziel, dem fast postwendend der Ausgleich der Kärntner folgte und wenig später gar der 1:2-Rückstand, den der Tiroler im VSV-Dress, Philipp Lindner, markierte. HCI-Kapitän Jan Lattner wusste mit dem 2:2 die richtige Antwort, allein die Gäste steckten nicht zurück, schossen knapp vor der zweiten Pause das 3:2. Für Spannung war also gesorgt und dieselbe erreichte nach dem neuerlichen Ausgleich durch Dario Winkler ihren Höhepunkt, als Goalie Evan Buitenhuis mit einer Glanzparade die Tiroler in die Verlängerung „hexte". Die nach einer Traumkombination von Corey Mackin und Gordie Green entschieden wurde.

Noah Kerber (blau) war im Kampf mit Linz nicht gerade zimperlich.

Jubeltraube bei den Haien nach dem nervenaufreibenden Match gegen die Villacher und dem Siegtreffer in der letzten Minute der Verlängerung.

Auf den in überragender Form spielenden Keeper Evan Buitenhuis konnten sich die Innsbrucker Haie stets verlassen.

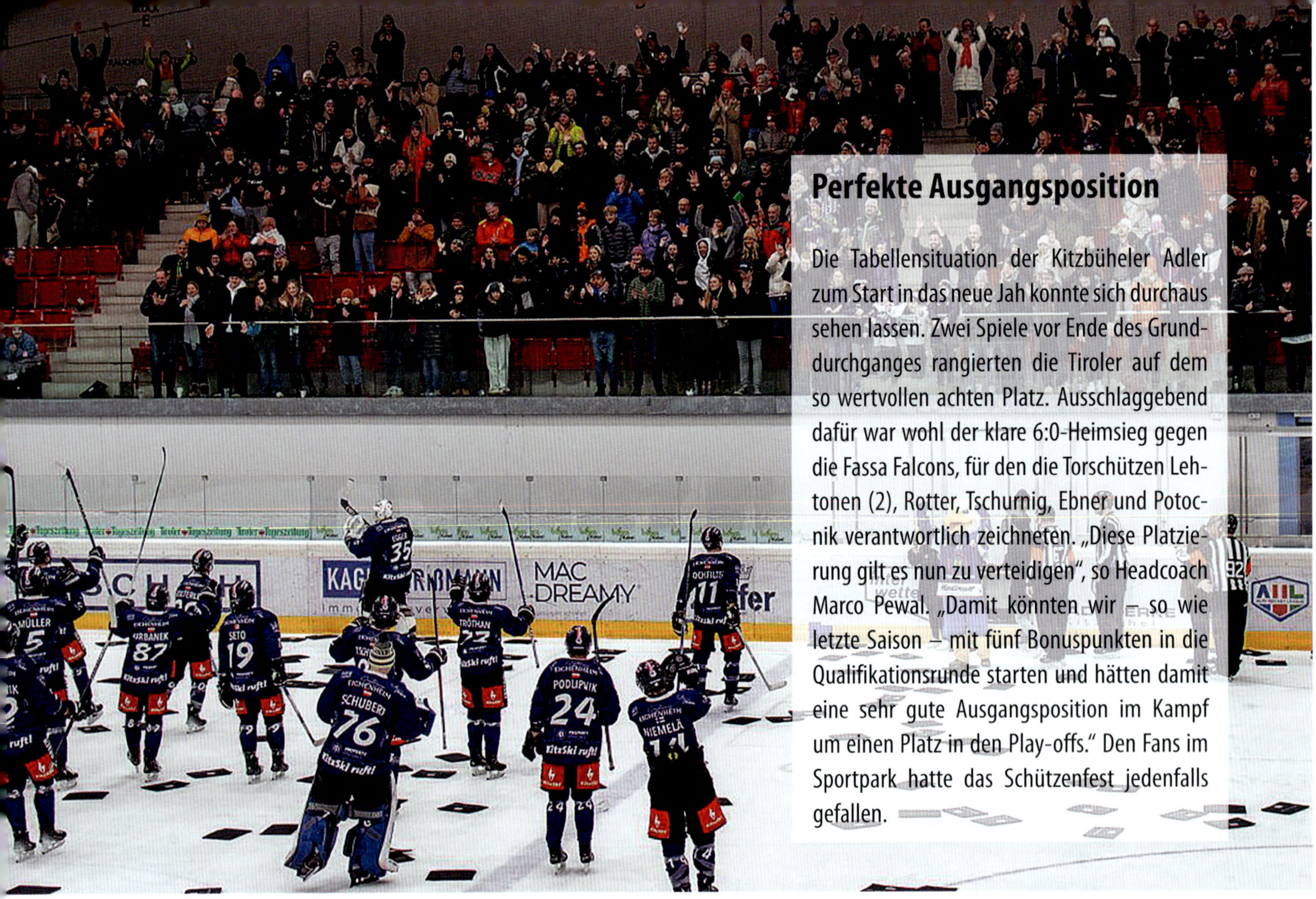

Perfekte Ausgangsposition

Die Tabellensituation der Kitzbüheler Adler zum Start in das neue Jah konnte sich durchaus sehen lassen. Zwei Spiele vor Ende des Grunddurchganges rangierten die Tiroler auf dem so wertvollen achten Platz. Ausschlaggebend dafür war wohl der klare 6:0-Heimsieg gegen die Fassa Falcons, für den die Torschützen Lehtonen (2), Rotter, Tschurnig, Ebner und Potocnik verantwortlich zeichneten. „Diese Platzierung gilt es nun zu verteidigen", so Headcoach Marco Pewal. „Damit könnten wir – so wie letzte Saison – mit fünf Bonuspunkten in die Qualifikationsrunde starten und hätten damit eine sehr gute Ausgangsposition im Kampf um einen Platz in den Play-offs." Den Fans im Sportpark hatte das Schützenfest jedenfalls gefallen.

Schwungvoll ins neue Jahr

1250 Läuferinnen und Läufer nützten die idealen Bedingungen beim 21. Innsbrucker IKB-Silvesterlauf. Erfreuliches Fazit von OK-Boss Dieter Hofmann? „Das war ein neuer Teilnehmerrekord, wir durften uns über ein sehr buntes Starterfeld von Jung bis Alt freuen, das dem neuen Jahr vom Start-Ziel-Gelände beim Tiroler Landestheater entgegenlief."

Sieger*innen gab es natürlich auch – über fünf Kilometer gewann der Saarländer Jaspar Ortfeld in genau 15 Minuten, bei den Damen war die Südtirolerin Anna Hofer in 18:50 die Schnellste.

Medaillen-Gala

Tirols Eisschnellläufer*innen sorgten bei der Europameisterschaft im niederländischen Heereneen für eine echte Sternstunde: Gabriel Odor aus Grinzens holte sich im Massenstart die Silbermedaille, die gebürtige Innsbruckerin Vanessa Herzog eroberte über 500 und 1000 Meter jeweils Bronze. Bejubelt von einigen österreichischen Fans, die sich unter das tieforange gefärbte Zuschauermeer im Thialf-Stadion gemischt hatten.

Odor schlug dabei vier Jahre nach seinem Junioren-WM-Titel und nach seinem ersten Podestplatz im Weltcup 2022 auch bei einem Großereignis zu – und das erneut in seiner großen Paradedisziplin, dem Massenstart. Der 23-Jährige feierte dabei mit EM-Silber den größten Erfolg seiner Karriere. „Es war ein geniales Rennen, die Atmosphäre im Thialf-Stadion war fantastisch. Ich bin wahnsinnig stolz und glücklich", jubelte der im kanadischen Calgary lebende Tiroler. Dabei hatte sich Odor erstmals ganz auf den Schluss-Sprint konzentriert – eine Taktik, die aufgehen sollte. „Ich habe das viel trainiert, dass ich in den Kurven einen engeren Radius fahre", ergänzte Odor. Gleich zweimal Bronze gab es für Vanessa Herzog, die damit ihren mäßigen Saisonstart im Weltcup vergessen machte. Nach dem dritten Rang über die kürzere Distanz folgte doch etwas überraschend auch Platz drei im 1000er. „Ich bin froh, dass es geklappt hat. Ich habe ein hartes Radprogramm absolviert, das hat sich bezahlt gemacht. Zudem hatte ich zuletzt gut in Inzell trainieren können", meinte die 28-jährige.

In der Teamstaffel gelang dem ÖRV-Team (mit Boss Markus Prock) mit dem vierten Streich die Revanche für Winterberg. Madeleine Egle, Thomas Steu/Wolfgang Kindl, Jonas Müller und Selina Egle/Lara Kipp wurden ihrer Favoritenrolle eindrucksvoll gerecht.

Mit vier Gold- und einer Silbermedaille für Nico Gleirscher jubelten die österreichischen Kunstbahn-Asse über die erfolgreichste Europameisterschaft in der ÖRV-Geschichte.

Machtdemonstration

Nach dem Traumstart am ersten Tag trumpften Österreichs Rodel-Asse auch in der zweiten EM-Hälfte in Innsbruck-Igls gewaltig auf. Österreichs Einsitzer zelebrierten dabei einen viel umjubelten Doppelsieg, in der abschließenden Teamstaffel folgte der vierte ÖRV-Goldstreich. Damit gewannen die Schützlinge von Cheftrainer Christian Eigentler auf ihrer Heimbahn vier der insgesamt fünf EM-Bewerbe. Neben vier Gold- und einer Silbermedaille gab es für das ÖRV-Team auch den kompletten Medaillensatz in der U23-Wertung zu bejubeln.

Österreichs Olympiarodler strahlen mit der Sonne um die Wette. Bei perfektem Rodelwetter und einer tollen Kulisse demonstrierten die heimischen Einsitzer in der zweiten EM-Hälfte, wo im Race-in-Race-Modus zudem um Weltcuppunkte gerodelt wurde, ihre ganze Klasse und sorgten für einen viel umjubelten Doppelsieg. Weltmeister Jonas Müller (im Bild rechts) knallte im ersten Durchgang die beste Startzeit und einen neuen Bahnrekord in den Eiskanal.

Im Finale zeigten die Österreicher kaum Nerven, allen voran Müller, der seine Startzeit noch einmal verbessern konnte und neuerlich die schnellste Zeit erzielte. Der 26-jährige Bludenzer sicherte sich mit einem satten Vorsprung von drei Zehntel seine erste EM-Medaille und den dritten Sieg in einem Weltcuprennen. Nico Gleirscher, 2022 auf EM-Rang drei, verteidigte erfolgreich seinen zweiten Platz, Bruder David verlor etwas Boden und belegte unmittelbar vor Wolfgang Kindl Rang fünf.

GERG Group
DARE2B
FIL
Tirol
seiz
Eberspächer
WORLD
CHAMPION
HARGASSNER

Hundertstel-Pech für Ruetz

Das war schon „ärgerlich" – im Rahmen des FIL-Junioren-Weltcups der Naturbahnrodlerinnen hatten sich bei den Damen auf der 976 Meter langen Gumpfrei-Bahn in Latsch die Tirolerin Riccarda Ruetz (im Bild links) und Jenny Castiglioni (ITA) einen spannenden Zweikampf geliefert. Nach dem ersten Durchgang führte Ruetz knapp vor Castiglioni, im Finallauf konterte die Lokalmatadorin und verdrängte Ruetz um 0,03 Sekunden von der Spitze. Aber Ruetz verteidigte dafür mit 285 Punkten die Gesamtwertung vor Castiglioni (255) erfolgreich .

Siebter Platz beim großen Jubiläum

Das Ergebnis im Jubiläumsrennen hatte sich Janine Flock wohl auch etwas anders vorgestellt. Doch ausgerechnet das 100. Rennen hatte die Tirolerin nicht hundertprozentig fit bestreiten können. So betrachtet war Rang sieben beachtlich, nicht zuletzt, weil sich die 34-Jährige in St. Moritz im zweiten Durchgang um eine Position verbessert hatte. Dennoch gab's schöne Erinnerungen – 2015 hatte Flock in St. Moritz ihren ersten von mittlerweile zehn Weltcupsiegen gefeiert. „Meine Eltern haben den Hunderter genauso gefeiert wie damals meinen ersten Sieg."

Ein Zillertaler eroberte die Wüste

Spazierfahrt war es keine, aber das hatte Tobias Ebster ja schon vor dem Start in sein großes Abenteuer gewusst. Dass der 26-jährige Zillertaler allerdings bei seiner Dakar-Premiere und nach fast 8000 Kilometern quer durch die Wüste nicht nur das Ziel erreichen würde, sondern in der wohl härtesten Rallye der Welt für das Kini Rally Racing Team einen sensationellen Klassensieg feiern durfte, nebenbei die Rookie-Wertung gewann und mit einem Top-20-Platz in der Gesamtwertung die Heimreise startete, begeisterte nicht nur die Motorsportszene, sondern auch Onkel Heinz Kinigadner. Kurz gesagt – es war für Tobias ein märchenhaftes Finale dieses schweißtreibenden PS-Abenteuers. Wie abenteuerlich der Wüstenalltag für den Einzelkämpfer wirklich war, verrät ein Blick ins Tagebuch. Da stand zu lesen: Schrauben statt massieren: Denn während die Stars der Dakar sich nach einem aufreibenden Tag in der Wüste beim Physiotherapeuten die Verspannungen auf der Massagebank behandeln ließen, schnappte sich Ebster den Schraubenschlüssel: „Ich musste alles selber machen, aber für mich war das der beste Dakar-Einstieg.“ Positive Nebenerscheinung – damit hatte sich der Wüsten-Neuling durchaus übliche Servicekosten von rund 30.000 Euro erspart“. Übrigens – geschlafen wurde im Zelt, ohne Blick in den faszinierenden Sternenhimmel; dafür war keine Zeit geblieben.

HYPO im fünften Satz

Spannung im Sport ist durchaus zu begrüßen, aber diese Art von Nervenkitzel hätten sich die HYPO Tirol Volleyballer wohl gerne erspart. Denn ausgerechnet bei Sokol Wien waren die bis zu diesem Zeitpunkt in der Meisterschaft noch unbesiegten Tiroler nach zwei gespielten Sätzen mit 0:2 in Rückstand geraten. Die weiße Weste des großen Favoriten drohte erstmals Flecken abzubekommen. Aber dann, mit einem echten Kraftakt, drehten die Gäste die Partie, holten sich – allerdings ebenfalls hart umkämpft – die Sätze drei und vier, ehe der entscheidende fünfte Satz mit 15:13 eine Beute der Tiroler wurde. Damit hatten der Brasilianer Artur Nath (Porträtbild) und seine jubelnden Teamkameraden die stolze Serie gerade noch verteidigt.

GLÜCK IST GRENZENLOS
DEM GLÜCK EINE CHANCE GEBEN
österreichische LOTTERIEN
gantnerundenzi
Foto: ÖOC/GEPA pictures
österreichische LOTTERIEN
DEM GLÜCK
CHANCE
playsponsible
„Playsponsible – Gemeinsam Verantwortung leben" ist Leitgedanke für alle unsere wirtschaftlichen Aktivitäten. Die gesellschaftliche Verantwortung der Österreichischen Lotterien geht daher weit über den Spielerschutz hinaus. So sind wir der größte und wichtigste Sportsponsor des Landes. Dazu zählen unter anderen unsere Partnerschaften mit der Österreichischen Sporthilfe, dem Österreichischen Olympischen Comité und dem Österreichischen Paralympischen Committee. Seit Gründung der Lotterien vor über 30 Jahren hat sich die Sportförderung auf mehr als 2 Milliarden Euro kumuliert. Ohne unsere Sportförderung wären sowohl dem Spitzen- als auch dem Breitensport viel engere Grenzen gesetzt. Denn damit ermöglichen wir vielen Talenten auf allen Ebenen neue Möglichkeiten und Momente des Glücks.
sponsoring.lotterien.at

Zwei Tiroler am Podest

„Ein Slalomsieg in Adelboden, das war ein großes Ziel, ein großer Traum von mir, der nun endlich Realität wurde", so ein strahlender Feller, der um 0,02 Sekunden vor dem Norweger Atle Lie McGrath gewann. „Ich habe es jedoch auch schon oft genug andersherum erlebt", freute sich der Tiroler diesmal über das Glück auf seiner Seite. Großes Lob gab es auch für den Sensations-Dritten Dominik Raschner (Bild). Der 29-jährige Tiroler war mit Laufbestzeit im zweiten Durchgang auf das Podest gerast.

Siegerehrung mit zwei Tirolern in Adelboden – „Das war geil. Ich habe mich in den letzten Rennen gesteigert und alles gegeben", jubelte Dominik Raschner (links) und Manuel Feller frohlockte nach seinem zweiten Saisonsieg: „Die Form stimmt, jetzt kann Kitzbühel kommen."

Triumph und Tragik

Die Lauberhornrennen lieferten wieder einmal Schlagzeilen im Minutentakt. Erst gab es die Tatsache zu verdauen, dass der ÖSV nur fünf Athleten für die Speedrennen nominieren konnte, dann startete Marco Odermatt seinen Angriff auf das Lauberhorntriple mit dem Sieg in der ersten Abfahrt vor Cyprien Sarrazin und Alexander Aamodt Kilde. Aber Marco hatte nicht mit dem Franzosen Sarrazin gerechnet, der nur 24 Stunden später den Spieß drehte und den Super-G vor Odermatt und erneut

Kilde gewann. Alles eitel Wonne also? Mitnichten, denn trotz Odermatts folgendem Sieg in der zweiten Abfahrt verharrte die Skiwelt nach dem bösen Sturz von Aamot Kilde (Bild unten) im Ziel-S in betretenem Schweigen, während der kurz bewusstlose Norweger per Hubschrauber abtransportiert werden musste. Da hielt sich auch der Jubel von Manuel Feller (im Bild links) in Grenzen, der zum Abschluss den Slalom vor Atle Lie McGrath und Henrik Kristoffersen gewonnen hatte. Ein versöhnliches Ende wenigstens für den ÖSV.

ÖRV-Rodler*innen mit großartiger WM-Medaillenbeute

Dem „EM-Triumphmarsch“ von Innsbruck folgte ein „WM-Siegesrausch“ in Altenberg. Mit insgesamt neun Medaillen (4 Gold, 3 Silber, 2 Bronze) wurde die fantastische Ausbeute von Innsbruck-Igls eindrucksvoll bestätigt, zwei WM-Titel in der U-23-Kategorie untermauern die Breite im ÖRV-Team. Cheftrainer Christian Eigentler hatte sich bereits am ersten Tag über einen kompletten Medaillensatz in den Sprint-Bewerben (Nico Gleirscher Gold, Thomas Steu/Wolfgang Kindl Silber, Juri Gatt/Riccardo Schöpf Bronze) gefreut.

Den Schwung nützten Selina Egle und Lara Kipp für ihren ersten WM-Titel im Damen-Doppelsitzer. Im Einsitzer der Herren holte Nico Gleirscher die Kastanien aus dem Feuer, gewann mit Silber die erste WM-Medaille im traditionellen Herren-Einzel. Mit dem sensationellen Gold für Lisa Schulte (Bronze für Madeleine Egle) bei den Damen (Bild oben) sowie dem Doppelsieg bei den Herren-Doppelsitzern (Juri Gatt/Riccardo Schöpf im Bild unten) vor Thomas Steu/Wolfgang Kindl folgte ein glänzendes Finale.

Kraft nun solo voran

Mit einem Sieg im polnischen Zakopane sicherte sich Überflieger Stefan Kraft den alleinigen Rekord für die meisten Weltcup-Podestplätze in der Skisprung-Historie: „Ich bin sprachlos", meinte der Gesamtweltcupführende aus Salzburg nach seinem siebenten Saisonerfolg. Mit dem 109. Einzel-Stockerlplatz hatte der 30-Jährige den Finnen Janne Ahonen im wahrsten Sinn des Wortes überflügelt.

Play-off-Umweg für KEC

Drei Siege in Folge konnten beim EC Kitzbühel nicht darüber hinwegtäuschen, dass die Gamsstädter im Grunddurchgang der Alps Hockey League mit Platz acht unter ihren eigenen Erwartungen blieben. „Wir haben einfach zu viele Punkte liegen gelassen", war auch Sportboss Wilfrid Wetzl wenig erfreut darüber, dennoch: „Das Play-off ist für uns Pflicht."

Großartiges Turnier mit einem bitteren Ende

„Es gibt Momente, wo nichts mehr zu sagen ist. Dieser Moment ist gekommen", merkte Österreichs Sportchef Patrick „Paco" Fölser bei der Handball-EM nach dem 22:22-Remis gegen den vermeintlichen Geheimfavoriten Deutschland in der mit 20.000 Zuschauern ausverkauften Kölner Lanxess Arena an. Der Sieg war bei einer 21:16-Führung greifbar, im Finish fehlten in der Offensive Kraft und auch das nötige Glück (vier Stangentreffer). „Wir haben einen Punkt verloren und dennoch war es ein großer Punkt", analysierte Teamchef Ales Pajovic im Zwiespalt der Gefühle. Und Kapitän Mykola Bilyk hielt völlig zu Recht fest: „Man kann nichts anderes sagen, als dass wir Geschichte schreiben für den österreichischen Handball." Sogar die (kleine) Chance auf das Halbfinale war vor den Spielen gegen Frankreich und Island noch intakt. Anders formuliert – das österreichische Handball-Nationalteam hatte bei dieser EM-Endrunde trotz der beiden abschließenden Niederlagen gegen den späteren Europa-

meister Frankreich (28:33) und Angstgegner Island (24:26) rot-weiß-rote Sportgeschichte geschrieben. Mit Führungsspielern, die Unmenschliches lieferten, einem Goalie in der Form seines Lebens und einem unterschätzten Kollektiv, in dem jeder aufopferungsvoll für den anderen kämpfte und letztlich Rang acht eroberte.

Kroatiens „Riesen" (rot) verzweifelten beim 28:28 am ÖHB-Team.

THV-Präsident Thomas Czermin bewunderte das 31:24 gegen Rumänien sowie das 33:33 gegen Spanien und die Sensation beim 22:22 gegen Deutschland.

War der große Rückhalt der österr. Sensationstruppe – Goalie Constantin Möstl, der viermal zum Spieler des Abends gewählt wurde.

Venier zündete Rakete

Der Alpine Ski-Weltcup in Zauchensee – wie immer Festtage für die Speed-Damen im Skizirkus. Drei Rennen, drei Siegerinnen, die ÖSV-Mädels mit einer starken Performance. Gleich zum Auftakt hatte Cornelia Hütter den Super-G vor der Norwegerin Kajsa Vickhof Lie und Lara Gut-Behrami für sich entschieden, die Schweizerin hatte indes die richtige Antwort parat, gewann das Ersatzrennen für St. Moritz vor Cornelia Hütter und Mirjam Puchner. Da wollte auch die Tirolerin Stephanie Venier nicht zurückstehen, die ihre starke Form mit Rang zwei in der Abfahrt eindrucksvoll bestätigte. Besiegt nur von Italiens Superstar Sofia Goggia, die eine Zehntelsekunde schneller war. Verständlich, dass ordentlich gefeiert wurde, mit vielen Freunden und Verwandten. Und selbstverständlich war auch Christian Walder dabei, „Herzbub" der Stephanie, die sich über den achten Stockerlplatz freute.

Nur Riiber hielt starkes ÖSV-Team in Schach

Wenn da nur der Jarl Magnus Riiber nicht gewesen wäre – denn ausgerechnet der norwegische Superstar hatte in Oberstdorf in beiden Konkurrenzen der Nordischen Kombinierer im neuen Jahr Erfolge der Österreicher verhindert. Im ersten Bewerb siegte der Mehrfach-Weltmeister vor gleich vier ÖSV-Athleten (Johannes Lamparter, Stefan und Thomas Rettenegger, Franz-Josef Rehrl). Beeindruckend. Es war eine unglaublich spannende, am Ende ganz knappe Entscheidung zu Gunsten des Norskers, denn vor allem Ramsau-Doppelsieger Johannes Lamparter verpasste seinen nächsten Erfolg als Zweiter nur um eine Sekunde. In der zweiten Konkurrenz (ohne Lamparter) gewann erneut Riiber vor Stefan Rettenegger und Manuel Faißt. Diesmal hatte Stefan Rettenegger bis knapp vor dem Ende geführt, ehe der sprintstarke Norweger den Salzburger um 2,2 Sekunden distanzierte.

Spektakel ohne Happy End

Was war das nur für ein verrückter Eishockey-Jänner! Elf Spiele hatte der HCI vom 1. Jänner an (sensationeller 4:2-Sieg in Bozen) bis zum 27. Jänner zu bestreiten, sieben davon wurden gewonnen, nur vier verloren, leider drei wichtige Heimspiele. Womit das Ziel der direkten Play-off-Qualifikation nicht mehr so einfach zu erreichen schien. Ausschlaggebend waren wohl die Heimpleiten gegen den KAC (2:3), auf den drei Siege in Serie folgten, darunter das spektakuläre 4:3 gegen Salzburg, bei dem Kevin Roy (Bild) die „Bullen" mit vier Toren quasi im Alleingang „erlegte". Dann mussten sich die Haie ausgerechnet in der jeweils vollbesetzten TIWAG-Arena den Black Wings aus Linz und auch Bozen geschlagen geben, kämpften sich zwar mit einem 3:2 -Triumph in Klagenfurt in die erfolgsspur zurück, ehe eine 2:5-Abfuhr den Jänner beschloss.

YOUR TIME IS NOW
KITZBÜHEL

BOSS
LIQUI MOLY

BOSS
KITZBÜHEL

BOSS
KITZBÜHEL

KITZBÜHEL
e-tron

Doppel an Cyprien

Die schwersten Strecken waren für den Shootingstar aus Frankreich gerade die richtigen Bühnen für seine wild-spektakulären Husarenritte am Hahnenkamm. Oder anders formuliert – Cyprien Sarrazin war der alles überstrahlende Superstar der 84. Hahnenkammrennen in Kitzbühel. Nach seiner fantastischen Vorstellung im ersten Rennen legte der Franzose 24 Stunden später noch einmal nach und holte sich den Abfahrtsklassiker auf der Streif mit 0,91 Sekunden Vorsprung auf den Schweizer Marco Odermatt. Dritter wurde der vierfache Kitz-Gewinner Dominik Paris (+1,44). Die Österreicher? Stefan Babinsky verfehlte als Vierter das Podium nur knapp.

1:52,96 Minuten lautet die Siegerzeit von Sarrazin, der mit Startnummer acht eine tollkühne Fahrt ohne Rücksicht auf Verluste in den Schnee zog und damit alle sprachlos machte. Als zweitem Franzosen nach Luc Alphand gelang dem 29-Jährigen ein Abfahrts-Double im Mekka des alpinen Skisports. Nur einmal war Cyprien gefährdet – als sich eine alte Weisheit in Kitzbühel bewahrheitet: Immer bis zum letzten Läufer der Abfahrt bleiben. Besser gesagt war es der Vorletzte, der Schweizer Arnaud Boisset, der erst durch den Sturz eines Helfers abgebremst und mit dem Hubschrauber zum Start gebracht wurde – und dann bis kurz vor dem Ziel sensationell in Führung lag.

Am Ende verlor Boisset aber noch Zeit, schwang als starker Neunter ab – und die Schweißtropfen, die auf der Stirn von Cyprien Sarrazin perlten, durften wieder trocknen. Und der Beifall von Arnie war dem Sieger sicher!

uvex
A1
GlasfA1ser
6
Kitzbühel

FTI
uvex
Audi
BOGNER
A1
GlasfA1ser
6
WÜRTH
WÜRTH
E3DC

„Heimsieg" für Linus

Während Tirols Skistar Manuel Feller (4.) ausgerechnet in seinem „Heimrennen" das Slalom-Podest knapp verpasst hatte, und Österreichs Skifans erstmals in der Hahnenkamm-Geschichte ohne Weltcup-Stockerl blieb, durfte dafür mit Linus Straßer ein Wahltiroler jubeln. Die Worte, die Linus Straßer nach seinem Triumph sagte, dürften sich tief in die Kitzbüheler Ski-Seele verankern. „Es gibt nichts Größeres, als hier zu gewinnen", hauchte der sichtlich gerührte Deutsche ins Mikrofon. Kein Olympiasieg, kein WM-Gold, nichts ließe sich mit einem Triumph im Slalom am Ganslernhang vergleichen. Und an diesem Sonntag vor den rund 22.000 Skifans waren das keine leeren Phrasen. Der 31-Jährige stand hier, wo seine Eltern lange ein Haus gemietet hatten und er aufgewachsen war, erstmals auf Ski. Beim Kitzbüheler Skiclub hatte der nunmehr vierfache Weltcupsieger das Skifahren erlernt, er reifte sozusagen am Fuße des Hahnenkamms zum Edeltechniker, später durfte er mit Ausnahmegenehmigung als einziger KSC-Ausländer im Landescup mitfahren. Und nun hat Straßer mit seiner Tochter (ein Jahr alt) seit einiger Zeit seinen Hauptwohnsitz in Kirchberg. Mehr Verbundenheit zu Kitzbühel geht kaum, zuletzt bei Hansi Hinterseer, der vor 50 Jahren 1974 im Slalom der letzte Sieger des Klubs war, wie auch KSC-Präsident Michael Huber bestätigte.

Manuel Feller wiederum war in Topform angereist, wollte vor der Haustür seinen ersten Podestplatz ergattern. Am Ende stand der dreifache Saisonsieger mit hängendem Kopf als Vierter im Ziel. „Es war wie ein Schlag ins Gesicht", sprach der sichtlich enttäuschte Tiroler.

Fünfter Shiffrin-Sieg

Mikaela Shiffrin (Bild) hat das Siegen nicht verlernt – zum fünften Mal schon holte sich die US-Amerikanerin den Nachtslalom von Flachau und feierte damit ihren 94. Weltcuperfolg. Beste ÖSV-Läuferin war Katharina Liensberger als Siebente, die Zillertalerin Marie-Therese Sporer schaffte Platz 18.

Gastein bleibt guter Boden

Österreichs Snowboarder*innen surfen weiterhin auf einer Welle des Erfolgs. Mit dem Heimvorteilfiel alles ein wenig leichter. Nach Platz zwei von Sabine Schöffmann im Parallel-Riesentorlauf, holten sich zum Abschluss der Wettbewerbe im salzburgerischen Bad Gastein Schöffmann und Andreas Prommegger als Mixed-Team den Sieg im Parallel-Slalom.

ÖSV-Quartett „tänzelte“ zur Siegerehrung

Zakopane feierte Skisprung-Party und das ÖSV-Team stand im Mittelpunkt. Das „Tollhaus“ heizte den Adlern ordentlich ein. Etwas ruhiger wurde es nur nach dem Teambewerb – bei der österreichischen Bundeshymne. Davor waren der Tiroler Manuel Fettner, Stefan Kraft, Jan Hörl und Michael Hayböck zu einem überlegenen Sieg geflogen.

Größte ÖSV-Pleite seit 1985

Jasna war in diesem Winter wohl keine Reise wert – weder für Petra Vlhova noch für das ÖSV-RTL-Team der Damen. Beim Sieg von Sarah Hector (siehe kleines Bild) hatte sich die Slowakin das Kreuzband gerissen, während erstmals seit fast 40 Jahren keine ÖSV-Läuferin das Ziel erreichte. Den Slalom gewann übrigens Mikaela Shiffrin.

Gemeinsam auf das Stockerl

Das war ein echter, sehr wichtiger Befreiungsschlag für Österreichs Biathlet*innen. Lisa Hauser und Simon Eder hatten beim Weltcup in Antholz mit Rang drei in der Single-Mixed-Staffel erstmals in dieser Saison einen Podestplatz erreicht. Das in dieser Disziplin schon zweimal siegreiche Duo musste sich nur Deutschland und Norwegen beugen.

Ruetz raste auf das Podium

Umhausen mag man eben, werden sich Riccarda Ruetz und Michael Scheikl gedacht haben und rasten im Rahmen des Heimweltcups auf das Podest. Für die junge Tirolerin war es im dritten Saisonrennen bereits das zweite Stockerl. Mit der zweitbesten Laufzeit hinter der einmal mehr überlegenen Siegerin Evelin Lanthaler hatte sich die 19-Jährige von Rang vier auf Platz zwei verbessert. Scheikl war Dritter geworden.

Damit aber nicht genug – zum Abschluss des Weltcup-Weekends auf der „Grantau-Bahn" doppelte Ruetz im wahrsten Sinne des Wortes nach und eroberte auch im Verfolger-Rennen hinter Lanthaler Rang zwei. „Am Podium gefällt es mir sehr gut, da möchte ich nicht mehr runter." Am Ende hatte Ruetz eine Zehntelsekunde Vorsprung auf die für Deutschland startende Tirolerin Lisa Walch (Ried/Oberinntal).

Achleitner siegte in Osttirol

„Ein grandioses Wochenende", jubelte Organisationschef Franz Theurl nach einem rundum gelungenen Dolomitenlauf-Spektakel. Blauer Himmel begleitete bei der 54. Auflage 1200 Teilnehmende aus 28 Nationen. Die Sieger*innen? Im Skating über 42 Kilometer gewannen Giovanni Ticco und Petra Hyncicova, über die kürzere Distanz (21 km) gab es mit Lisa Achleitner eine Tiroler Gewinnerin. Klassisch dominierten Athlet*innen aus Italien und Finnland. Ein toller Plan – in Kooperation mit Seefeld wollen die Osttiroler künftig den Langlauf-Sport verstärkt vorantreiben.

Die „Gold-Maja"

Die vierten Olympischen Jugend-Winterspiele in Gangwon waren ein voller Erfolg – und das auf vielen Ebenen. Sportlich, organisatorisch und emotional. Das Youth Olympic Team Austria stellte mit insgesamt 16 Medaillen, davon fünf in Gold, den österreichischen YOG-Rekord von Lausanne 2020 ein. Erfolgreichste ÖOC-Teilnehmerin war Maja Waroschitz (links im Bild). Das Tiroler Skitalent gewann drei der fünf Goldmedaillen, und zwar in der Kombination, im Slalom und im Ski-Mixed-Teambewerb.

Jana wie der Papa

Wie heißt es doch so treffend – der Apfel fällt meist nicht weit vom Stamm. Jana Häusl ist das beste Beispiel dafür. Mama Geli – Skiführerin. Und Papa Stefan – viele Jahre auf der Freeride World Tour mit seinen Ski unterwegs. Da schien es geradezu selbstverständlich, dass auch Tochter Jana in diesem Genre landen würde, zumal sie am Arlberg förmlich mit zwei Brettern aufwuchs. Und siehe da – die Arlbergerin kürte sich in Kappl zur jüngsten Junioren-Weltmeisterin der Geschichte.

Odermatt vor Feller

Eigentlich war alles angerichtet für Manuel Feller am Fuße der Planai – Bestzeit hatte der Tiroler im ersten RTL-Durchgang markiert, doch für ein Happy End reichte es um lächerliche 0,05 Hundertstelsekunden nicht. Wieder einmal war „Teufelskerl" Marco Odermatt mit einem tollen zweiten Lauf an die Spitze gestürmt. „Dabei hatte er seit Alta Badia keinen einzigen Tag Riesentorlauf trainiert", erklärte Feller.

Mit dem Schwung von Kitzbühel war Linus Straßer nach Schladming angereist und prompt war der Hahnenkammsieger auch auf der Planai nicht zu schlagen. Als achter Läufer in der Ski-Geschichte war es ihm gelungen, das Slalom-Double Kitzbühel und Schladming für sich zu entscheiden. Die Österreicher? Manuel Feller wurde 5., Fabio Gstrein 10.

Dutzend geschafft

Sapporo und Ljubno – zwei Welten. Nicht für Weltcup-Titelverteidigerin Eva Pinkelnig, die in Japan ihren elften Weltcupsieg feierte und kurz darauf in Slowenien das Dutzend vollmachte. Die Vorarlbergerin gewann auf der Großschanze der Olympiastadt von 1972 mit 195,7 Punkten und Sprüngen auf 115,5 und 119,5 Meter. Für die erst Ende Dezember in den Weltcup eingestiegene Pinkelnig war es der zweite Saisonsieg, dem in Slowenien die Nummer drei folgte.

Zweiter Derbysieg

Für klare Verhältnisse in der Tiroler Basketballszene hatten die SWARCO Raiders gesorgt, die das mit großer Spannung erwartete erste Derby in diesem Jahr, das ingsesamt also zweite, für sich entschieden. Die Innsbrucker setzten sich zuhause mit 77:67 (37:30) gegen die Pirlo Kufstein Towers durch. Dabei waren die Gastgeber über das gesamte Spiel hinweg immer eine Spur effizienter als die Gäste aus der Festungsstadt. Topscorer der Teams waren Edgars Kaufmanis (30 Punkte) für die Raiders, und Aleix Pujadas (15) für die Towers. In der Tabelle lagen damit die Innsbrucker bereits mit vier Punkten Vorsprung vor Kufstein.

Jubel nach Sturzserie

„Man sieht, dass es sich bezahlt macht, wenn man dranbleibt." So sprach Stephanie Venier, strahlende Gewinnerin der ersten von zwei Abfahrten in Cortina d'Ampezzo. Denn fünf Jahre nach ihrem Premierensieg durfte die Tirolerin Venier Versöhnung mit der Tofana feiern, also just dort, wo sie bei der WM 2021 die interne Abfahrts-Qualifikation verpasst hatte. Es war nicht der einzige Tiefschlag, den die Oberperferin einstecken musste. Gezählte 1825 Tage liegen zwischen ihrem Premieren-

triumph vor exakt fünf Jahren in Garmisch-Partenkirchen und nun ihrem zweiten Coup in Italien. Eine Galavorstellung, die durch Platz drei ihrer Tiroler Teamkollegin Christina Ager (oben links im Bild) noch süßer schmeckte. Noch bevor Venier (auch 2. im Super-G), Lara Gut-Behrami und die drei zeitgleichen Dritten Ager, Sofia Goggia und Valérie Grenier vom Stockerl lachten, gab es in der von schweren Stürzen überschatteten Abfahrt viele Schockmomente zu überstehen.

In der Ruhe lag die Kraft

So etwas nennt man perfektes Timing – denn als viele schon dachten, nichts geht mehr an diesem windigen Tag am Kulm, lieferte Stefan Kraft sein Meisterstück. Nach zwei Stunden Wartezeit hatte der ÖSV-Star mit der letzten Chance am Kulm noch sein erstes WM-Gold im Skifliegen erobert. Kraft setzte sich 2,2 Punkte vor Andreas Wellinger (GER) durch, weitere 2,5 Zähler zurück holte Timi Zajc (SLO) Bronze. „Es ist auf jeden Fall der schönste Sieg. Es war unglaublich, es waren so viele Leute da“, freute sich der 30-jährige Kraft angesichts der 18.500 Fans. Die Freude war da, aber sie war schaumgebremst. „Ich bin nicht ganz zufrieden“, gestand Einzel-Weltmeister Stefan Kraft nach dem Teambewerb der Skiflug-Weltmeisterschaft in Bad Mittern-dorf. Man hatte auf Gold geschielt, auch wenn die Slowenen nach Durchgang eins klar geführt hatten. Der zweite Durchgang des Oberösterreichers Michael Hayböck ließ Hoffnung aufkeimen, man war in Schlagdistanz zu den führenden Nachbarn. Aber dann stürzte der Salzburger Jan Hörl, vor drei Wochen Bergisel-Sieger, auf 177 Meter förmlich ab. Vor 11.250 Zuschauern fehlten letztlich 26,5 Punkte auf Gold, Bronze holte sich Deutschland (-65,5) mit Respektabstand. Immerhin: Für die ÖSV-Adler war es das erste Team-Flug-Edelmetall seit acht Jahren. Aber es war eines, dessen Farbe man sich bei dieser Heim-WM anders erwartet hätte: „Medaille ist Medaille“, beschwichtigte Hayböck. Aber sein Tiroler Kollege Manuel Fettner, der sich nach dem missglückten Einzel-Springen (Aus nach Durchgang eins) diesmal von seiner besten Seite zeigte, gestand: „Es tut ein bisschen weh, aber die Slowenen machten keinen Fehler. Silber war nie in Gefahr, aber daheim will man trotzdem die beste Nation sein, und das sind wir einfach.“ Die humorvolle Anspielung auf die nächste WM durfte beim 38-Jährigen nicht fehlen: „Jetzt muss ich halt noch einmal zwei Jahre springen.“ Zerknirscht gab sich Unglücksrabe Jan Hörl, der mit dem Rückenwind nicht zurechtkam: „Ich bin nicht ins Fliegen gekommen, aber das hilft mir jetzt nichts – einfach abhaken. Die Medaille taugt mir schon sehr, die hatte ich noch nie.“ Und auch wenn Stefan Kraft das „fehlende Quäntchen Glück“ bemängelte: Die Slowenen hatten sich an diesem Tag von ihrer besten Seite gezeigt. ÖSV-Chefcoach Andreas Widhölzl gratulierte seinem slowenischen Trainerkollegen schon vor dem letzten Einzeldurchgang ...

HYPO wahrte weiße Weste

„Unser Ziel ist es, kein Spiel im Grunddurchgang zu verlieren und als Erster in die Play-offs zu gehen. Das bedeutet, dass wir uns drei Punkte von dieser Partie erwarten." HYPO-Headcoach Stefan Chrtiansky ließ keinen Zweifel daran, was er von seinem Team im Duell mit Union Waldviertel sehen wollte. Ein druckvolles Spiel von der ersten bis zur letzten Minute. Doch erstens kommt es anders, … Denn nach dem souveränen 25:15 in Satz eins gewannen die Niederösterreicher den zweiten mit 25:22. „Da waren wir unkonzentriert", gestand Chrtiansky.

Die folgende Standpauke dürfte gefruchtet haben, Tirols Volleyballer fanden recht schnell ins Spiel zurück und setzten sich schließlich auch dank des starken Comebacks von Pedro Frances am Ende mit 3:1 durch. Was folgte war ein klares 3:0 gegen die Wörthersee Löwen aus Klagenfurt. Die weiße Weste im Jänner blieb gewahrt.

Sinner strahlte

Einfach nur spektakulär – nach der Aufholjagd zum ersten Grand-Slam-Titel ließ sich Jannik Sinner einfach auf den Boden der Rod Laver Arena fallen. Verständlich, nachdem der Südtiroler im Finale der Australian Open Daniil Medwedew mit 3:6, 3:6, 6:4, 6:4, 6:3 besiegt und den größten Erfolg seiner Karriere gefeiert hatte.

Raphael plante Attacke

„Marco ist nicht mehr weit weg. Ich hoffe, dass er früher oder später mal fällig ist", schmunzelte Raphael Haaser, nachdem er in Garmisch-Partenkirchen nach dem Super-G als Zweiter am Weltcup-Podium stand. Besiegt nur von Superstar Marco Odermatt, der genau drei Zehntel schneller war als der Tiroler. Keine Frage, im Super-G zählt der WM-Kombi-Dritte zu den absolut Besten der Welt.

Trauer um den Kaiser

Franz Beckenbauer ist tot! Die wohl größte deutsche Fußball-Legende verstarb im Alter von 78 Jahren. Wo Franz Beckenbauer war, da war Licht und Leichtigkeit. Auf dem grünen Rasen umdribbelte der Fußball-Kaiser die Gegner mit Eleganz. Als Teamchef führte er Deutschland 1990 zum großen WM-Triumph. Das „Sommermärchen" (2006) war sein Meisterwerk, die Heim-WM wurde zum großen Erfolg, doch das Fußball-Märchen entwickelte sich später zum Bumerang. Ungeachtet dessen – Beckenbauer war Europameister, Weltmeister und Weltstar, Ehrenspielführer der Nationalmannschaft, und nach 103 Länderspielen ging es zu den Cosmos in New York. Sozusagen als deutscher Export-Schlager.

FEBER

Erstes Podest beim Nordic Triple

Jubel bei den Norwegern, zwei Podestplätze für Österreichs Athlet*innen, einmal mehr über 10.000 begeisterte Zuschauer*innen – auch 2024 „verursachte" das Nordic Triple in Seefeld überwiegend strahlende Gesichter. „Unglaublich, so tief habe ich es noch nie erlebt", keuchte Stefan Rettenegger (Bild) angesichts der aufgeweichten Strecke am Finaltag. Der 22-Jährige durfte sich am Ende des 12,5 Kilometer langen Laufs als Dritter über seinen ersten Podestplatz freuen.

Bei den Frauen siegte die Norwegerin Ida Marie Hagen (Bild), die Tirolerin Annalena Slamik freute sich nach einer zähen Vorbereitung als Zwölfte über ihr bestes Saisonergebnis.

Nach seiner Krankheitspause konnte Johannes Lamparter (Bild) gut leben mit den Rängen drei, fünf und vier. Der Heimweltcup inklusive Podest war für den 22-jährigen Rumer die beste Medizin.

Sehr stark auch die Vorstellung von Lukas Greiderer – der hatte einen großen Kampf abgeliefert und es am Finaltag als Achter sowie als dritter Österreicher in die Top Ten geschafft.

Machtdemonstration der norwegischen Kombinierer, die am zweiten Wettkampftag einen Dreifachsieg feierten – Jarl Magnus Riiber vor Joergen Graabakund und Luras Oftebro.

Für Riiber war es insgesamt in Tirol einmal mehr eine Gala-Vorstellung. Der 26-jährige Dominator errang mit seinen drei Tageserfolgen im 124. Weltcuprennen seinen 67. Sieg.

Als Zweiter war Johannes Lamparter (Nr. 2) in den Finaltag gestartet, am Ende fehlte nach drei intensiven Rennen doch ein wenig die Kraft, aber angesichts der Umstände war der Tiroler zufrieden.

Verständlicher Ärger

Zuerst schlug sich die Rumerin mit beiden Händen auf den Helm, dann boxte sie mit der Faust noch auf ihren Schlitten ein. Der Ärger bei Janine Flock war verständlich, immerhin war die 12. EM-Medaille in Folge zum Abholen bereit gelegen. „Ich habe so, so viel reingesteckt. Dann ist alles blitzschnell gegangen", erinnerte sich die Tirolerin: „Ein Fehler in Kurve elf, und ich habe nicht mehr reingefunden." Am Ende fehlte beim Weltcuplauf, der zugleich als EM gewertet wird, eine Hundertstelsekunde auf Bronze. Gold holte die Belgierin Kim Meylemans.

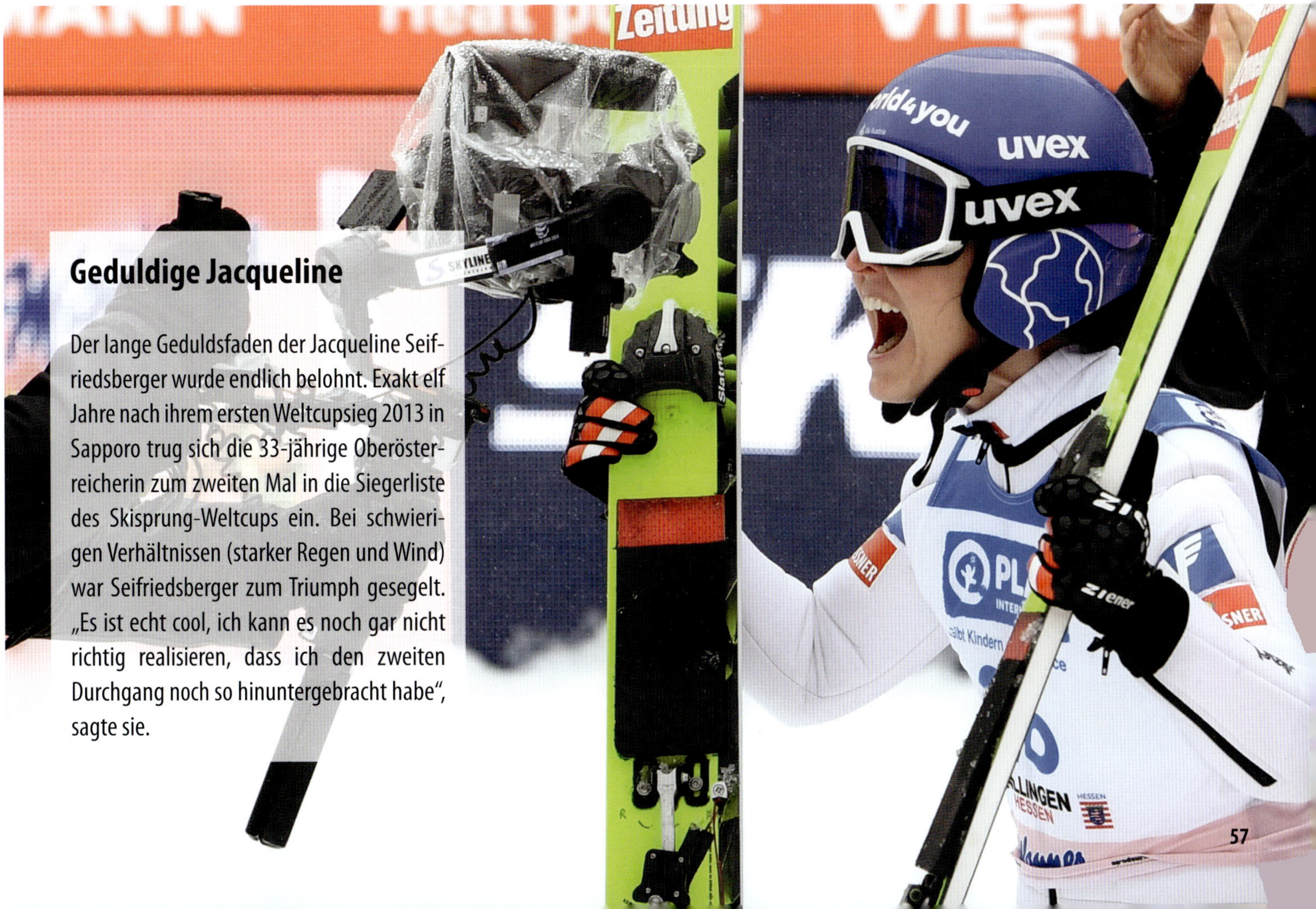

Geduldige Jacqueline

Der lange Geduldsfaden der Jacqueline Seifriedsberger wurde endlich belohnt. Exakt elf Jahre nach ihrem ersten Weltcupsieg 2013 in Sapporo trug sich die 33-jährige Oberösterreicherin zum zweiten Mal in die Siegerliste des Skisprung-Weltcups ein. Bei schwierigen Verhältnissen (starker Regen und Wind) war Seifriedsberger zum Triumph gesegelt. „Es ist echt cool, ich kann es noch gar nicht richtig realisieren, dass ich den zweiten Durchgang noch so hinuntergebracht habe", sagte sie.

Titelverteidiger EHC Mils gewann Serie mit 3:0

Am Ende dürfte es dann wohl jede*r Bewohner*in in Mils mitbekommen haben, dass die „Unicorns" erneut den Gipfel erobern konnten. Denn mit einem Feuerwerk hatte der neue und alte Champion der Tiroler Eishockey Liga seinen Erfolg nach dem 6:1-Heimsieg gegen Wattens via Abendhimmel sichtbar gemacht. Schon die ersten beiden Spiele der Finalserie (best of five) hatte der Titelverteidiger mit 6:5 und 3:2 für sich entschieden. „Das ist so ein zusammengeschweißter Haufen. Jeder geht für den anderen durchs Feuer", lobte Coach Fabian Hechenberger.

Zweimal Silber für Riccarda

Auf Riccarda Ruetz ist eben Verlass. Nur wenige Tage nach Rang zwei im Weltcuprennen im Jaufental hatte die junge Tirolerin im Rahmen der Europameisterschaft erneut stark aufgezeigt, ein weiteres Kapitel ihrer heuer so beeindruckenden Saison hinzugefügt. Zweimal Silber lautete die Bilanz der Sellrainerin. Nur Lokalmatadorin Evelin Lanthaler hatte im Einzel eine schnellere Linie gefunden. Zum Abschluss durfte Ruetz dann noch mit Michael Scheikl über ihre zweite Silberne im Tambewerb jubeln.

Ärger nach dem Sieg vor Augen

Es kann nicht immer die Sonne scheinen, doch Österreichs Rodel-Team hatte sich dennoch in den Regenrennen von Altenberg mit einem Sieg und drei weiteren Podestplätzen mehr als achtbar aus der Affäre gezogen. Ein ÖRV-„Opfer" der widrigen Verhältnisse war David Gleirscher, nicht zuletzt, weil Max Langenhan im Einzel eine Aufholjagd für die Geschichtsbücher gelungen war. Von Rang 21 auf Platz eins war der Deutsche gerast, hatte sensationell den Halbzeitführenden Tiroler (Bild oben links) um 0,121 Sekunden abgefangen. „Es ist schade, wenn man sich über einen zweiten Platz in der ersten Emotion nicht freuen kann. Wir haben es schon oft gehabt, dass einer, der im ersten Lauf etwas hinten war, durch die viel besseren Bahnbedingungen nach vorne fährt", sagte Gleirscher. Langenhan dazu nach seinem fünften Saisonsieg: „Ich hatte einfach Glück. Bei den Doppelsitzern gelang hingegen ein Doppelsieg – wie bei der WM. Juri Gatt/Riccardo Schöpf siegten 0,008 Sekunden vor Thomas Steu/Kindl.

„Die Bedingungen waren sehr schwer, da braucht man schon etwas Glück, also bin ich sehr zufrieden mit dem Ergebnis", erklärte Lisa Schulte mit einem breiten Lächeln auf den Lippen. Verständlich – Altenberg bleibt ihre Lieblingsbahn, denn just eine Woche nach ihrem sensationellen Gewinn der WM-Goldmedaille fuhr sie mit Rang drei am selben Ort gleich ihr bestes Weltcup-Ergebnis ein.

Kundl gewann im Hexenkessel

„Das war beste Werbung für das Tiroler Eishockey", gratulierte Kundl-Trainer Jaroslav Betka dem HC Kufstein zur Austragung des Derbys vor 1073 Zuschauer*innen. Die Hausherren freuten sich in der Ö-Eishockey-Liga über eine klingelnde Kassa, die Gäste (mit Johannes Schernthaner, rot-weiß) über den 2:1-Auswärtssieg. Martin Kosnar (blau) hatte Kufstein in Führung gebracht, ehe Fabio Müller und Daniel Frischmann noch die Wende zum doch etwas überraschenden Auswärtssieg gelang.

Alles klar für Historisches

Die Volleyballerinnen von TI-Schuh-Staudinger haben sich zurückgekämpft auf die Siegerstraße. Den anfänglichen Satzverlust gegen Sokol/Post in Wien hatten die Mädels schnell „verdaut" und letztlich mit 3:1-(-22, 23, 19, 21) gewonnen. „Ich bin ein sehr glücklicher Obmann", strahlte Michael Falkner. Denn nach dem folgenden Sieg gegen Eisenerz durfte seine TI erstmals in der Vereinsgeschichte als Sieger des Grunddurchgangs ins Play-off starten.

Weltpremiere in Chamonix

So etwas hatte es im Ski-Weltcup bisher noch nie gegeben. Als 30. des ersten Laufs und damit erster Starter im zweiten Durchgang holte sich der Schweizer Daniel Yule beim Weltcup-Slalom in Chamonix noch den Sieg vor Loic Meillard und Clement Noel. Die Tiroler Manuel Feller (4.) und Dominik Raschner (5.) kratzten am Podest. Von 29 auf eins wie Lucas Braathen 2022 in Wengen oder von 30 auf drei, wie Sandro Simonet in Chamonix – das war schon möglich, aber dieses Ergebnis ist eine Weltpremiere.

Nur Tschofenig trotzte dem Wind

„Wenn es darum geht, ob wir so oder gar nicht springen, dann lieber unter solchen Bedingungen", sagte Manuel Fettner über die harten Umstände (Wind, Regen) beim zweiten Einzelspringen in Willingen. Der Tiroler schaffte nicht die Qualifikation für den zweiten Durchgang. Ganz im Gegensatz zu Daniel Tschofenig (Bild). Der ÖSV-Adler überraschte beim Sieg von Andreas Wellinger mit Platz vier, der Weltcup-Führende Stefan Kraft landete auf Rang sechs. Für Kraft war es Schadensbegrenzung, Überraschungsmann Tschofenig fehlten nur 1,9 Punkte auf das Podest. Hausherr Wellinger triumphierte zwei Punkte vor Tournee-Sieger Ryoyu Kobayashi (JPN). „Die Sprünge waren auf einem sehr guten Niveau. Ich habe mich in den letzten Tagen und Wochen gut zurückgekämpft", analysierte der Tschofenig.

REGION
Karwendel
STADTWERKE SCHWAZ
TIWAG
ADLER

Erste Niederlage nach 16 Spielen

„So ist Handball, so ist der Sport. Jetzt haben wir halt einmal verloren, deshalb brauchen wir uns aber auch nicht für unsere Leistung verstecken." Leistungsträger Sebastian Spendier hatte den Gefühlszustand im Lager der Schwazer Handballer nach der 26:30-Heimniederlage im HLA-Spitzenspiel gegen den hartnäckigsten Verfolger Hard (roter Dress) auf den Punkt gebracht.

Schwaz verlor zwar den Nimbus der Unbesiegbarkeit; und das erst im 16. Saisonspiel. Anders formuliert – es war eine Niederlage, kein Beinbruch. Zumal die Silberstädter sechs Runden vor Ende des Grunddurchgangs immer noch von der Tabellenspitze lachten.

Liga-Krösus Hard rückte durch eine über weite Strecken schnörkellose Leistung bis auf einen Punkt an den Tiroler Überraschungs-Leader heran. „Wir haben gegen einen sehr guten Gegner verloren", versuchte freilich auch der Schwazer Erfolgstrainer Christoph Jauernik die Situation nüchtern einzuordnen: „Und wir haben wohl das bisher beste Saisonspiel der Liga erlebt." „Getrauert" wurde im Lager der Schwazer ohnehin nicht lange, bereits drei Tage nach der ersten Saisonniederlage rehabilitierten sich die Tiroler gegen den Tabellenneunten Vöslau. Es war zwar ein Stück schwere Arbeit, die Gastgeber lagen in der ersten Halbzeit mehrheitlich im Rückstand und auch zur Halbzeit war man mit 14:15 im Hintertreffen. Aber in Hälfte zwei zeigte die Mannschaft von Trainer Christoph Jauernik, warum sie vorne stand. Am Ende hieß es 33:31.

Souverän im Daviscup

Dass im irischen Limerick nach dem ersten Tag und den beiden Siegen im Einzel (Dominic Thiem, Sebastian Ofner) nicht mehr viel anbrennen würde, stand schon vor dem Doppel-Auftritt von Alexander Erler (Vordergrund) und Lucas Miedler fest. Aber die angesagten Siege sind meist die schwersten – das wusste auch das rot-weiß-rote Duo ganz genau. Und genauso war es auch – auf den starken ersten Satz (6:1) gegen Connor Gannon und David O'Hare folgte ein umkämpfter zweiter Durchgang (7:6) – das 3:0. Mit diesem Erfolg stand Österreich wieder in der Weltgruppe I und hatte damit im Herbst die Chance, sich einen Platz in der Qualifikationsrunde (2025) zu sichern. „Im ersten Satz waren wir sehr dominant", analysierte Erler „und am Ende war es ein verdienter Sieg."

KAC als Adler-Beute

Die Adler fliegen und fliegen – keine Chance hatte der EC Kitzbühel dem Future Team des KAC in der Alps Hockey League gelassen und einen weiteren Schritt Richtung Play-off gemacht. In der ausverkauften Eishalle in Kitzbühel feierten die Adler aus der Gamsstadt einen souveränen 6:1-Erfolg und lagen damit in der Tabelle der Qualifikations-Runde B weiterhin auf dem ersten Platz. „Das war eine sehr gute Teamleistung von uns. Wir hatten einen guten Start und haben defensiv nichts zugelassen", meinte Kitz-Verteidiger Laurin Müller. Weil es dann in Folge nur noch Siege beim KAC (6:1), gegen Fassa (5:2) und Lustenau (4:0) gab, qualifizierte sich der KAC für die Play-offs.

Haie verpassten direkte Qualifikation

Was war das für ein verrückter Eishockey-Februar! Die spielfreien Tage nach der 2:5-Pleite in Laibach dürften den Innsbrucker Haien jedenfalls nicht gutgetan haben, denn ausgerechnet gegen den HC Pustertal setzte es in der entscheidenden Phase im Kampf um eine direkte Qualifikation für die Play-offs eine bittere 1:4-Heimpleite. Wie sich herausstellen sollte, eine Niederlage, die alles, was man sich im Haifischbecken vorgenommen hatte, innerhalb von 60 Minuten zunichtemachte. Die gleichzeitigen Niederlagen von Villach, Linz und Bozen spielten den Haien zumindest ein bisschen in die Karten, hielten die Hoffnungen am Leben. Mit dem 4:1-Sieg in Graz war wenigstens das Minimalziel erreicht worden, die 5:4-Pleite bei Feldkirch brachte die Tiroler dann arg unter Zugzwang. Jetz galt es die restlichen drei Partien allesamt zu gewinnen, um das erste Saisonziel – die Top 6 – auf Anhieb zu schaffen. Aber weder der 3:2-Erfolg gegen Fehervar (Overtime) noch das 5:0 am „Grünen Tisch" gegen Asiago (Verkehrschaos) nützte, denn das Schlüsselspiel in Villach wurde hauchdünn mit 0:1 verloren. Trotz 33:26 Torschüssen und einiger Topchancen, die nicht genutzt werden konnten. Fazit? Wenn die Haie noch ins Play-off hatten kommen wollen, dann nur über die Zwischenrunde.

Starke Damen

Das war ein WM-Start, der sich sehen lassen konnte. Österreichs Biathlon-Mixed-Staffel lief und schoss sich im ersten Bewerb der Titelkämpfe in Nove Mesto mit Rang sechs in das engere Blickfeld . Ohne die nach einer Verkühlung noch fehlende Tirolerin Lisa Hauser hatten David Komatz, Simon Eder, Tamara Steiner und die Tirolerin Anna Gandler einmal mehr ein Top-Resultat erreicht, aber keine Medaille. Zum Vergleich: Vor drei Jahren hatte Österreich in der Mixed-Staffel sensationell Silber geholt, 2023 verpasste das Quartett nur hauchdünn die Bronzemedaille. „Das Ziel waren die Top 6, das haben wir geschafft, wir sind megahappy," resümierte Schlussläuferin Gandler.

Apropos Gandler – die 23-jährige sorgte auch im Sprint mit Rang elf für ein achtbares Ergebnis. Eine Medaille schien dann vor allem für die Damen-Staffel zum Greifen nahe. Tamara Steiner, Anna Gandler und Lisa Hauser hatten sich bis zum letzten Wechsel auf Rang vier etabliert, ehe Schlussläuferin Anna Juppe ein Opfer der Nerven und des starken Windes wurde; was blieb, war Platz acht. Aber – so durchwachsen die Biathlon-WM im tschechischen Nove Mesto auch war, am Ende gab es im Massenstart doch einen versöhnlichen Abschluss: Die beiden Tirolerinnen Lisa Hauser (6.) und Anna Gandler (7.) zeigten, dass nicht viel fehlt auf die Medaillenränge. „Es tut brutal gut, wieder einmal da vorne mit dabei zu sein", so Hauser und Gandler gelang nach den Rängen elf und zwölf ihr erster WM-Top-Ten-Platz.

Mit Gold belohnt

Dass der Bursche weit springen und sicher landen kann, wusste man spätestens seit der Vierschanzentournee, wo der Tiroler mit Top-Platzierungen überraschte. Im Rahmen der Junioren-Weltmeisterschaft legte das Skisprung-Juwel Stephan Embacher die nächste Talentprobe ab. In Planica war der Hopfgartner seiner Favoritenrolle mehr als gerecht geworden, holte sich auf der Normalschanze WM-Gold ab. Der 18-Jährige verwies dabei den Amerikaner Erik Belshaw und Adrian Tittel aus Deutschland auf die weiteren Medaillenränge. Insgesamt hatten sich die jungen ÖSV-Adler sehr stark präsentiert. Mit Simon Steinberger (4.) hatte ein weiterer Tiroler Springer Bronze nur knapp verpasst.

EM-Titel für Lara Wagner

In ganz Europa verstreut kämpften die besten Nachwuchssportler in den verschiedenen Sportarten um EM-Medaillen. Und Österreichs Hoffnungen von morgen räumten dabei ab. So auch im Biathlon. Bei den Titelkämpfen im polnischen Jakuszyce setzte die Tiroler Biathletin Lara Wagner ein deutliches Ausrufezeichen. Die 21-jährige Kitzbühelerin (im Bild links) hatte sich in der Sprint-Konkurrenz knapp durchgesetzt und Gold gewonnen. Für die bereits im Einzel siegreiche Salzburgerin Anna Andexer (rechts) reichte es im Sprint immerhin zu Bronze und zum Abschluss im Massenstart zu einem weiteren Titel. Mit insgesamt sechs Stück Edelmetall holte Österreichs Nachwuchs die Medaillenwertung.

Riiber holte Große Kugel

Während Jarl Magnus Riiber im estischen Otepää mit seinem zehnten und elften Saisonsieg den Gesamtweltcup in der Nordischen Kombination vom Tiroler Johannes Lamparter zurückeroberte, gab es für die Österreicher erneut Top-Platzierungen. In der ersten Konkurrenz war Stefan Rettenegger hinter Riiber auf Platz zwei gelandet, im zweiten Rennen war Johannes Lamparter ein vielbeachtetes Podest-Comeback gelungen. „Dass es hinter Riiber und dem Esten Kristjan Ilves für das Podium reichte, war richtig cool. So kann man ins Wochenende starten", sagte der zuletzt gesundheitlich angeschlagene Gesamtweltcupsieger.

Herzog WM-Siebte

Auch wenn es nicht für ganz vorne gereicht hatte – bei den Großereignissen in diesem Jahr waren Tirols Parade-Eisschnellläufer*innen meistens in den Top Ten zu finden. So auch bei den Weltmeisterschaften im kanadischen Calgary. Auf dem bekannt schnellen Eis der Olympiaanlage von 1988 hatte die gebürtige Innsbruckerin über 1000 Meter Rang sieben belegt. Eine nicht zuletzt auch deshalb beachtliche Leistung, weil sie am Vortag über 500 Meter, von einer Magen-Darm-Erkrankung geschwächt, Elfte geworden war. Auch der meist in Kanada lebende Grinzner Gabriel Odor hatte sich einen Platz in den Top Ten gesichert. Im Massenstart, seiner Spezialdisziplin, war er als Achter ins Ziel gekommen.

Odermatt in eigener Liga

Es war der nächste Fingerzeig eines Ausnahmekönners, der den Riesentorlauf anscheinend nach Belieben beherrscht. Nach seinen Erfolgen in Val d'Isère, Alta Badia (zwei Rennen), Adelboden und Schladming war Marco Odermatt (Bild rechts, oben) auch im sechsten Riesentorlauf dieses Winters nicht zu schlagen, feierte saisonübergreifend Erfolg Nummer neun und verwies dabei Alexander Steen Olsen (+0,91 Sek.) und den Fieberbrunner Manuel Feller (+1,08) auf die Ehrenplätze. Gleich dahinter Stefan Brennsteiner (1,29) als unbedankter Vierter. Der für nächsten Tag geplante Slalom war wegen eines Schlechtwettereinbruchs abgesagt worden, Feller, (Bild rechts, unten) der auf Punktezuwachs im Kampf um die Kleine Kristallkugel gehofft hatte, musste sich auf das nächste Rennen vertrösten.

Wie schnell der Wettstreit nach Siegen, Rekordserien oder Kristallkugeln zur Nebensache verkommt, verdeutlichte ein Vorfall vor Rennbeginn. Der 24-jährige Kanadier Liam Wallace (Bild rechts, Mitte) war auf der Einfahrpiste schwer zu Sturz gekommen und hatte sich dabei – wie später im Krankenhaus diagnostiziert wurde – innere Blutungen und mehrere Rippenbrüche zugezogen. Sein Zustand wurde als stabil bezeichnet. Mit ein Grund dafür war die optimale Rettungskette, in der ein ÖSV-Arzt zum mutmaßlichen Lebensretter wurde. Der Mediziner hörte über Funk vom Notfall, eilte zur Unfallstelle und punktierte die Lunge von Wallace.

«VIRTUAL AND REAL-LIFE DRONE RACING
BEYOND THE MOMENT»
MOBILE, LIVE AND BREATHTAKINGLY REAL.
WATCH ME
DRONECHAMPIONSLEAGUE.COM

Kindls Podest-Hattrick

141 Punkte Vorsprung im Doppelsitzer-Gesamtweltcup – drei Rennen vor Saisonende war Wolfgang Kindl der Triumph kaum noch zu nehmen. Gemeinsam mit Thomas Steu enteilte der Natterer Routinier beim zweiten Kunstbahnrodel-Weltcup in Oberhof der Konkurrenz. Nachdem das neuformierte Duo zunächst den klassischen Doppelsitzer gewonnen hatte, setzten die beiden Platz zwei im Sprint drauf. Die härtesten Verfolger im Gesamtweltcup, Tobias Wendl/Tobias Arlt (GER), lagen stets zurück.

Mit Platz drei im Einsitzer-Sprint überzeugte Kindl (Bild rechts oben Nr. 12) auch solo, womit für den 35-Jährigen insgesamt drei Podestplatzierungen zu Buche standen. „Das ganze Wochenende war genial. Dass ich es in beiden Disziplinen in dieser Saison auf das Podest geschafft habe, ist schon großartig", strahlte Kindl.

Insgesamt lachten Österreichs Rodler sieben Mal vom Stockerl, zum Abschluss gewannen Selina Egle und Lara Kipp mit Bahnrekord den Damen-Doppelsitzer-Sprint. „Wir haben gewusst, dass wir in der Bahn schnell sein können. Dass es so schnell geht, hätten wir uns aber nicht gedacht", betonte Selina Egle, deren Schwester Madeleine Egle im Damen-Einsitzer nach Platz zwei im ersten Rennen diesmal nach Halbzeit-Führung auf Rang drei landete. Übrigens – im Herren-Einsitzer-Sprint war neben Kindl auch der im ersten Rennen siegreiche Jonas Müller (2.) erneut auf das Podest gerast.

Play-off-Debüt

Nomen est omen – mit den Kufstein Towers hatte sich im Finish des Grunddurchgangs der zweiten Bundesliga ein Tiroler Klub wie ein kaum zu bezwingender Turm vor der Konkurrenz „aufgebaut" (siehe Bild) und war damit seinem Namen mehr als nur gerecht geworden. Eine Runde vor dem Ende des Grunddurchgangs war längst in Stein gemeißelt, dass die Towers erstmals das Play-off erreichen würden und durch den 129:89-Erfolg gegen Dornbirn hatte der neue Tabellenzweite Kufstein sogar die SWARCO Raiders Tirol überholt. Der Heimsieg gegen Dornbirn war nicht nur spektakulär, sondern auch historisch: 129 Punkte in einem Spiel hatte in der Zweitliga-Geschichte bis dato noch kein Team erreicht. „Es war ein Offensiv-Feuerwerk", lobte Pilger seine Truppe.

Buchers WM-Coup

Sein bester Trainingsfreund Bernhard Reitshammer hatte erst im Dezember 2023 mit EM-Gold auf der Kurzbahn vorgelegt, nun schrieb Simon Bucher selbst sein eigenes Schwimm-Märchen. In einer Zeit von 51,28 Sekunden beendete der 23-jährige Innsbrucker bei der Langbahn WM in Doha den 100 Meter Delfin-Bewerb als Zweiter. Sensationell!

Für Bucher war es die erste Einzelmedaille bei einem Großereignis, darüber hinaus war es überhaupt das erste Edelmetall eines Tiroler Schwimmers bei einer Weltmeisterschaft. Zuvor hatte der Absamer Reitshammer mit EM-Gold 2023 sowie EM-Bronze 2021 für Tiroler Medaillen gesorgt.

„Ich habe angeschlagen, habe direkt auf den Startblock geschaut, weil da die zwei Lampen leuchteten. Silber ist ein Wahnsinn. Gold wäre schöner gewesen, aber über das darf ich mich nicht beschweren", freute sich Bucher. Dabei dankte der seit 2020 für den ASV Linz schwimmende Athlet zuerst seiner in der Halle anwesenden Mutter: „Ich werde heute mit meiner Mama und meinen Teamkameraden feiern. Mama, ich liebe dich!"

Dabei befeuerte ihn auch der Bronze-Coup von Landsmann Martin Espernberger über 200 Meter Delfin: „Ich habe die Medaille vom Martin in der Hand gehalten und sofort gewusst, so ein Ding will ich auch haben." Als Draufgabe und zum Abschluss der WM bestätigte dann die 4x100-m-Lagen-Staffel mit Bucher und Reitshammer sowie Valentin Bayer und Heiko Gigler das Olympia-Ticket für Paris.

TIWAG
BUNDES LIGA
WSG TIROL
tiroler

Missglückter Start ins Frühjahr

„In diesem Spiel wird der Abstiegskampf nicht entschieden", hatte WSG-Cheftrainer Thomas Silberberger vor dem richtungsweisenden Frühjahrsauftakt gegen Austria Lustenau diktiert. Aber mit dem ersten Saisonsieg ausgerechnet im Tivolistadion waren die Vorarlberger bis auf fünf Zähler an die WSG herangerückt, die trotz großer Bemühungen nicht belohnt worden war. Vor allem auch, weil die Gastgeber gegen die konzentriert agierende Fünferkette der Austria mit perfektem Rasenschach kein Rezept wusste und gleichzeitig die wenigen Chancen nicht nutzen konnte. Im Gegensatz zu den Gästen, die mit ihrer einzigen Möglichkeit in der 73. Minute zum 0:1 getroffen hatten. Lustenaus Führungstreffer (WSG-Goalie Adam Stejskal/ Bild links war chancenlos) fiel nach einem Abschlag aus der eigenen Hälfte und zwei WSG-Klärungsversuchen per Kopf, von denen der zweite direkt vor Darijo Grujcic landete, der mit Links genau ins lange Eck traf. „Wenn du kein Glück hast, kommt Pech auch noch dazu", wie WSG-Co-Trainer Martin Svenjoha (Bild unten) verbittert kommentierte. Dass Lustenaus Defensiv-Strategie mit dem späten 0:2 perfekt aufging, bestätigte nur eine alte Sportweisheit: Wer gewinnt, hat in der Regel Recht – so schwer das aus WSG-Sicht zu akzeptieren war. Wie auch die restlichen Ergebnisse in den Februar-Partien. Erst musste sich die WSG in Wolfsberg mit 4:1 geschlagen geben, dann setzte es ein 0:2 im Tivolistadion gegen Sturm Graz (Bild oben). Plötzlich drohte sogar der Rückfall auf den letzten Platz in der Tabelle.

Kraft-Siege auf allen Kontinenten

Völlig egal, ob im amerikanischen Olympiaschauplatz 1980 Lake Placid oder in der japanischen Olympiastadt Sapporo 1972 – wo Stefan Kraft antritt, ist er bei den Siegern. In Lake Placid gewann er zunächst mit Michael Hayböck den Super Teambewerb, um sich 24 Stunden später im Einzel vor dem Deutschen Philipp Raimund durchzusetzen. Ortswechsel nach Japan. Dort, also in Sapporo, fixierte der Salzburger mit seinem neunten Saisonsieg nicht nur eine persönliche Bestleistung, sondern baute mit dem insgesamt 39. Weltcup-Erfolg (vor Lokalmatador Ryoyu Kobayashi; Bild unten links) seine Führung im Gesamtweltcup weiter aus. Hinter Andreas Wellinger sorgten Manuel Fettner, Daniel Tschofenig und Jan Hörl auf den Rängen vier bis sechs für das nächste sehr starke ÖSV-Teamergebnis. Japans Altmeister Noriaki Kasai verblüffte als 30. und holte mit seinen nunmehr 51 Jahren einen Zähler.

Veniers Freude über ersten Sieg im Super-G

„Ich freue mich auf jedes Rennen, das kommt, weil das Skifahren wieder richtig Freude bereitet." Also sprach Stephanie Venier (Bild rechts unten) über ihren starken Auftritt in Crans Montana, wo sie ihren ersten Weltcupsieg im Super-G feiern durfte. „Das Ziel war vor dieser Saison, wieder auf das Podium zu fahren. Das ist mir gelungen. Alles, was danach kam, war eigentlich mehr eine Draufgabe. Das will ich jetzt, so gut es geht, genießen und weiter so gut Ski fahren", war dafür der Ärger nach dem Rückfall im Abfahrts-Weltcup (nur die Ränge 10 und 17 in Crans) schnell verraucht. Auch für Conny Hütter (Bild oben, rechts) schien im Schweizer Nobelskiort mit Platz zwei in der Abfahrt hinter Lara Gut-Behrami (Bild unten links) die Sonne. Milde Temperaturen und Schneemangel hatten der Monta-Laxhaux-Piste so zugesetzt, dass auf das berüchtigte Finalstück verzichtet wurde. Genau dort war Hütter 2022 so schwer zu Sturz gekommen, dass die Folgen der erlittenen Gehirnerschütterung noch heute spürbar sind.

Der Anfang vom Ende – die 3:6-Heimniederlage gegen Feldkirch zum Auftakt der Pre-Play-offs. Gegen die rechtzeitig Höchstform ausspielenden Vorarlberger (weiß) war selbst Haie-Keeper Evan Buitenhuis meist chancenlos. Vor allem gegen Wirbelwind Steven Owre hatte die HCI-Abwehr mit Halbert und Albanao kein Rezept gefunden.

Wie ausgewechselt agierte Haie-Topscorer Kevin Roy in den entscheidenden Spielen um die Play-off-Chance. Goalie David Madlener und seine Vorderleute hatten den punktbesten Haie-Stürmer immer im Griff und damit die „schärfste Waffe" der Tiroler entzaubert. Zwei mickrige Assists in den beiden Spielen waren eine magere Ausbeute.

Der Schein trügt, denn sehr oft waren (wie im Bild) vier Innsbrucker Spieler nicht in der Lage, die gefährlichen Angreifer der Gastgeber in der Vorarlberg-Halle zu neutralisieren. Allein Van Nees (rechts) markierte gegen die inferiore Haie-Defensive nebst zwei Treffern noch drei Assists. Nur Steven Owre mit sechs Punkten war besser.

Haie-Goalie Evan Buitenhuis konnte einem leidtun – der „Hexer" war in den beiden Spielen mehr oder weniger unter Dauerfeuer gestanden, war dabei gehörig ins Schwitzen gekommen und hatte trotz einer starken Leistung bei insgesamt 62 Schüssen auf sein Gehäuse in den 120 Minuten elf Gegentreffer hinnehmen müssen.

Bittere Haie-Pleite

Der Anfang mit der erstmaligen Teilnahme in der Champions Hockey League prägte, das Ende mit den beiden bitteren Niederlagen (2:5, 3:6) im Pre-Play-off gegen Vorarlberg jedoch haftet. Und nur einen Tag nach dem vorzeitigen Saison-Aus gab Mitch O'Keefe, der seit 2018 als Tormanntrainer und Assistant Coach sowie seit Sommer 2020 als Headcoach an der Bande stand, höchst aufgewühlt seinen Abschied aus dem Haifischbecken bekannt. „Es war eine der härtesten Sachen, eine Saison so zu beenden. Ich kann es fast immer noch nicht glauben. Nach der Niederlage gegen Villach (0:1 im direkten Duell um die Top 6 in der vorletzten Runde) hatte ich das Gefühl, dass unsere Gruppe aufgegeben hat. Es tut sehr weh, so aufzuhören. Ich wollte auf keinen Fall so bei der Tür hinausgehen, sondern mit einem der kleinsten Budgets wieder ins Play-off einziehen."

„Ich werde nicht mehr zurückkommen. Es war eine sehr harte und emotionale Entscheidung. Ich habe ein schweres Herz. Ich bin stolz auf die Arbeit und die Beziehungen, die ich mir aufgebaut habe. „Danke für seine großartige Arbeit. Wir waren schon darauf vorbereitet, dass er gehen könnte, und haben den Markt sondiert", hat HCI-Sportmanager Max Steinacher die Suche nach einem O'Keefe-Nachfolger eröffnet. Der neue Mann müsse preislich ins Haifischbecken passen, „aber Trainer gibt es genug", notierte Obmann Hanschitz.

Kriechmayr erlöste ÖSV-Herren

Die Weltcuprennen im norwegischen Kvitfjell waren wie Balsam auf den Wunden der kritisierten ÖSV-Herren. Im Vorfeld war zwar immer wieder über eine vorrangig in der Abfahrt herrschende „Speed-Krise" gesprochen worden, diese Kritiker brachte Vincent Kriechmayr recht schnell zum Verstummen. Nur 24 Stunden nach seinem zweiten Rang in der Abfahrt und damit dem ersten ÖSV-Podestplatz der Saison in dieser Disziplin, trumpfte der 32-jährige Oberösterreicher im Super-G sogar als Sieger auf. Auf der wegen drohender Sichtprobleme verkürzten Strecke hatte Kriechmayr den Kanadier Jeffrey Read sowie die zeitgleichen Speed-Kapazunder Marco Odermatt und Dominik Paris auf die weiteren Plätze verwiesen.

Für den Doppel-Weltmeister von 2021 war es der zweite Saisonsieg nach dem Hundertstel-Krimi im Super-G von Gröden, in Summe war es der 18. Weltcupsieg seiner Karriere.

Führungswechsel

Stabübergabe im Panathlon Club Innsbruck. Im Rahmen der Generalversammlung wurde Bernhard Müssigang (Bild, links) einstimmig zum neuen Präsidenten und damit zum Nachfolger von Winfried Sponring (rechts) gewählt. „Ich bin seit 45 Jahren für Panathlon in verschiedensten Funktionen tätig. Wichtig war es mir, den Panathlon Club Innsbruck zukunftsfit zu machen, sowie die Förderung der Werte und der Ethik der Öffentlichkeit zu vermitteln", resümierte Sponring. „Es muss nicht jeder ein Sieger sein", sagte er und erhofft sich eine strukturiertere Breitensportentwicklung. Neo-Präsident Müssigang sprach von großen Fußstapfen und versicherte, „die Werte und Ideen von Panathlon gezielt auch über neue Kanäle hinauszutragen".

Gall kämpfte bis zur Ziellinie um den Sieg

Gleich im ersten richtigen Renneinsatz des Jahres hatte Tirols Rad-Star Felix Gall bestätigt, wie gut die Wintervorbereitung heuer war. Im französischen Eintages-Rennen Ardèche Classic war der nunmehr 26-jährige Osttiroler als Vierter ins Ziel gekommen. Gall musste sich dabei erst im Zielsprint geschlagen geben, der Sieg ging an den Spanier Juan Ayuso.

Gemeinsam trainierte es sich leichter für das Comeback

Erst lagen sie, nicht gleichzeitig natürlich, am OP-Tisch von Dr. Christian Fink, der Marco Schwarz und David Alaba. Skistar der eine, mitten aus einer vielversprechenden Karrierephase herausgerissen, Abwehrchef bei Real Madrid und im österreichischen Nationalteam der andere. Um sich dann kurze Zeit nach den medizinischen Eingriffen am Boden liegend in der Sporttherapie Huber & Mair wieder zu treffen. Motto? Gemeinsam sind wir stärker auf dem Weg zurück zum Comeback, so die beiden Ausnahmeathleten einstimmig. Vor allem der Kärntner Schwarz, der Rückschläge scheinbar widerspruchslos wegsteckt, half bei so mancher gemeinsamen Einheit in der Sporttherapie dem anfänglich zweifelnden und hadernden Alaba wieder auf die Beine. Zwei Superstars, ein Ziel: so schnell wie möglich zurück auf die Piste, auf den Platz.

Historischer Triumph

Siebenmal probiert, siebenmal ist nix passiert – nach dem achten Versuch allerdings durften die TI-Mädels erstmals jubeln. Das Cup-Endspiel in der vollen Halle von Hartberg war der achte Anlauf auf die Trophäe, erstmals in der Vereinsgeschichte sollten die TI-Mädels im Finale das Parkett als Siegerinnen verlassen. Beim 3:0 (21, 23, 13) gegen die Wildcats Klagenfurt begeisterten die Innsbruckerinnen von Beginn an und ließen den Gästen aus Klagenfurt trotz zweier knapper Sätze am Ende keine Chance.

„Es ist ein Wahnsinn. Super, dass wir das geschafft haben", jubelte Christina Plattner. „Die sieben mageren Jahre sind vorbei", so Much Falkner.

Doppelt hält besser

Zwei Spiele, zwei 3:0-Heimerfolge und der Sieg im AVL-Grunddurchgang – für das HYPO-Herz gab es im Feber viele Erfolgsnachrichten. Und da fand auch Boss Hannes Kronthaler nur lobende Worte für seine Volleyballer: „Die Tendenz geht klar nach oben und wir hatten Spielzüge dabei, die unsere Stärke gezeigt haben. Das gefällt mir natürlich." Weder Klagenfurt noch Post SV Wien hatten gegen die Truppe von Headcoach Stefan Chrtiansky was zu melden. Gegen Klagenfurt schickte Coach Chrtiansky sogar den zweiten Anzug auf das Parkett. „Die Leistung war beeindruckend, wir haben selbstbewusst dominiert." Jetzt wartete noch Hartberg – da war noch eine Rechnung offen, schließlich hatten die Steirer HYPO aus dem Cup geworfen.

Selina Egle/Lara Kipp holten Sprint-Weltcup

Mit einem zweiten Platz beim Kunstbahnrodel-Weltcup in Sigulda stürmte das Doppelsitzer-Duo Selina Egle/Lara Kipp zum erstmaligen Gewinn des Sprint-Weltcups. In der vergangenen Saison hatten die Tirolerinnen Platz eins noch mit Andrea Vötter/Marion Oberhofer aus Italien teilen müssen. „Dass wir den Erfolg aus dem Vorjahr verteidigen konnten, ist mega. Wir können sehr stolz auf unsere Performance sein", jubelte Egle.

Tirol

MÄRZ

Kindl mit Happy End

Sigulda – diese lettische Kleinstadt war für Österreichs Rodler nicht immer ein Ort der Glücksgefühle. Aber inn diesen ersten März-Tagen hing der Rodler-Himmel über Sigulda voller Geigen. Souverän fuhren der Tiroler Wolfgang Kindl und Partner Thomas Steu zum Sieg im Doppelsitzer-Gesamtweltcup. In beeindruckender Manier. Als würden sie schon zehn Jahre zusammen fahren, war das Duo im Weltcupfinale der Premieren-Saison auf Platz drei gelandet, der Gesamtweltcup-Triumph stand allerdings schon vor dem zweiten Lauf fest. „Begonnen hatte es mit einem Scherz. Ich habe zum Steu gesagt: Wenn der Lorenz einmal aufhört, dann hocke ich mich bei dir rauf", ließ Kindl das Märchen Revue passieren: „Dann ist es ernst geworden." Koller hörte auf, aus Steu/Koller wurde Steu/Kindl und die Rodelwelt fragte sich: Einsitzer und Doppelsitzer – wie soll das denn funktionieren?

Im Einsitzer war der 35-jährige Tiroler als Zweiter schon dreimal knapp dran, im Doppelsitzer reichte es erstmals zum Gesamtweltcup. Verständlich, dass da in Natters der rote Teppich ausgerollt und gefeiert wurde. Und Entschleunigung im Hause Kindl angesagt war. Mit viel Zeit für die Familie, „seinen Schätzen", wie er sagt. Das sind Ehefrau Elena und Söhnchen Luis, der Bestzeiten noch vor wenigen Monaten zur schönsten Nebensache degradierte. „Unser Luxus ist neben Urlauben die gemeinsame Zeit. Wir erleben Sachen, die man nicht kaufen kann – das ist viel mehr wert", stellte Kindl – im dichten Weltcup-Kalender über weite Strecken von der Familie getrennt – klar.

Nächster Triumph für Karl

Alter schützt vor Siegen und Kristallkugeln nicht. Frag nach bei Benjamin Karl. Der Snowboard-Olympiasieger hatte sich nach der Absage eines Rennens in Winterberg vorzeitig die vierte Große Kristallkugel für den Gewinn des Parallel-Gesamtweltcups gesichert. Schmunzelnd gestand der 38-Jährige in Osttirol lebende Niederösterreicher: „Ich habe mich technisch und auch fahrerisch weiterentwickelt und bin natürlich sehr happy." Bereits vorher hatte er die Wertung im Parallel-Riesentorlauf für sich entscheiden können. Ebenfalls fix war der Gewinn der Mixed-Gesamtwertung durch Andreas Prommegger und Sabine Schöffmann. Die Snowboard-Fans dürfte dieser Kugelsegen gefreut haben.

Historischer Doppelsieg auf der Planai

Wer Planai sagt, denkt an Harti Weirathers WM-Gold in der Abfahrt, an spektakuläre Torläufe im Rahmen der Nightrace-Serie, aber ganz bestimmt nicht an Skibergsteigen. Aber weil Schladming immer für Überraschungen gut ist, sorgten beim „Vertical 2024" Vorjahressiegerin Sarah Dreier und Landsfrau Johanna Hiemer für einen im Skibergsteiger-Weltcup noch nie da gewesenen ÖSV-Doppelerfolg. Die regierende Europameisterin Dreier hatte sich auf der sehr anspruchsvollen Planai mit einem doch ansehnlichen Vorsprung von 23,3 Sekunden vor ihrer Teamkollegin durchgesetzt. Die 28-Jährige feierte damit ein Jahr nach ihrem Premierensieg erneut vor Heimpublikum ihren zweiten Weltcuperfolg. „Es ist wieder ein traumhafter Tag und einfach wunderschön, wenn man weiß, dass sich die harte Arbeit auszahlt", sagte die Salzburgerin Dreier. Bei den Männern verpasste Christof Hochenwarter als Vierter seinen ersten Weltcup-Podestplatz knapp.

Hörl gelang dritter Streich

Lahti liegt ihm eben – Jan Hörl feierte im zweiten Einzelbewerb von Lahti seinen dritten Sieg im Weltcup. Der Salzburger hatte seine Halbzeitführung mit Erfolg vor dem slowenischen Routinier Peter Prevc und Podest-Debütant Aleksander Zniszczol aus Polen verteidigt. Weltcup-Leader Stefan Kraft (8.) hielt seine Verfolger Ryoyu Kobayashi (5.) und Andreas Wellinger (7.) bei erneut nachteiligen Windbedingungen einigermaßen auf Distanz. Zweitbester Österreicher war der Tiroler Manuel Fettner als Sechster dank eines 134-m-Sprungs im zweiten Durchgang. Der Innsbrucker verbesserte sich dank dieser Weite noch um zwölf Ränge nach vorne. Junioren-Weltmeister Stephan Embacher (13.) sprang im sechsten Weltcup-Antreten zum vierten Mal in die Punkteränge.

Kundls Erfolgslauf erst im Halbfinale gestoppt

Was war das für eine starke zweite Saisonhälfte, die der EHC Kundl in der Ö-Eishockey-Liga nach der Installierung von Trainer Jaroslav Betka ablieferte? Endstation war erst im Halbfinale. Nach der 1:3-Niederlage auf eigenem Eis hatten sich die Kundler auch bei den bärenstarken Gastgebern in Hohenems mit 3:7 geschlagen geben müssen. Torschützen für Kundl waren Erik Hefke, Adrian Schuster und Patrik Lithen. Von Obmann Gerhard Maier gab es dennoch viel Lob für die Mannschaft – „für uns war das mit Gesamtrang drei eine ausgezeichnete Saison!“

Zum Sieg kombiniert

Das Fotofinish in Lahti zwischen Johannes Lamparter (großes Bild, rechts), und Stefan Rettenegger war an Spannung nicht zu überbieten. Letztlich hatte Lamparter, Tirols Gesamtweltcupsieger der Vorsaison, mit 0,1 Sekunden Vorsprung die Nase vorne und verhinderte den ersten Weltcupsieg seines Kollegen, im Teamsprint (Bild unten, links) hatten die beiden ÖSV-Kombinierer Rang zwei erobert.

57. Ganghoferlauf trotzte allen Hindernissen

Eines vorneweg – neben all den Siegerinnen und Siegern in den diversen Disziplinen und Klassen haben sich vor allem die Organisator*innen des 57. Ganghoferlaufes einen speziellen Ehrenpreis verdient. Was die Truppe um OK-Boss Stefan Zauninger in den Tagen vor dem Tiroler Traditions-Event zu leisten hatte, verdiente höchsten Respekt. Aber nach all den Strapazen, Umplanungen und Ungewissheiten gab es letzlich ein kollektives Durchschnaufen – „Alles gut gelaufen, damit können wir zufrieden sein", so Zauninger. Insgesamt waren an den beiden Renntagen rund 1100 Langläufer*innen dabei, inklusive der 200 Kinder beim „Mini-Ganghofer" – und das trotz Föhnsturm, Schneeschmelze sowie der Verlegung von Leutasch nach Seefeld, von den ursprünglich geplanten 42 km langen Strecken auf den 6-km-Rundkurs. Eine Herkules-Aufgabe, mit der die drohende Absage abgewendet werden konnte. Mit Erfolg, denn auch wenn es auf den bis zu sechs Runden auf dem Kurs doch eng wurde, hatten sich die Schnellsten spannende Duelle bis zur Ziellinie geliefert.

Die Langdistanz (36,3 km) entschied am Ende der Deutsche Marius Bauer in einer Zeit von 1:23:28 Stunden für sich und ließ damit seine Landsmänner Toni Escher und Klassik-Sieger Jakob Milz knapp hinter sich. Bei den Damen gewann Juliane Frühwirt (GER) in 1:36:42,3 vor Sigrid Mutscheller-Lang (GER) und Julia Kuen (ITA). Die Sieger auf der kürzeren Distanz (17,9 km) waren der Deutsche Moritz Höflinger (39:59,9) sowie seine Landsfrau Sophie Lechner in 43:16,2. Die Sieger über die Kurz-Distanz (17,9 km): Max Olex (46:14,6 Min.), Miriam Reisnecker (57:26.1).

Überragende Towers

Die Festungsstadt im Basketball-Fieber. Verständlich, denn mit dem 84:71-Erfolg gegen die Mattersburg Rocks hatten es die Pirlo Kufstein Towers erstmals in das Play-off-Halbfinale der zweiten Bundesliga geschafft. „Es ist genial, das ist super, einer der tollsten Abende in der Club-Geschichte“, freute sich Obmann Michael Pilger und ergänzte zum historischen Vereinserfolg: „Es war einfach schön zu sehen, dass das Projekt so aufgeht. Viele Leute in der Kufsteiner Region sprechen uns darauf an. Wir konnten hier was bewegen.“ Der 2017 gegründete Club, der erst seine dritte Saison in der Liga spielt, trifft in der Best-of-three-Halbfinalserie auf die Mistelbach Mustangs und damit auf das stärkste Team der Liga. Die Niederösterreicher verloren von 19 Partien im Grunddurchgang nur eine. Zurück zum Spiel gegen Mattersburg – da hatten die Gastgeber vor ausverkaufter Halle (620 Fans) nach einem mäßigen ersten Viertel das Heft in die Hand genommen und angeführt von Top-Scorer Duje Putnik (29 Punkte) den Sieg fixiert. „Für uns ist das unglaublich, wir haben in den zwei Heimspielen über 1000 Besucher gehabt. Nach diesem Erfolg ist jetzt der Himmel das Limit“, jubelte Towers-Spieler Fabio Thaler.

Für die SWARCO Raiders Tirol hingegen war die Saison nach dem 82:92 gegen Deutsch-Wagram vorbei. „Wir haben gekämpft, aber leider ein paar Fehler zu viel gemacht. Nach einer Saison mit Auf und Abs sind wir mit dem Viertelfinale aber glücklich“, so Trainer Amir Medinov. „Wir kommen stärker zurück“, versprach Thomas Pirchner für die Zukunft.

Jubel trotz Brand

Der 3:0-Erfolg von TI-volley gegen Hartberg und der Aufstieg ins Halbfinale der Austrian Volley League (AVL) war Balsam auf die Wunden von Obmann Michael Falkner, der nach dem ersten 3:0-Sieg in der Best-of-three-Serie die große Schockmeldung erhielt: „Die Wohnung brennt!"

Nach dem „Vollbrand" in der Völser Wohnung begeisterte den dreifachen Familienvater die Hilfsbereitschaft der Volleyball-Familie: „Alle standen uns zur Seite, wir hätten monatelang woanders übernachten können. Das ist großartig und tut sehr gut." Sportlich gesehen überzeugten seine Mädels, untermauerten eindrucksvoll, dass sie durchaus auch im Semifinale in der Favoritenrolle waren, auch wenn jetzt erst die „heiß" Phase beginnen sollte.

Treichl WM-Fünfter

Das hat dem österreichischen Bobsport gutgetan. Der Tiroler Markus Treichl (Bild) hatte mit Platz fünf im Vierer-Bewerb für das beste rot-weiß-rote Resultat bei der Bob-Weltmeisterschaft in Winterberg seit langem gesorgt. Mit seiner Crew Sascha Stepan, Markus Sammer und Kristian Huber verteidigte der Sistranser in den Durchgängen drei und vier die am Vortag eingefahrene Top-5-Position. Auf Bronze fehlten schlussendlich nur 0,37 Sekunden. Deutschland feierte einen Dreifachsieg mit dem zweifachen Doppel-Olympiasieger Francesco Friedrich an der Spitze. Für Friedrich war es der sechste WM-Titel im Vierer.

Perfekter WSG-Start in die Relegation

Der Riesenstein, der da Verantwortlichen und Spielern der WSG Tirol vom Herzen fiel, war weit über das Tivolistadion hinaus gut zu hören. Verständlich, denn mit dem 1:0 gegen Hartberg hatten die Tiroler nicht nur den ersten vollen Erfolg im Frühjahr eingefahren, sondern sich auch etwas Luft im Kampf um eine gute Ausgangsposition für die Qualifikationsrunde geschaffen. Mit ausschlaggebend für diesen Sieg waren großer Einsatz über die gesamten 90 Minuten, der frühe Platzverweis des Steirers Dominik Frieser nach 35 Minuten und natürlich das „Goldene Tor" durch Matthäus Taferner (Bild oben) in der Nachspielzeit der ersten Halbzeit. Ausgerechnet der gelbgesperrte Torschütze fehlte dann im letzten Spiel des Grunddurchgangs und prompt verlor die WSG bei der Wiener Austria mit 2:0 (im Bild unten der Elfmeter zum 1:0). Dafür gelang der Start in die Relegationsrunde mit dem 1:1 gegen Wolfsberg und dem 2:1-Sieg in Lustenau perfekt.

Martina Kuenz krönte ihr Comeback

Mag schon sein, dass man das nicht planen kann, aber genauso hatte sich Martina Kuenz (rechts unten im Bild neben Martina Riegler) wahrscheinlich das Comeback nach einem Kreuzbandriss vorgestellt – mit Gold bei den Österreichischen Meisterschaften im Freistil. Insgesamt überzeugten die Inzinger Ringer bei diesen Titelkämpfen mit sechsmal Gold, der RSC holte sich gleichzeitig auch ex aequo die Teamwertung bei den Männern. Im Einzel waren neben den beiden Mädels für die Tiroler noch Jakob Saurwein, Dominik Gastl, Lukas Gastl und Timon Haslwanter erfolgreich. Meisterschaften, an die man sich gerne erinnert.

EC Kitzbühel plante ohne drei Legionäre

Aus und vorbei – „Wir hatten ein klares Chancenplus und sind denkbar knapp gescheitert. Trotzdem gibt es nichts daran zu rütteln, dass wir unser Ziel nicht erreicht haben", zeigte Wilfrid Wetzl, Sportboss beim EC Kitzbühel, wie gewohnt klare Kante. Die Gamsstädter waren im Pre-Play-off der Alps Hockey League an Meran gescheitert. Die Konsequenzen daher nur logisch, betreffen die drei Offensiv-Legionäre. „Sie bekommen keinen neuen Vertrag", erklärte Wetzl in Richtung der Finnen Joonas Niemelä und Waltteri Lehtonen sowie des Kanadiers Chris Seto. Während die sportliche Ausbeute zu wünschen übrig ließ, lobte der Präsident die steigenden Zuschauerzahlen und die Entwicklung im Nachwuchs.

Silbi sagte Servus

Als die WSG Tirol zur Pressekonferenz lud, war erwartet worden, dass ein neuer Sponsor präsentiert wird, doch weit gefehlt: im Mittelpunkt stand Thomas Silberberger, der mit Saisonende seinen Rücktritt als Trainer bekanntgab. „Es waren elf fantastische Jahre, für die ich sehr dankbar bin. Ich habe gespürt, dass ich einen neuen Impuls brauche. Ich wollte dem Verein eine lange Vorlaufzeit für die Suche nach dem bestmöglichen Nachfolger geben.“ „Wir können stolz auf das sein, was wir hier geschaffen haben“, blickte Silbi zu seinem Manager-Freund Stefan Köck hinüber, der sagte: „Thomas hat den Verein über elf Jahre geprägt. Seine Entscheidung war schon ein Schlag, aber wir wollten, dass es sauber zu Ende geht.“

Ziel erreicht!

Die erste längere Rundfahrt des neuen Jahres ist in den Beinen des Tiroler Radstars Felix Gall – und der Osttiroler konnte den achttägigen Klassiker Paris – Nizza mit einem Lächeln beenden. „Die Top Ten waren das Ziel, der neunte Rang ist es geworden. Damit bin ich zufrieden“, vermeldete Gall nach seiner Premiere in diesem Rennen. Der 26-jährige Profi des französischen World-Tour-Teams AG2R Decathlon hatte seine Mannschaft beim Heimrennen lange Zeit sogar auf einen Podestplatz hoffen lassen, am Ende gab es den neunten Gesamtrang. Auf der Schlussetappe kam Gall nach 109 hügeligen Kilometern in Nizza als Achter ins Ziel.

Souverän ins Finale gestürmt

Das war nicht der Start, den sich die Volleyballer von HYPO Tirol (großes Bild) zum Auftakt der Halbfinalserie (Best of Five) in der Austrian Volley League vorgestellt hatten. Erst mussten sie den Heimvorteil für das erste Spiel tauschen, dann setzte es nach umkämpften fünf Sätzen eine 3:2-Niederlage. Ein Weckruf zur richtigen Zeit, denn mit drei Siegen in Folge (3:1, 3:1, 3:2) waren die Tiroler anschließend in das Finale gestürmt, wo Hartberg als Gegner lauerte. Doch mit den Steirern hatten die Kronthaler-Boys ohnehin noch eine Rechnung (Niederlage im Cup-Halbfinale) offen – für eine spannende Endspielserie war damit also gesorgt.

Stadlobers Ärger

Ob im Sprint oder nach einem 50-km-Marathon – der vierte Platz hat immer einen bitteren Beigeschmack. „Es zipft mich voll an", sagte eine dementsprechend enttäuschte Teresa Stadlober (rechts im Bild), wenngleich sie beim prestigeträchtigen 50-km-Langlauf am Holmenkollen in Oslo erst nach einem spannenden Zielsprint von der Deutschen Katharina Hennig abgefangen werden konnte.

Medal Race verfehlt

Während hierzulande noch die letzten Entscheidungen in den diversen Weltcups der Alpinen und Nordischen ausgetragen wurden, bestritten Österreichs Segler die 49er-Weltmeisterschaften vor Lanzarote. Da hatten sich Benjamin Bildstein und sein Tiroler Vorschoter David Hussl im Rahmen der Gold-Flotte eine Aufholjagd erhofft, um sich für das Medail Race zu qualifizieren. Doch statt Spitzenplätze einzufahren, hatte das Duo nur die Ränge acht, 18 und 18 erreicht, war damit auf den 16. Gesamtrang zurückgefallen. Ohne Aussicht, ihr Ziel zu erreichen.

Krafts Rekordjagd

Immer wieder Stefan Kraft. Der Salzburger feierte im Nordischen Mekka, auf dem Holmenkollen von Oslo seinen insgesamt 41. Weltcupsieg, es war der elfte in dieser Saison. Der Weltcup-Leader hatte bei schwierigen Bedingungen mit 132 und 133 Metern seine große Klasse ausgespielt und mit 8,8 Zähler vor dem Norweger Kristoffer Eriksen Sundal sowie 12,5 vor dem Salzburger Lahti-Sieger Jan Hörl gewonnen. Damit aber nicht genug - mit Michael Hayböck (4.) und Daniel Huber (6.) landeten insgesamt vier Österreicher in den Top 6. Kraft hatte damit seinen Vorsprung im Gesamtweltcup auf den punktelosen Tournee-Sieger Ryoyu Kobayashi auf 296 Zähler ausgebaut.

Gandler glänzte mit Rang sechs

Je näher das Saisonende rückte, desto besser kam Anna Gandler in Form. Nach Rang sieben zuletzt im Massenstart im tschechischen Nove Mesto untermauerte die Tirolerin zum Auftakt des Biathlon-Weltcups in Soldier Hollow (USA) ihre Hochform. Die 23-jährige war über die 7,5 Kilometer fehlerlos geblieben und als Sechste ins Ziel gekommen. Auf einen Podestplatz fehlten ihr etwas mehr als 40 Sekunden. Die Französin Justine Braisaz-Bouchet war einmal mehr trotz eines Fehlschusses im Stehend-Anschlag nicht zu schlagen. Lisa Hauser belegte Rang 27. In der 4x7,5-km-Herrenstaffel wurde das ÖSV-Quartett Sechster.

Schwaz-Express raste dahin

So sehr man auch Ehrfurcht walten lassen wollte angesichts von drei Siegen in Serie des Gegners: Am Ende waren es erneut die Schwazer Handballer, die das Parkett in der HLA als Sieger verlassen durften. Der Tabellenführer aus Tirol hatte Ferlach zuhause in der Osthalle mit 31:25 (14:9) und den Vorsprung auf Verfolger Hard wieder auf drei Punkte ausgebaut. Die Roten Teufel aus Vorarlberg waren nach wie vor das einzige Team mit einem Sieg gegen Schwaz. „Wir haben Ferlach gut im Griff gehabt und uns immer wieder Führungen erarbeitet. Leider haben wir dann zu viele Chancen vergeben", so Trainer Christoph Jauernik, mittendrin in der Jubeltraube seiner Mannschaft (Bild links). Topscorer bei den Schwazern waren übrigens Michael Miskovez (großes Bild) und Thomas Kandolf (beide vier).

ORF FÜR ALLE
ORF TIROL SPORT
WIR SIND LIVE FÜR SIE DABEI
T

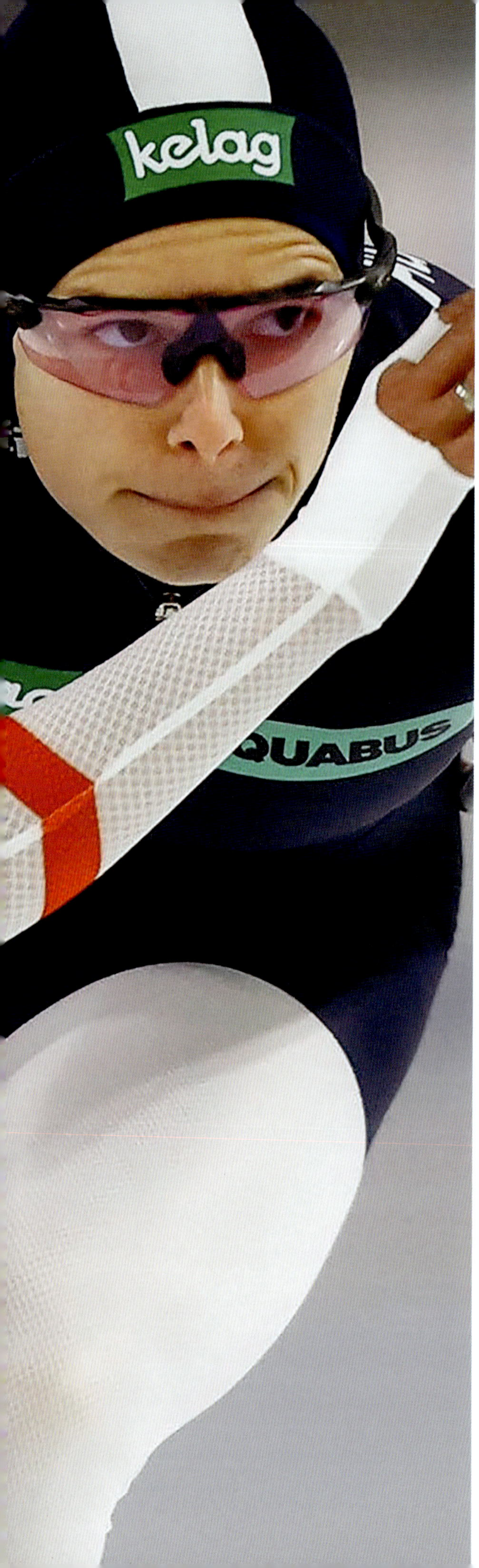

Achtbares Saisonfinale

Ein versöhnliches Ende brachte die WM im Sprintvierkampf für Vanessa Herzog. Die gebürtige Tirolerin hatte mit einem starken zweiten Tag den angepeilten fünften Rang erreicht. Eine Wiederholung ihrer Bronzemedaille vor zwei Jahren hatte Herzog schon vor den Titelkämpfen in Inzell ausgeschlossen.

Das Ergebnis war Balsam nach einer schwierigen Saison für Österreichs Sportlerin des Jahres 2019, die vor allem am Anfang nicht so richtig auf das Eis fand. „Wenn ich so gefahren wäre wie am Anfang der Saison, wäre ich wohl auf Platz 15 gelandet", blickte sie zurück.

Zum allerersten Mal in seiner Karriere nahm Gabriel Odor an den Allround-Weltmeisterschaften teil. Der junge Tiroler debütierte in Inzell bei einem der ältesten Wettbewerbe im Eisschnelllauf, der seit 1893 in dieser Form des Vierkampfes ausgetragen wird. Da sich nach dem aktuellen Reglement nur mehr die besten acht Athlet*innen für die abschließenden 10.000 Meter qualifizieren, war für den Österreicher nach dem 5000-m-Lauf und dem von ihm sehr starken 1500-m-Lauf Schluss.

Wieder Mikaela Shiffrin

Sie kam, sah und siegte – es war, als wäre sie nie weg gewesen. Nach mehr als einem Monat Rennpause war Mikaela Shiffrin in souveräner Manier auf die Weltcup-Pisten zurückgekehrt. Die nunmehr 29-jährige Seriensiegerin hatte im schwedischen Aare mit dem 96. Weltcupsieg vorzeitig den Gewinn ihrer achten Kristallkugel im Slalom fixiert. Mit deutlichem Abstand folgten die Kroatin Zrinka Ljutic und die Schweizerin Michelle Gisin. Österreichs Beste hieß Katharina Liensberger (6.). Achtmal Kristall in einer Disziplin hatten zuvor nur Ingemar Stenmark (Slalom/RTL) und Lindsey Vonn (Abfahrt) geschafft. Marcel Hirscher gewann achtmal den Gesamtweltcup. Shiffrin hält nun bei 16 Kugeln, darunter fünf für den Gesamtweltcup.

Gunst der Stunde

Die Medaille, die sie nach ihrem historischen Boden-Triumph beim Turn-Weltcup in Baku (Aserbaidschan) umgehängt bekam, legte sie erst beim Ins-Bett-Gehen ab – und vorsorglich auf das Nachtkästchen. „So konnte ich beim Aufwachen gleich schauen, ob nicht alles nur ein Traum war." War es nicht. Vielmehr hatte Charlize Mörz tags zuvor österreichische Turngeschichte geschrieben. Und mit neuer persönlicher Bestmarke (13,566 Punkte) immerhin die chinesische Olympia-Vierte Yushan Ou und die algerische Vizeweltmeisterin Kaylia Nemour hinter sich gelassen. „Es haben in Baku doch zahlreiche bereits für Olympia qualifizierte Athletinnen gefehlt", so Mörz. „Also habe ich die Gunst der Stunde gut genützt."

Sprachloser Trainer

Das war eine Ansage der österreichischen „Adler" – angeführt vom „Überflieger" Stefan Kraft war dem ÖSV-Team in Trondheim ein historischer Vierfachsieg im Weltcup gelungen. Und das am Schauplatz der WM 2025. Kraft feierte seinen zwölften Saisonsieg vor Daniel Tschofenig, Jan Hörl und Daniel Huber. Mit Michael Hayböck wurde ein weiterer ÖSV-Adler Sechster. Es war der erste rot-weiß-rote Vierfachsieg im Weltcup seit 1980 und der erst dritte überhaupt.

ÖSV-Cheftrainer Andi Widhölzl war nach der Demonstration seines Teams mehr als zufrieden. „Ein Wahnsinnstag für uns. Ich bin sprachlos." Zuletzt hatten Armin Kogler, Hubert Neuper, Toni Innauer und Claus Tuchscherer vor 44 Jahren einen ÖSV-Vierfachsieg gefeiert.

Adieu, Paris!

Mit einer bärenstarken EM hatten sich Österreichs Handballer die Chance erkämpft, um ein Olympiaticket zu spielen. Doch die große Chance wurde vergeben. Ein 41:26-Sieg gegen Algerien war zu wenig, denn sowohl gegen Deutschland (31:34) wie auch gegen Kroatien (29:35) hatte sich das ÖHB-Team geschlagen geben müssen, Paris adieu!

Tolle Show und Riesenparty am Wildseeloder

So kann man sich täuschen – zuerst war eine Absage der Freeride-Konkurrenz am Wildseeloder diskutiert worden, am Ende erlebten die Fans in Fieberbrunn beim traditionellen Stopp der World Tour eine spektakuläre Freeride-Party.

Nicht zuletzt auch dank Valentin Rainer, dem regierenden Weltmeister, der allerdings trotz ansprechender Leistung mit Platz acht vorlieb hatte nehmen müssen. „Das Niveau ist bei uns mittlerweile nur verrückt", staunte der 25-Jährige über den Umstand, dass 88,33 von 100 möglichen Punkten nicht für eine bessere Platzierung reichten. „Das war eine der besten Shows, die wir am Wildseeloder gesehen haben. Man denkt, das Limit ist schon längst erreicht", strahlte World-Tour-CEO Nicolas Hale-Woods: „Aber es wird immer noch einer draufgesetzt."

Finale, wir kommen!

„Wir müssen aufpassen", meinte ein überglücklicher TI-Obmann Michael Falkner nach dem 3:0 im ersten Halbfinalspiel der Austrian Volley League über Sokol/Post. Tatsächlich war es nach einer 3:2-Niederlage im Rückspiel noch einmal spannend geworden und nach einem 0:2-Satzrückstand im dritten Spiel schien der Finaltraum der Tirolerinnen geplatzt. Doch mit einem Kraftakt drehten die Mädels von Coach Rogelio Hernandez die Partie zu einem vielbejubelten 3:2-Erolg und belohnten sich und auch die Fans mit dem Einzug ins Endspiel.

TIWAG

WSG im Wechselbad

Mit dem 2:1-Erfolg und drei wichtigen Punkten beim schärfsten Rivalen im Kampf gegen den Abstieg, der Lustenauer Austria, hatten sich die Kicker der WSG zu Ostern selbst das schönste Geschenk ins Nestl gelegt, konnten daher eher entspannt die Feiertage genießen. Und was eigentlich niemand für möglich gehalten hätte – die Tiroler blieben danach auch im dritten Spiel der Qualifikationsgruppe ungeschlagen. In Altach hatte die Truppe von Thomas Silberberger mit dem 0:0 einen wertvollen Zähler ergattert. Vier Zähler im Ländle, diese Bilanz konnte sich sehen lassen. Das sah schon nach einer kleinen Vorentscheidung im Kampf gegen den Abstieg aus, zumal sich die WSG im anstehenden Heimspiel gegen Blau Weiß Linz weiteren Punktezuwachs erhoffte. Getreu dem Spruch des Rudi Nierlich – „Wenn's laft, dann laft's" – starteten die Gastgeber im Tivolistadion mit viel Schwung und einem schnellen 1:0 durch Mahamadou Diarra, der bereits in der 4. Minute jubeln durfte. Aber die Partie war nach diesem Auftakt dennoch nicht der erhoffte „Selbstläufer", die Oberösterreicher hielten gut dagegen, bei zwei, drei Möglichkeiten war zum Glück WSG-Goalie Adam Stejskal auf dem Posten. Nach Seitenwechsel war es dann erneut Diarra, der nach nur fünf Minuten mit seinem zweiten Treffer für Jubel gesorgt hatte. Die Entscheidung? Keineswegs – Linz verkürzte in der 75. Minute auf 1:2 und es folgten bange Schlussminuten für die Tiroler, aber es blieb beim knappen Sieg, während es eine Woche später eine klare 3:0-Niederlage in Wien gegen die Austria setzte.

Das große Finale

Aus und vorbei – mit dem Weltcupfinale in Saalbach-Hinterglemm feierten die Alpinen ein glanzvolles Finale, dem Veranstalter war trotz Wetterkapriolen eine perfekte Generalprobe für die WM 2025 gelungen. Schon das erste Wochenende überzeugte mit einer Mischung aus Spannung, Emotionen und herausragenden Leistungen, wobei die Vergabe der vier Kleinen Kugeln in den technischen Disziplinen im Mittelpunkt stand. Seriensieger Marco Odermatt holte sich die RTL-Wertung, obwohl sein Landsmann Loic Meillard gewann, die Ehre des ÖSV hatte Stephan Brennsteiner mit Rang vier gerettet. Die Schweizer Hymne war auch für die Siegerin der RTL-Kugel gespielt worden, Lara Gut-Behrami (Bild unten) strahlte mit der Sonne um die Wette. Genauso wie die Sieger der Slalom-Wertungen – Mikaela Shiffrin, die ihre Ausnahmestellung untermauerte und dann natürlich Manuel Feller (Bild oben), der sich mit vier Saisonsiegen und dem zweiten Platz im Finale seinen großen Traum von der Slalomkugel erfüllte.

Aber der Tiroler war nicht der einzige Österreicher, der in Saalbach jubeln durfte – fast spektakulär im letzten Rennen hatte sich auch Conny Hütter mit ihrem Sieg die Kleine Kugel in der Abfahrtswertung gesichert; in einem Rennen, das an Spannung kaum zu überbieten war. An Hütters vorgelegter Bestzeit waren alle Konkurrentinnen im Kampf um die Kleine Kristallkugel gescheitert; neben Stephanie Venier (Bild Mitte), die letztlich hinter Landsfrau Christina Ager Fünfte geworden war, auch Lara Gut-Behrami, die sogar den notwendigen 15. Platz um zwei Ränge verfehlte.

Mit Hütter jubelte das ganze Damen-Team – „Vorher hatte ich geträumt, dass es im Super-G aufgeht. Und jetzt ist es in der Abfahrt wirklich so", jubelte die WM-Dritte von 2023. Am Ende entschieden 28 Punkte zugunsten von Hütter. Und dank der starken Leistung der Speed-Truppe ging die Große Kugel für die Damen-Teamwertung nach Österreich.

Das Beste kommt zum Schluss, im Falle der Stephanie Brunner war es sogar das mit Abstand Beste. Die Tuxerin war im Rahmen des Weltcupfinales als Vierte knapp am RTL-Podest vorbeigefahren. Eine Genugtuung nach der schwierigen Zeit mit drei Kreuzbandrissen. „Das tut richtig gut", meinte Brunner. „Die letzten Jahre waren nicht einfach."

Einige sammeln Briefmarken oder Ansichtskarten, Marco Odermatt sammelt Kristall – mit den vier Trophäen, die er allein in Saalbach beim Finale abräumte, sind es nun bereits neun Kugeln, für die der Schweizer in seinem zuhause entsprechend Platz finden muss. Und ein Ende der Sammlerei ist derzeit noch nicht abzusehen …

Einfach überragend

Da sage noch jemand, so eine Saisonbilanz würde nicht Spaß machen. Den Stefan Kraft jedenfalls hat's gefreut. Der Salzburger flog von Erfolg zu Erfolg, gewann im Finish zum dritten Mal die „Raw Air"-Tournee und sicherte sich in Vikersund auch vorzeitig seinen dritten Gesamtweltcup-Erfolg.

Schon im ersten Teil des Skifliegens in Vikersund hatte er die Große Kristallkugel in trockene Tücher gebracht, um sich beim zweiten Teil nur seinem Teamkollegen Daniel Huber geschlagen zu geben. Wie macht das dieser Kraft? Er macht es einfach – und analysierte nach dem „Raw Air"-Gesamttriumph seine bisher beste Saison: „Kobayashi und Wellinger waren viel in meinem Kopf. Ich war nicht der lockerste Stefan, aber ich habe es genossen."

Doppelt hält besser

In Abwesenheit des schon als Gesamtsieger feststehenden Topstars Jarl-Magnus Riiber war Österreichs Nordischen Kombinierern zum Saisonausklang noch ein imposanter Doppelsieg gelungen. Johannes Lamparter hatte mit 9,2 Sekunden Vorsprung auf Stefan Rettenegger gewonnen, und hielt nun bei 14 Weltcuperfolgen. Schon zwei Wochen zuvor in Lahti hatte es Lamparter vor Rettenegger geheißen. „Es war ein perfekter Tag. Ich bin mit Stefan zusammen auf hohem Niveau gesprungen", freute sich der Tiroler auch darüber, dass ihm das vor den Augen seiner Eltern gelungen war. „Gratulationen an Stefan und an Jarl, es war eine fantastische Saison für ihn." Lukas Greiderer belegte Rang acht.

Beeindruckende Eva

Das war ein standesgemäßer Saisonabschluss – Eva Pinkelnig feierte das Ende in Planica mit ihrem insgesamt 15. Weltcupsieg. Dazu kamen mit Jacqueline Seifriedsberger (6.), Lisa Eder (7.) und Sara Marita Kramer (10.) insgesamt vier ÖSV-Athletinnen in die Top Ten.

Die Weltcup-Entscheidungen waren schon zuvor gefallen. Die 35-Jährige war aufgrund einer Knieverletzung erst verspätet in die Saison eingestiegen – am Ende standen 15 Podestplätze und sechs Siege zu Buche.

Schrettl starker Dritter

Das wird Thomas Pupp besonders gefreut haben – denn gleich zum Auftakt der österreichischen Rad-Bundesliga gab es einen Tiroler Podestplatz. Das 20-jährige Nachwuchstalent Marco Schrettl aus Münster war beim 63. Eröffnungsrennen der neuen Saison in Leonding auf den dritten Rang gefahren. Erst im Zielsprint hatte sich der Tirol-Team-Fahrer dem Slowenen Jaka Primozic und Landsmann Sebastian Schönberger geschlagen geben müssen. Gleich dahinter kam Schrettls Teamkollege Sebastian Putz als Vierter ins Ziel. Bei immer stärker werdendem Regen war dann dieser Vier-Mann-Gruppe auf den letzten Kilometern die entscheidende Attacke gelungen. Bei den Damen belegte Elisa Winter (Union Radteam Tirol) Rang fünf.

Eine Saison voller Paukenschläge

Die Skisprung-Saison 2023/24 hatte im finnischen Ruka dank Stefan Kraft mit einem Sieg für Österreich begonnen – und sie endete im slowenischen Planica dank Daniel Huber erneut mit einem ÖSV-Erfolg. Der Salzburger hatte sich auf der malerisch gelegenen Letalnica-Schanze mit dem überlegenen Tagessieg vor seinem Landsmann Stefan Kraft im Rennen um die Kleine Kugel für den Skiflug-Weltcup durchgesetzt. Der Gesamtweltcupsieger belegte den vierten Platz, verneigte sich im Anschluss aber respektvoll: „Das war eine Machtdemonstration!" Der Seekirchner gewann schließlich die Skiflug-Kristallkugel mit gerade einmal drei Punkten Vorsprung auf Kraft. „Er hat vorher zu mir gesagt, ich bin der Einzige, der ihm eine Kugel wegnehmen darf", scherzte Huber.

Im Nationencup schaffte Österreich mit 8149 eine neue Rekordpunktezahl. Garniert wurde die Saison mit 21 Siegen – bis auf die Vierschanzentournee wurde alles gewonnen.

Tirols Sportschützen glänzten in Kufstein

Warum Tirol im Lager der Sportschütz*innen eine Luftgewehr-Hochburg bildet, darüber macht sich niemand so wirklich Gedanken. Hauptsache, es wird gewonnen. Wie zuletzt auch bei den Staatsmeisterschaften und Österreichischen Meisterschaften in Kufstein. Der in Innervillgraten beheimatete Osttiroler Mair (23) kürte sich im Einzel, im Mixed-Team (mit der Tirolerin Jasmin Kitzbichler) und in der Mannschaftswertung mit den Tirolern Andreas Thum und Michael Höllwarth zum dreifachen Staatsmeister. „Ich war vor den Augen der Familie sehr nervös und im Alltag bin ich in solchen Situationen etwas tollpatschig", gestand die Absamerin Rebecca Köck. Am Schießstand konnte die 24-Jährige ihre Aufregung aber in Energie ummünzen und im Einzel (3. Tirols Olivia Hofmann) sowie in der Mannschaftswertung (mit Hofmann und Kitzbichler) in der allgemeinen Klasse gleich zwei Mal Gold abräumen. Im Mixed-Team reichte es mit Thum auch noch zu Bronze.

Super Saisonstart

Aller guten Dinge sind drei – auch im Sport ein willkommenes Ergebnis, oder? Für Laura Stigger jedenfalls war Italien auch in diesem März eine Reise wert. Die Heeressportlerin hatte sich bereits zum bereits dritten Mal nach 2019 und 2022 den Sieg beim Verona MTB International geholt. Schon früh hatte sich die Tirolerin von der Konkurrenz abgesetzt, den Vorsprung bis zur Zieldurchfahrt kontinuierlich ausgebaut. „Ich bin natürlich mega happy, dass ich mit einem Sieg in Verona in die Saison starten konnte. So kann es gerne weitergehen. Nichtsdestotrotz heißt es jetzt weiter trainieren und Vollgas geben. Die nächsten Rennen können kommen. Und ich freue mich schon drauf."

Heiße Sohlen am Tiroler Parkett

Schon traditionell war im Congress in Innsbruck höchste Tanzkunst präsentiert worden, immerhin war doch eine Reihe der weltbesten Profis der lateinamerikanischen Tänze am Parkett zu sehen. Darunter auch die für Großbritannien startenden Dorin Frecautanu und Marina Sergeeva, die kurzfristig aus Hongkong angereist waren. Ehrensache, dass sich die Titelverteidiger nach den Reisestrapazen die 5000 Euro Siegerpreisgeld abholten.

APRIL

Handball-Fest zum Genießen

Feste soll man feiern, wie sie fallen – auch im Handball! Für Sparkasse Schwaz-Handball Tirol hatte es ja im Verlauf der Meisterschaft 2023/24 einiges zum Feiern gegeben, das letzte Heimspiel im Grunddurchgang war dann auch die richtige, weil stimmungsvolle Bühne für die Jubiläumsfeier „20 Jahre Erstliga-Aufstieg". Ganz klar, dass sich ein Großteil jener Spieler, die damals den Aufstieg geschafft hatten, zu diesem Fest eingefunden hatte. Und als Draufgabe sorgte die aktuelle Mannschaft mit einem 39:31-Schützenfest für einen spektakulären Jubiläums-Höhepunkt.

Kapitän Alexander Wanitschek und Co. marschierten gegen Bregenz (mit den Teamspielern Häusle, Wagner und Mahr) vom Start weg entschlossen nach vorne und gingen mit acht Toren Vorsprung (22:14) in die Pause, in der jene Legenden geehrt wurden, die vor 20 Jahren den Zweitliga-Titel geholt hatten.

„Es fühlt sich an wie ein Klassentreffen. So wie heute mit toller Stimmung in der Halle war jedes einzelne Heimspiel auch damals ein Highlight", so Ex-Kapitän Pooya Poostchi.

Durchmarsch auf Rang 4

Brasilien ist immer eine Reise wert – speziell für Beachvolleyballer beim Comeback, wie Martin Ermacora zu berichten wusste. Im Rahmen des Challenger-Turniers im brasilianischen Saquarema hatte der Tiroler zunächst mit dem Steirer Philipp Waller die Qualifikation geschafft, dann gab es zwei Gruppen-Erfolge sowie einen 2:1-Prestige-Triumph im Achtelfinale gegen seinen Ex-Partner Moritz Pristauz. Nach einem weiteren 2:0 im Viertelfinale – dem sechsten Erfolg in Serie – war im Halbfinale Endstation. Und im Duell um Rang drei verlor das Duo ebenfalls knapp 1:2. „Wir sind stark zur World Tour zurückgekehrt und haben ein großes Ausrufezeichen gesetzt", so Ermacora.

Chiara Mair sagte Ciao!

„Ich kämpfe weiter, gebe mir noch Zeit", hatte Chiara Mair zuerst verkündet. Aber letztlich genügten der 27-jährigen die „80 Prozent" Fitness nicht, nunmehr verkündete sie via Social Media ihren Abschied. Trotz einer erfolgreichen Laufbahn mit sechs Top-Ten-Platzierungen, darunter einem 4. Platz (Schladming 2022) und dem 6. Rang im WM-Slalom in Cortina. „Erfolg ist, zu wissen, dass man alles gegeben hat und mit einem ruhigen Gewissen ins Bett gehen kann, weil man sein kleines Ich so unglaublich stolz gemacht hat", schrieb Mair. Hintergrund der Entscheidung: Der Körper spielt seit 2019, nach einem Sturz mit Gehirnerschütterung und zwei verschobenen Halswirbeln, nicht mehr mit.

Ticket knapp verfehlt

Souveräner als Martina Kuenz kann man kein Comeback starten: Die Inzingerin feierte in Baku zunächst zwei klare Siege. Und im Halbfinale um eines der zwei Olympia-Tickets traf die 29-Jährige ausgerechnet auf ihre türkische Dauerrivalin Adar, Europameisterin, Weltmeisterin 2022 sowie Olympia-Dritte. Dort musste sich Kuenz mit 2:6 nach Punkten geschlagen geben. Damit verpasste Kuenz einen Fixplatz für Paris.

3-mal Gold für Matiev

Vielfalt war Trumpf. Zumindest bei den Herren im Rahmen der Turn-Staatsmeisterschaft in Dornbirn. Nur einer tanzte ein wenig aus der Reihe. Nach Gold im Mehrkampf ließ Askhab Matiev vom ITV (im Bild) noch zwei Siege an Barren und Reck folgen. Die weiteren Titel gingen an Vereinskollegen Manuel Arnold (Pauschenpferd), Ricardo Rudy, Vinzenz Höck und Nicolas Ivkic. Bei den Damen? Da gewann die 16-jährige Lokalmatadorin Leni Bohle nach dem Team-Titel noch drei weitere Goldmedaillen. Aus Tiroler Sicht freute sich Lea Dampf über Sprung-Bronze.

GrECo
Wir managen Ihr Risiko!
GrECo International AG ist in allen Beziehungen ein vertrauensvoller und loyaler Partner, der progressive und maßgeschneiderte Versicherungslösungen anbietet.
Erfolgreich. Verlässlich. Tirolerisch.
www.greco.services
GrECo, matter of trust.

Nicole Billa trug als erste Tirolerin in 100 Länderspielen den ÖFB-Dress. Ob die 28-Jährige noch eine weitere goldene Marke knacken kann? Auf Österreichs Rekordtorschützin Nina Burger (53 Tore) fehlten Billa noch sechs Tore.

Tiroler Torjubel

Die Frage musste nach dem Schlusspfiff im polnischen Gdingen erlaubt sein – könnte ein Länderspiel eines ÖFB-Frauen-Nationalteams aus Tiroler Sicht emotionaler verlaufen? Nein, mit an Sicherheit grenzender Wahrscheinlichkeit nicht. Dafür spricht etwa die Torpremiere (66.) der Zirlerin Lilli Purtscheller beim 3:1-Sieg in Polen, ihrem 10. Länderspieleinsatz. Und dann erlebte Nicole Billa mit ihrer Einwechslung in der 73. Minute den 100. Einsatz im ÖFB-Team. „Ich bin, würde ich sagen, nicht so bekannt für das Toreschießen, darum freue ich mich umso mehr", strahlte Purtscheller (großes Bild).

Die ersten Schecks

Maximilian Steinlechner darf mit Stolz auf eine – auch international – erfolgreiche Amateur-Zeit zurückblicken. Auch wenn die Vorbereitung auf das erste komplette Profi-Golfjahr mit der Einberufung für den Grundwehrdienst kollidierte. Da kam der Audi Circuit gerade recht. Steinlechner gewann die ersten beiden Turniere der Serie in Seltenheim und Finkenstein – und strahlte jeweils über einen 2000-€-Preisgeldscheck. Die ersten Schritte auf dem Weg nach oben für die Nr. 1334 der Welt.

Demetz-Memorial – die große Show der Jugend

Schöne Erinnerungen und viele Tiroler Glanzpunkte – das 26. Hans-Peter-Demetz-Memorial im Rahmen des ASVÖ-Cups mutierte einmal mehr zu einer beeindruckenden Leistungsschau. Für das Team, das immer eine gemeinsame Mannschaftswertung erkämpfte, waren und sind die jungen Tiroler Gymnastinnen und Turner*innen vom Leistungszentrum Tirol (im Bild) zuverlässige Erfolgsgaranten.

Und die Tirolerinnen vermochten bei der 26. Auflage den Heimvorteil unter den knapp 200 Starter*innen auch zu nutzen: Bei den jüngeren Turnerinnen schaffte Maria Strigl Platz zwei und bei den älteren Gymnastinnen Vera Tereshchenko Rang drei. Noch dazu holte sich das mit heimischen Talenten gespickte österreichische ASVÖ-Team auch wieder den Gesamtsieg.

HYPO mit Titelverteidigung im Eilzugstempo

Eine Best-of-7-Serie war programmiert, doch bereits nach vier Partien durfte Hannes Kronthaler, Boss des HYPO Tirol Volleyballteams mit strahlender Miene verkünden: „Es ist vollbracht!" Seine Mannschaft hatte sich nach 2023 auch 2024 die österreichische Volleyball-Meisterschaft gesichert. Mit einer eindrucksvollen 4:0-Bilanz in der Serie hatten die Schützlinge von Coach Stefan Chrtiansky (Bild unten, rechts) nie einen Zweifel darüber aufkommen lassen, wer auch dieses Jahr Österreichs Nummer eins im Volleyball sein würde. Doch Gratulation auch nach Hartberg, die sich vor allem zum Auftakt in Innsbruck erst im fünften Satz geschlagen geben mussten, dann aber in Folge chancenlos waren, zu Hause, vor jeweils rund 2000 Fans, zweimal mit 0:3 verloren. Damit hatten sich die Tiroler sozusagen im Eilzugstempo drei Matchbälle erspielt und in der entscheidenden Partie in Hartberg war es Pedro Frances, der nach rund 80 Minuten gleich den ersten verwandelte.

Zwei Paris-Tickets

Es war ein Weekend mit Vollbetrieb für die Tiroler Radstars. Schon vor dem letzten Bahnrennen in der Disziplin Omnium (Vierkampf aus Scratch, Temporennen, Ausscheidungs- und Punktefahren) hatte der Tiroler Tim Wafler (links im Bild, rotes Trikot) mit einem sechsten Rang beim Nations Cup in Milton nicht nur das Olympia-Ticket fix in der Tasche, sondern gleichzeitig auch eine starke Paris-Generalprobe abgeliefert.

Auch für den St. Johanner Mountainbiker Max Foidl war Paris näher gerückt, der Ausflug nach Brasilien hatte sich also gelohnt. Der 28-Jährige war im Cross-Country von Mairiporã auf den 19. Rang gefahren und hatte damit das B-Limit für die Olympischen Spiele bestätigt.

Nicht so gut war es dafür ebenfalls in Mairipora der Haimingerin Laura Stigger (Bild rechts oben) ergangen. Im Short Track hatte sie Rang 18 erreicht, 24 Stunden später und leicht angeschlagen hatte sich die 23-Jährige im Cross-Country mit Platz 37 begnügen müssen.

Ebenfalls nicht ganz den eigenen Erwartungen gerecht werden konnte auch die als Geheimtipp gehandelte Christina Schweinberger (Bild, rechts unten). Bei der zehnten Auflage des Amstel Gold Race war die Jenbacherin mit 33 Sekunden Rückstand auf Platz 33 ins Ziel gekommen.

Lopez holte Tour of the Alps

Sein Sieg auf der frostig-schaurigen Kälte-Etappe in Schwaz war der Grundstein zum Erfolg, am Finaltag dann hatte Juan Pedro Lopez (Bild links oben) im wahrsten Sinne des Wortes alles in trockene Tücher gebracht. Der spanische Rad-Profi entschied die 47. Auflage der Tour of the Alps für sich. Auf dem 118,6 Kilometer langen Schlussstück mit Start und Ziel in Levico Terme hatte sich der 26-Jährige vom Rennstall Lidl-Trek nicht mehr überraschen lassen. Den Sieg auf dem letzten Teilstück schnappte sich nach einem 15-Mann-Sprint in 2:50:20 Stunden der Franzose Aurélien Paret-Peintre (AG2R). Die Österreicher hatten mit der Entscheidung nach zwei schwierigen Anstiegen abermals nichts zu tun, als bester ÖRV-Athlet kam Gregor Mühlberger (Movistar) mit 6:35 Minuten Rückstand auf Platz 30. Der 30-Jährige beendete die Gesamtwertung als 33. und damit bester Österreicher der Tour, die auf zwei Etappen durch Nordtirol führte. Die Tiroler blieben am Schlusstag abermals zurück. Der Münsterer Marco Schrettl (Tirol Team) kam als 70. ins Ziel, Patrick Gamper, Etappen-Zweiter in Stans, wurde Gesamt-63.

Doch zurück zur dritten Etappe – da waren im Ziel bei manchen aufgrund der Strapazen die Tränen geflossen. „Es war schlimm, es war kaum auszuhalten", meinte der Münsterer Marco Schrettl (mittleres Bild, rechts) der mit über einer Viertelstunde Rückstand ins Ziel gekommen war. Freude dagegen bei Patrick Gamper (Bild unten): „Das beste Ergebnis meiner Karriere! Ich habe alles auf eine Karte gesetzt." Emotional wurde es im Ziel, wo die Eltern Petra und Manfred sowie Freundin Anna warteten.

Im Gedenken an David Lama

Zum fünften Todestag des Tiroler Ausnahme-Kletterers und Alpinisten David Lama gewährten Davids Eltern einen Einblick in die letzte Ruhestätte ihres Sohnes am Gipfel des 5800 Meter hohen Fox Peak in Nepal. Dort hatte eine zehnköpfige Gruppe, darunter Seilpartner Peter Ortner, sein langjähriger Trainer Reinhold Scherer und Freundin Hadley Hammer einen Chörten, eine Art nepalesischen Schrein errichtet, um einen Teil von Lamas Asche beizusetzen.

Der neue „Ober-Hai“

Lange war gerätselt worden, wen sich die Innsbrucker Haie nach dem Abgang von Mitch O'Keefe als neuen Trainer „angeln“ würden. Nun, präsentiert wurde noch im April der 37-jährige Amerikaner Jordan Smotherman als neuer „Ober-Hai“. „Wir haben viele Kontakte nach Übersee, wollten einen Kanadier oder Amerikaner in einem gewissen Alter, um auf Augenhöhe arbeiten zu können“, erklärte HCI-Sportdirektor Max Steinacher und fügte an: „Es ist jetzt auch seine erste Europa-Station als Trainer. Er will sich beweisen und durchstarten.“ Obmann Günther Hanschitz ergänzte: „Wir freuen uns sehr. Seine moderne Arbeitsweise und seine Philosophie passen perfekt zu uns.“

Sensationelle TI-Mädels – Supercup, Pokal und Meistertitel

Aller guten Dinge sind eben doch drei. Dass die Mädels der TI allerdings genau vier Spiele benötigten, um gegen Linz-Steg den ersten Meistertitel in der Vereinsgeschichte zu fixieren, wird daher eine kaum erwähnenswerte Randgeschichte bleiben. Am Ende des Finalkrimis, 22.19 Uhr Linzer Ortszeit, waren sich die Tirolerinnen mit Coach Roe Hernandez jubelnd in den Armen gelegen, hatten auch Obmann Much Falkner zum Meistertanz auf das Parkett geholt. Verständlich – denn nach der Nervenschlacht war auch der dritte Saisontitel in trockenen Tüchern. Drei Pokale wanderten also nach Innsbruck – zu Saisonbeginn der Supercup nach einem 3:2 ebenfalls gegen Linz, der ÖVV-Cup und nun die Meisterschale. Wer hätte das gedacht? Trainer Hernandez sprach vom Lohn für harte Arbeit: „Es ist einfach wunderbar, was wir erreicht haben. Als ich vor sechs Jahren unterschrieben habe, haben sie gelacht, als ich gesagt habe, ich will an die Spitze." Großes Lob gab es auch vom Gegner: „Innsbruck hat uns in Summe sieben Mal geschlagen und ist damit verdient Meister geworden."

Waren begeistert vom Galaabend des Tiroler Sports – LH Anton Mattle, Silvia Lieb (CEO Moser Holding), Esther Mitterstieler (Landesdirektorin ORF Tirol) sowie LHStv. Georg Dornauer (v.l.n.r.).

Erstmals bei der Tiroler Sportlergala in der Dogana mit dabei – Erwin van Lambaart (CEO der Österreichischen Lotterien, l.) mit Rudolf Schwaz (CMOL der Moser Holding, r.).

*Eine gelungene Premiere feierten die Moderator*innen beim Galaabend des Tiroler Sports – Daniela Schmiderer und Martin Papst vom ORF Landesstudio Tirol.*

Der „Viktor" ging an …

Im Slalom war Manuel Feller zumindest viermal in dieser Saison schneller als seine Konkurrenz im Ziel gewesen, ausgerechnet zur Tiroler Sportlergala war der ÖSV-Ski-Star mit leichter Verspätung angereist, um aber dennoch pünktlich zum Start seiner Ehrung in der Innsbrucker Dogana die Bühne zu betreten. Und wenig später durfte sich er sich zum zweiten Mal nach 2020 den „Viktor" als bester Tiroler Sportler abholen. Das erste Mal live auf der Bühne. Der 31-jährige feierte bei der Wahl einen überlegenen Sieg vor Kletter-Weltmeister Jakob Schubert und dem Nordischen Kombinierer Johannes Lamparter. „Es freut mich, dass ich wieder dabei sein darf und vor so vielen großartigen Sportlern diese Trophäe verliehen bekomme."

Bei den Damen ging es im Kampf um den Sieg knapper zu. Am Ende hatte mit Stephanie Venier auch hier ein Star aus dem alpinen ÖSV-Lager die Nase vorne. Die Oberperferin gewann vor Mountainbike-Weltcupsiegerin Mona Mitterwallner und Kunstbahnrodlerin Madeleine Egle. Für Venier war es nach schwierigen Jahren ein großes Comeback.

Zu Behindertensportler*innen des Jahres wurden Jasmin Plank (Klettern) und Martin Falch (Triathlon) gewählt. Den Sieg bei den Teams holte sich Selina Egle/Lara Kipp vor dem HCI sowie Romana Hintner/Eva Nagiller.

Er galt als einer der besten Kletterer seiner Zeit und schrieb 1978 am Everest Geschichte. Bis heute sind Peter Habeler und die Berge eins – heuer wurde er mit dem „Special-Award-Viktor" geehrt.

Dem Triumph folgte ein Albtraum

Erst war gejubelt worden in der Schwazer Osthalle, als die Gastgeber mit einem eher sensationellen 33:31 gegen Hard die Qualifikation für das österreichische Cupfinale geschafft hatten. Regisseur Sebastian Spendier war fast ein bisschen sprachlos – und das lag nicht nur an der Wahnsinnsstimmung (großes Bild). Doch die Freude währte nicht lange – 24 Stunden später herrschte Katerstimmung, denn West Wien hatte die Tiroler Träume vom Cupsieg mit dem Siegtreffer zum 29:28 in letzter Sekunde in einen Albtraum verwandelt.

Schwer enttäuscht auch Michael Miskovec (kleines Bild), für den die Silbermedaille nur ein schwacher Trost war, der es kaum verstehen konnte, dass diese große Chance verpasst wurde.

Revanche und Klassenerhalt

Am 27. April, um Punkt 18.52 Uhr hatte Thomas Silberberger seine letzte Mission als Trainer der WSG Tirol erfüllt. Denn nach dem – zugegeben enttäuschenden – 0:0-Remis gegen Austria Lustenau war der Klassenerhalt der Tiroler auch rechnerisch fix. „Der letzte Schritt war der schwerste, aber wir haben ihn gemacht", gestand der Wörgler Coach nach dem Abpfiff. „Es tut gut, jetzt können wir beruhigt die letzten Wochen angehen." Heute werde „gefeiert", ergänzte indes Verteidiger Felix Bacher.

Fußballerisch hatte der Nachmittag vor 1000 Zuschauern im Tivoli-Stadion nicht allzu viel geboten: Die beste Chance der ersten Halbzeit hatte Nik Prelec nach idealer Hereingabe von Mahamadou Diarra in der 29. Minute vergeben, die Gäste setzten auch beim Match der letzten Chance fast schon traditionell auf hohe Bälle und Standards. Mehr war da nicht zu sehen, die Leistungen auf dem Platz konnten wahrscheinlich auch die prominenten Tribünengäste Néstor „Pipo" Gorosito oder Heinz Peischl neben Präsidentin Diana Langes nicht unbedingt erwärmen. Aber wie heißt es so treffend? Ende gut Alles gut! Den Grundstein dafür hatte die WSG nach dem 2:1-Erfolg gegen BW Linz und der bitteren 0:3-Niederlage bei der Wiener Austria mit einer gelungenen Revanche gegen die „Veilchen" mit dem 1:0-Heimsieg gelegt. Die Entscheidung war in dieser Partie spät gefallen, und zwar aus einem Elfmeter, den Denis Tomic (Bild links oben) in der 87. Minute eiskalt zum Siegestreffer verwandelt hatte.

Ihre Nummer Eins für erstklassigen Sport-Content.
Entdecken Sie die weltweit größte Sammlung an Sportfotografien und -videos. Emotionen und Highlights aus über 160 Sportarten.
IMAGO ist ein weltweit agierender Anbieter visuellen Contents und marktführend im Bereich der Sportfotografie. Bilder und Videos aus den Bereichen News, Archiv, Sport, Entertainment und Creative können über IMAGO lizenziert werden. Unser globales und stetig wachsendes Partnernetzwerk liefert täglich über 200.000 neue Inhalte. Sprechen Sie uns an. Wir finden den passenden visuellen Content für jedes Projekt.
IMAGO.
www.imago-images.de

Doppelsieg für Tigers

Wie schon vor zwei Jahren – damals mit 2:1 und 8:5, waren auch diesmal in der zweiten Runde der 2. Baseball-Bundesliga im Derby zwischen Schwaz und Kufstein die Schwaz Tigers erfolgreich, wieder zweimal. Auf dem heimischen Tigersfield in Schwaz hatten sich die Gastgeber jeweils ziemlich klar mit 10:3 und 12:2 durchgesetzt. Für Kufsteins Obmann Stefan Graf waren die beiden Derbyniederlagen aber kein Beinbruch, vielmehr eine „Standortbestimmung". Die routinierteren Gastgeber waren diesmal einfach in allen Bereichen seiner noch jungen und nicht eingespielten Truppe klar überlegen gewesen: „Sei's drum, die Tigers waren für uns nicht schlagbar." Im Bild Kufsteins Garett Gagnon.

Höck (4.) verpasste EM-Medaille

Natürlich hätte Vinzenz Höck nach der verpassten Qualifikation für die Olympischen Sommerspiele in Paris den Kopf hängen lassen können. Machte er aber nicht. Stattdessen zog er mit einer überzeugenden Kür (14.900 Punkte) ins Ringe-Finale der Turn-EM in Rimini ein und realisierte mit Platz vier sein zweitbestes EM-Ergebnis. Der Titel ging an 2016-Olympiasieger Eleftherios Petrounias aus Griechenland.

Auer nach Crash Elfter

Für den Tiroler Lucas Auer (Vordergrund) gab es einen eher durchwachsenen Saisonauftakt in der Deutschen Tourenwagen Masters (DTM). Einen Tag nach dem sechsten Platz im ersten Rennen musste sich der Kufsteiner im zweiten Lauf nach einem Crash am Start mit Rang elf begnügen. „Ich hatte einfach keine Chance auszuweichen. Das Auto dann noch ins Ziel zu bringen, war harte Arbeit. Das Gute dabei ist, dass ich noch einige Punkte mitnehmen konnte."

Tabea nicht zu stoppen

Mehr als 70 Goldmedaillen bei diversen österreichischen Nachwuchsmeisterschaften im Schwimmen, Rad und Triathlon gewann Tabea Huys bislang. Wenn es nach Papa Mario geht, soll die 18-jährige selbst entscheiden, welche Sportart sie einmal bevorzugt. Kürzlich wurde der SportBORG-Schülerin ihre Entscheidung wieder schwer gemacht: Bei der 36. Auflage der Gracia-Tour, einer Fünf-Etappen-Radrundfahrt in Tschechien, entschied Tabea Huys das 13,5 km lange Zeitfahren für sich und kürte sich zur jüngsten Siegerin eines Teilstücks. Auch ihr deutsches Team Maxx-Solar Rose Women Racing durfte jubeln: Platz fünf in der Nachwuchs- und Platz zehn in der Gesamtwertung sicherten wertvolle UCI-Punkte.

MAI

Alpine Trailrun-Festival begeisterte 5000 Aktive und den Boss

„Ich bin einfach geflasht", jubelte IATF-Organisator Alex Pittl im Ziel, während einer nach dem anderen die finale Linie vor dem Landestheater überquerte. „Da kommt wieder richtig WM-Feeling auf", erinnerte er an die WM im Vorjahr. „Besser hätten wir uns das nicht wünschen können." Und damit meinte er die Anzahl der Teilnehmer*innen wie auch das Wetter. Beste Voraussetzungen also für 2025, wenn Pittl wieder mit der Elite plant – „Wir wollen die österreichischen Meisterschaften austragen." Das könnte auch für den heurigen Ultra-Marathon-Sieger über 110 km, den Tiroler Bernhard Achhorner, ein Thema sein, der nach 11:48 Stunden das Ziel erreicht hatte und gestand: „Die letzten Kilometer waren die schlimmsten!" Den Sieg bei den Damen holte sich Ida-Sophie Hegemann aus Niedersachsen, die allerdings in Innsbruck Architektur studiert. Ihre Zeit? 12:23 Stunden.

Ab ins Nationalteam

Keine Verschnaufpause für Alexia Radulovic (links im Bild) und Eva Stabentheiner. Eben noch hatten die beiden den Gewinn des Triples und die erfolgreichste Saison in der Geschichte der TI-Volleyballerinnen gefeiert und bei der Meisterfeier mit dem Team „angestoßen", da flatterte bereits die Einberufung für das Nationalteam ins Haus. Alexia und Eva wechselten von der Siegesparty direkt zum Trainingslehrgang des Teams für die Golden League. Dort trafen sie auf weitere Tirolerinnen – Verena Janka (Graz) und die Legionärinnen Anamaria Galic sowie Monika Chrtianska. Ein starkes Quintett, das in der Golden League für Furore sorgen möchte.

Aufstiegstraum lebt

Noch knapper und bitterer hätte die Niederlage gar nicht sein können: Nach 13 Siegen in 13 Spielen waren die Basketballerinnen der TI-Eagles (weißer Dress) drauf und dran, im großen Finale den Titel in der zweiten Liga zu holen. Doch dann sollte in diesem spannenden Duell mit den Basket Flames der allerletzte Wurf entscheiden, am Ende stand eine 52:54-Niederlage auf der Anzeigetafel. „Die Enttäuschung war im ersten Moment natürlich riesig. Aber wir haben eine unglaubliche Saison gespielt. Das gibt uns Zuversicht für die Zukunft", sagte Trainer Andreas Scheicher. „Der Aufstieg ist für uns sicher ein Thema. Aber davor wollen wir erst alle Nachwuchs-Teams aufbauen und besetzen", so der Coach.

„Wir knacken die Million"

Kein Zweifel – es ist das größte Laufereignis, 2024 hatten beim „Wings-for-Life-World-Run" weltweit 265.818 Teilnehmer*innen aus 192 Nationen in 169 Ländern für den guten Zweck Kilometer gesammelt. Ein neuer Rekord! Und das war nicht die einzige Bestleistung – mit 8,1 Millionen Euro gab es auch einen neuen Spendenrekord.

2756 Tiroler*innen hatten sich der Herausforderung gestellt. Mit dabei auch Rodel-Ass Wolfgang Kindl. Eine Stunde Dauerlauf stellt für ein Kraftpaket wie den Rodel-Weltmeister aus Natters durchaus eine Hürde dar, aber darauf verzichten wollte der 36-jährige Kindl nicht. Genauso wenig wie andernorts die Rodel-Schwestern Madeleine (10,4 km) und Selina Egle (8,2 km) oder der immer noch fitte Ex-Skispringer Andreas Goldberger (36,3 km). Alle starteten sie um 13 Uhr MEZ – nur dass das in Japan schon Dunkelheit bedeutete. Und von dort kam mit Tomoya Watanabe (70,1 km) auch der Sieger, bei den Damen gewann die Polin Dominika Stelmach (55 km). In Wien hatten sich 13.460 Teilnehmer*innen auf den Weg gemacht, in Ried immerhin 661 Läufer*innen. Neben Kindl (4,9 km) und Kinigadner (9,4 km, davon 9,1 mit Sohn Hannes) schnürte dort übrigens auch Schauspieler Tobias Moretti die Laufschuhe: „Solange es geht, bin ich dabei", meint der 64-Jährige, der auch den Startschuss gab. Seine Tochter Rosa sah es humorvoll: „Wenn die Kamera aus ist, bleibt er stehen."

Initiator Kinigadner: „Heuer haben wir weltweit schon 30 Prozent mehr Läufer*innen als 2023. Irgendwann knacken wir auch noch die Million."

Jakob Schubert (3.) glänzte

Er ist wieder da – und das mit einer lauten Ansage für die Olympischen Spiele in Paris: In seinem zweiten Weltcup der Saison kletterte der Tiroler Jakob Schubert (im Bild rechts) auf das Podest. Lange war es um den 33-jährigen Ausnahmekönner aus Innsbruck ruhig, nun erwachte Schubert nach Rang acht in Südkorea aus dem Winterschlaf und holte sich beim Boulder-Weltcup in Salt Lake City (USA) Rang drei.

„Endlich wieder auf einem Weltcup-Boulder-Podest zu stehen, ist einfach super", freute sich der 22-fache Weltcupsieger. „Mit dem Ergebnis bin ich sehr zufrieden, aber bei den letzten zwei Bouldern wäre mehr drinnen gewesen."

Comeback am Podest

Das war ein starkes Comeback – mit einem achtbaren dritten Platz kehrte der Jenbacher Thomas Steger (32) in die Wettkampfszene zurück. Und zwar beim 35. Kalterer See Triathlon – jenem Rennen also, das er unmittelbar vor Beginn seiner Sperre (2022) noch für sich entschieden hatte. „Die letzten zwei Jahre bin ich durch die Hölle gegangen", so Steger.

Der Hitze getrotzt

Heiß war's in in Samarkand, doch unbeeindruckt davon schwamm, radelte und lief Therese Feuersinger zu ihrem besten Weltcup-Ergebnis. Dabei hatte es sogar lange Zeit ausgesehen, als würde die 26-jährige in den Top Ten „finishen". Erst auf der Laufstrecke war die Tirolerin vom dritten Platz weg zurückgefallen, landete schließlich auf Rang elf.

Perthen feierte Sieg

„Ich bin überglücklich": Pia Perthen schwärmte und dachte auch an ihre Wurzeln beim GC Mieminger Plateau, dem Tiroler Golfverband und dem Sport BORG Innsbruck, nachdem die Tirolerin in den USA mit dem Team der St. Leo University die Universitäts-Meisterschaft von Florida gewonnen hatte. Die Innsbruckerin trug nicht nur maßgeblich zum Teamergebnis bei, sondern konnte sich über ihre erste Einzel-Championship-Medaille freuen. Eine Erfolgsmeldung auch aus dem Lager der Burschen. Eugen Kontrus (GC-Innsbruck-Igls), Nachwuchshoffnung im TGV, feierte bei der Austrian Juniors Tour im GC-Schloss Ebreichsdorf erneut Platz eins. Nach seiner Sieg-Premiere im April überzeugte Kontrus einmal mehr und sicherte sich in souveräner Manier Rang eins.

Max triumphierte

Der große Triumphator der Gösser Open 2024 heißt Maximilian Steinlechner! Der 24-jährige Tiroler hatte sich bei dem mit 40.000 Euro dotierten Alps-Tour-Event in Maria Lankowitz im Stechen am ersten Extraloch gegen den Spanier Asier Aguirre Izcue durchgesetzt. „Im Stechen habe ich so solide gespielt wie in den drei Runden davor, wobei mir mein Konkurrent mit einem Fehler etwas in die Karten gespielt hat. Jetzt gönne ich mir ein Siegerbier", jubelte Steinlechner, der für seine Siegpremiere mit einem Scheck in Höhe von 5800 Euro belohnt wurde.

Ein volles Dutzend

Bei den österreichischen Meisterschaften im Para-Schwimmen, die in der Drautal-Perle in Spital/Drau ausgetragen wurden, präsentierten sich die Tiroler Teilnehmer*innen (im Bild mit Andreas Onea) in Top-Form und als wahre Medaillenhamster. Insgesamt holten Marco Unterlechner und Co. zwölf Stück Edelmetall. Den Regeln (Offizielle Anerkennung) der Sport-Austria-Bundesorganisation entsprechend gibt es einen Unterschied zwischen Staatsmeisterschaften und österreichischen Meisterschaften. Ungeachtet dessen durften sich die Tiroler*innen über fünf Staatsmeisterschafts- und sieben österreichische Meisterschaftsmedaillen freuen. Außerdem sorgte Marco Unterlechner für zwei neue rot-weiß-rote Jugendrekorde, ÖM-Gold holten: Yvonne Wolf (BSV Imst), Katharina Rainer (BSV-Innsbruck).

Plank startete mit Sieg

Besser hätte der Start der heimischen Paraclimber beim Weltcup-Auftakt in Salt Lake City (USA) kaum laufen können. Die 35-jährige Tirolerin Jasmin Plank (RP2) gewann klar vor Dina Eivik (NOR) mit 33 Griffen. Emily Seelenfreund (USA), ebenfalls 33 Griffe, komplettierte das Siegespodest. Plank zeigte sich überwältigt: „Ich war so nervös, weil ich spürte, dass ich gewinnen kann. Als ich die Route gesehen habe, wusste ich, dass das genau mein Stil ist. Sie hat mich an Innsbruck 2021 erinnert, da war die Motivation dann gleich noch höher“. Sie sei nur glücklich und freue sich, dass sie ihre Form habe zeigen können.

Endstation Finale

Am Ende reichte es leider doch nicht zum ersten U15-Sieg für eine Tiroler Mannschaft bei der 26. Auflage des Cordial Cups. Vor 4000 Zuschauer*innen hatte sich die Auswahl des TFV (dunkler Dress) im St. Johanner Koasastadion trotz einer starken Leistung 0:3 gegen Titelverteidiger RB Salzburg geschlagen geben müssen. Jubeln durften auch die Nachwuchskicker des FC Augsburg (U13), die im Finale vor den Augen von Franck Ribery überraschend den FC Bayern 3:1 besiegten, und die U11 der Frankfurter Eintracht (3:0 gegen Dortmund) holte sich den Pokal.

Wir leben Sport

ASVO Tirol Präsident Hubert Piegger und ÖSV Nachwuchsleiter Harald Kirchmair

„Projekt 2030“: Nachwuchsförderung ÖSV und ASVÖ Tirol

Mit dem Kooperationsprojekt setzen der ÖSV (der Österreichische Skiverband) und der ASVÖ Tirol der Allgemeiner Sportverband Österreich) auf die Förderung des alpinen Skisports und die Stärkung der Nachwuchsarbeit in Vereinen.

ASVÖ Tirol

Mehr Infos:

ASVO Tirol Präsidium, MitarbeiterInnen der Geschäftsstelle in Innsbruck, ASVÖ Tirol Präsident Hubert Piegger und ÖSV Nachwuchsleiter Harald Kirchmair

emeiner Sportverband Österreich Fallmerayerstraße 12 | 6020 Innsbruck | www.asvoe.tirol

win2day
WARRIOR
92
WOLF
IIHF
TRUE
RIBCOR

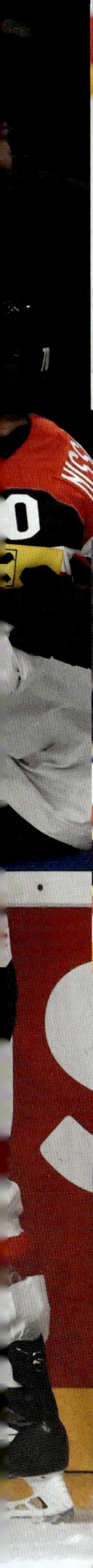

0,2 Sekunden vor der Schlusssirene hatte Benjamin Baumgartner (Bild) zum sensationellen 3:2-Triumph gegen Olympiasieger Finnland getroffen. Und ließ damit alle Dämme brechen.

Peter Schneider (links) war von den Finnen im Finish kaum zu halten, erzielte beim historischen 3:2-Erfolg gegen WM-Geheimfavorit Finnland zwei Treffer.

Stephan Lochbihler mit seinem Sohn Vinzenz Rohrer, der in Prag als „halber Tiroler" nebst Clemens Unterweger und Mario Huber ein großes Kapitel österr. Eishockeygeschichte schrieb.

Eine historische WM

Irgendwie schade – ein enttäuschendes Abschlussmatch brachte Österreichs Eishockeyteam um eine Ausnahme-Chance. Statt möglichem Viertelfinale hieß es nach der 2:4-Niederlage gegen Großbritannien Abschied nehmen von der Eishockey-Weltmeisterschaft in Prag, die trotzdem eine historische für die ÖEHV-Auswahl war. „Bei dem Turnier haben wir Sachen erreicht, die man sich vorher nicht hatte erträumen können", zog Kapitän Thomas Raffl eine erfreuliche Bilanz.

Die erste Partie (1:5 gegen Dänemark) und die letzte hatte Österreich verpatzt. Gerade der Schluss schmerzte, verpasste man damit doch aufgrund Schweizer Schützenhilfe gegen Finnland eine geschichtsträchtige Viertelfinalteilnahme. Dazwischen hatte sich Rot-Weiß-Rot zum Sensationsteam gemausert. Die Bilanz ist beeindruckend: Ein Punktegewinn gegen Weltmeister Kanada (6:7 n.V.), bei dem im Schlussdrittel erstmals in der WM-Geschichte ein Fünf-Tore-Rückstand aufgeholt wurde. Erster Sieg (3:2) gegen Olympiasieger Finnland. „Wir müssen schon wissen, was Österreich bei dieser Weltmeisterschaft geleistet hat, ist nicht normal", betonte Teamchef Roger Bader: Genossen haben die Österreicher eine einmalige Unterstützung. Tausende Anhänger*innen waren aus der Heimat angereist, aber auch die tschechischen Fans bejubelten die Auftritte des Außenseiters teils frenetisch. Mehr als 16.000 Zuschauer waren es gegen Großbritannien, und das an einem Wochentag zu Mittag. Übrigens, WM-Gold gewann Gastgeber Tschechien mit einem 2:0 gegen die Schweiz (beide Gruppengegner Österreichs).

WM-Ticket gesichert

Der nächste Erfolg – mit zwei Siegen gegen Georgien (27:25, 37:31) sicherten sich Österreichs zuletzt bei der EM in Deutschland so starke Handballer um Kreisläufer Tobias Wagner (im Bild Mitte) souverän die Teilnahme an der Weltmeisterschaft 2025. Die ÖHB-Auswahl von Teamchef Ales Pajovic qualifizierte sich damit für das elfte Großereignis seit 2010. Mit von der Partie war auch Michael Miskovec, der für Schwaz spielt.

Bittere Niederlage

Nachdem sich der WBC Tirol im Kampf um den Einzug in das Finale der Wasserball-Bundesliga schon im Heimspiel (mit Arda Berger, l.) der „Best-of-Three-Serie" dem WBV-Graz mit 9:13 hatte geschlagen geben müssen, unterlagen die Innsbrucker auch im so wichtigen Rückspiel in Graz. Die 10:11-Niederlag zwar sehr knapp ausgefallen, bedeutet aber das vorzeitige Saisonaus für die Innsbrucker.

EM-Silber

Das kam überraschend – im Rahmen der U18-Europameisterschaft der Sportkeglerinnen, die im slowakischen Brezno ausgetragen wurde, eroberte das österreichische Damenteam sensationell Rang zwei. Die 16-jährige Schwazerin Sophie Windhofer hatte mit ihrem Startdurchgang die Basis geschaffen. Sophie krönte damit eine starke Saison, in der sie mit den Damen des KV Schwaz auch den Bundesliga-Titel holte.

Tag der WSG-Abschiede

3000 Zuschauer waren zum letzten Heimspiel von Thomas Silberberger ins Tivoli gekommen, die Abschiedsfeierlichkeiten störte dabei nur das Team aus Altach mit dem 1:0-Sieg, der sogar beiden Teams zum Klassenerhalt reichte. Verabschiedet wurden neben dem Trainer-Urgestein auch Bastian Schwemberger, Hermann Steinlechner sowie Andreas Gerg.

Derweil ließ sich Graz als neue Fußball-Hauptstadt nach dem Double-Gewinn von Sturm feiern – die „Blackys" sind die Mannschaft der Stunde, sogar der Jubel in der steirischen Hauptstadt nach dem Double-Gewinn der Blackys hatte Champions-League-Format. „Wir haben gezeigt, dass Unmögliches möglich ist", sagte Trainer Cristian Ilzer, „und zwar einen Giganten wie Salzburg vom Thron zu stoßen."

Kerschdorfer-Cup-Endspiele wurden zum rauschenden Fußballfest

Feste soll man feiern, wie sie fallen. Speziell wenn es um den Tiroler Fußball geht. Der Finaltag des Kerschdorfer Tirol Cups war so ein Anlass, die Traumkulisse mit über 2000 Fans im festlich herausgeputzten Kemater Stadion eine würdige Bühne.

Für die stimmungsvolle Ouvertüre hatte das Finale der Damen zwischen dem SVI und dem FC Stubai gesorgt. Es war eine Mischung aus Euphorie und Erleichterung, die beim SVI nach dem vierten Titel im Frauen-Cup herrschte. Der Favorit hatte sich beim 2:1-Sieg gegen den FC Stubai lange die Zähne ausgebissen – ein spätes Kopfballtor von Ines Jele nach einem Eckball sorgte für die Entscheidung. „Man hat bei uns die Nervosität schon etwas gespürt", wusste auch SVI-Spielmacherin Anna Innerhuber, die einen Elfmeter vergab und trotz zahlreicher Chancen wie viele Teamkolleginnen die Vorentscheidung mit einer möglichen 3:1-Führung verpasste. „Frauenfußball wird einiges unterstellt. Das war aber in allen Belangen beste Werbung", schwärmte Tirols Frauenfußball-Referentin Helene Falkner.

Den dritten Cup-Titel feierte anschließend die SVG Reichenau dank eines klaren 4:0 über Volders. Souveräner kann man ein Fußballspiel nicht gewinnen. Mit ihrer Körpersprache, Spielfreude und Abgezocktheit hatten die Innsbrucker nie den Hauch eines Zweifels aufkommen lassen, wer als Sieger vom Platz gehen würde. Reichenau-Trainer Gernot Glänzer: „Dieser Titel steht bei mir ganz oben." In seinem achten Amtsjahr hatte sich der Coach im Rahmen eines rauschenden Fußballfestes in Kematen ein Denkmal gesetzt.

Das musste auch das Volderer Partyvolk am Fuße der Martinswand neidlos anerkennen. Aber: „Meine Jungs können stolz sein auf das, was wir erreicht haben. Es gibt zig Fußballer, die höherklassiger gespielt haben, aber nie in einem Cup-Finale standen", gratulierte Volders-Trainer Michael Streiter seinen Spielern.

Start geglückt

Freud und Leid gab es in diesen Mai-Tagen aus dem Lager der SWARCO Raiders Footballer zu vermelden. Während es zum Auftakt in der European League of Football (ELF) in Mailand gegen die „Seamen“ einen souveränen 32:0-Triumph zu bejubeln gab, Neo-Headcoach Jim Hermann also einen Einstand nach Maß auf der Kommandobrücke feiern durfte, hatte das Raiders-Team in der AFL (Austrian Football League) eine bittere Schlappe zu verdauen.

Im Duell der Erzrivalen mit den Vienna Vikings kassierten die Innsbrucker eine 23:40-Heimpleite. Es war im siebten Saisonspiel bereits die vierte Niederlage für die Tiroler. Nichts zu holen gab es auch für die Telfs Patriots, die in Graz gegen die Giants mit 64:0 verloren.

EM-Silber glänzte

Viel war heuer noch nicht gelungen, das wusste Mona Mitterwallner vor dem Start in den Cross-Country-Bewerb der Mountainbike-Europameisterschaften im rumänischen Cheile Gradistei. „Nach all den Sachen, die mir in diesem Jahr schon passiert sind – mit Virus und Salmonellen –, bin ich zufrieden“, bilanzierte die 22-jährige Silzerin nach ihrer Silbermedaille. Auf 1300 Metern Seehöhe mutierte das Rennen angesichts von Kälte, Nebel und Regen zu einer Schlammschlacht, der etwa Weltmeisterin Pauline Ferrand-Prevot Tribut zollen musste.

heimatwerbung-tirol.at
29. MAI - 2. JUNI 2024
INNSBRUCK - TIROL
SPORT AUSTRIA
FINALS
FINALS
ERÖFFNUNGSFEIER
MI. 29. MAI, 18.00 UHR
Landestheater Vorplatz
DECATHLON
Tiroler Tageszeitung
ÖBB
ORF

Willkommen in Tirol

Nach drei Jahren in Graz blickte Sport-Österreich in diesen letzten Mai-Tagen bis Anfang Juni nach Tirol. Sehr zur Freude von LHStv. Georg Dornauer: „Wir wollen die Menschen in Tirol dafür begeistern und motivieren, wieder selbst mehr Sport zu machen." Sagte es und versprach, Geld für Sanierungs- und Modernisierungsmaßnahmen in puncto Infrastruktur in die Hand zu nehmen. Vizebürgermeisterin Elisabeth Mayr, die den erkrankten BM Hannes Anzengruber vertrat, betonte die Breitenwirkung dieses Events und sprach nach Rad-WM, Kletter-WM oder Trailrun-WM von einer „perfekten Ergänzung". Und ja – es erinnerte ein wenig an olympische Eröffnungsfeierlichkeiten als zum Auftakt viele der 6500 teilnehmenden Sportler*innen bei den „Sport Austria Finals" vor dem Innsbrucker Landestheater einmarschierten. Selbst eine Choreografie ließ man sich einfallen, um das Event-Staffelholz nach drei Jahren „Sport Austria Finals" in der Steiermark an Tirol zu übergeben: Naturbahnrodlerin Riccarda Ruetz raste zunächst vom Bergisel hinunter, um dort an Cross-Triathletin Carina Wasle zu übergeben. Die Kundlerin reichte das Holz schließlich an Orientierungsläufer Maximilian Rass weiter – die kommenden drei Jahre ist nun Tirol am Zug.

Warum „Sport Austria Finals"? Es ist eine Bühne der kleinen Sportarten, die sich im Kollektiv eine große Bühne schaffen. Selten zuvor war bei einem kleinen Verband ein Heer an Medienleuten angerückt, um Bewegtbilder zu streamen oder zu posten und daneben österreichweit Medien mit Inhalten zu bedienen.

Spannung pur im Finale der Disc-Golf-Titelkämpfe in Seefeld – Gold holte sich der Tiroler Florian Lingenhel (ScheibenWG) mit 119 Würfen (5 unter Par) vor Stanislaus Amann.

„Mit Regen wäre es schon ziemlich gefährlich geworden", sagte Riccarda Ruetz, die ihren Staatsmeistertitel im Rollenrodeln am Bergisel mit Bestzeiten in beiden Läufen verteidigte.

Der Österreichische Skibob-Verband feierte eine gelungene Sommer-Premiere. Zum ersten Mal wagten sich die Skibob-Asse auf Rollen und bezwangen dabei gleich den Bergisel.

Großartiges Jubiläum

Organisator Armin Margreiter kann stolz sein, das Jubiläum ist geschafft. Bereits zum 20. Mal hatte sich die Maria-Theresien-Straße in Innsbruck in ein LA-Stadion „verwandelt". Tausende Fans waren von den Leistungen begeistert, feierten die Sieger*innen wie den US-Amerikaner Zach Bradford (kleines Bild), der im Stabhochsprung 5,82 Meter meisterte. Auf Rang vier landete der Scharnitzer Riccardo Klotz, der eine Höhe von 5,22 Meter überquerte. U20-Vizeweltmeisterin Magdalena Rauter (Bild) übersprang die Höhe von 3,83 Meter, scheiterte dann aber an 4,03.

Mit 8,09 Meter war der Kubaner Lester Lescay Gay der beste Weitspringer. Bozhidar Saraboyukov (BUL) fehlten nur fünf Zentimeter auf den Sieg.

Im Weitsprung der Damen triumphierte die Kolumbianerin Natalia Linares mit einer Weite von 6,74 Meter vor Sarah Leech (FRA/6,20). Die Österreicherin Ingeborg Grünwald wurde mit 6,12 am Ende Vierte.

JUNI

Die feucht-fröhliche Sport-Party

Schade, dass Petrus in den letzten Mai-Tagen und zum Start des Junis dem Sport im wahrsten Sinne des Wortes die „kalte Schulter“ gezeigt hatte, so gar kein Verständnis dafür aufbrachte, dass im Rahmen der von den „Österreichischen Lotterien“ präsentierten „Sport Austria Finals“ nicht nur Wasser-Sportarten auf dem Programm gestanden waren. Wie auch immer – alle Athlet*innen und damit auch jene, deren Disziplinen nicht in einer Halle ausgetragen wurden, ignorierten Temperaturen und Wassermassen, die es quasi vom Himmel regnete, und sorgten für ein Sportfest der Superlative. Die Hallen-Bewerbe waren rekordverdächtig, im Freien verfehlte man die Zuschauer*innen-Bestmarke aus Graz. Dennoch fiel die Bilanz mit 42.000 Zuschauer*innen klar positiv aus – nach mehr als 250 Entscheidungen mit 28 beteiligten Sportverbänden. Auch wenn es manchmal schwergefallen war, den Überblick zu behalten.

„Wir haben uns in Innsbruck und Tirol sehr wohl gefühlt, die Sport Austria Finals waren bestens organisiert. Das olympische Flair konnte man von Wörgl bis Rum, von Innsbruck bis Seefeld und von Telfs bis zur Area 47 verspüren“, streute Sport-Austria-Präsident Hans Niessl Innsbruck Rosen und freute sich auf die Rückkehr 2025.

Bilder: Vanessa Herzog (4-mal Gold), der Sieger im Klettern, Jakob Schubert (2. v. o.), eine akrobatische Einlage im Trampolinspringen der Damen (3. v. o.), sowie Gewichtheberin Sarah Fischer (unten). Großes Bild: Simon Noah Wieser, Sieger Wakeboard.

MYSTIC

Aus in Runde zwei

So hatten sich Alex Erler und Lucas Miedler den „Frühschoppen" in Paris wohl nicht vorgestellt. Doch nach dem respektablen 6:4, 6:4-Auftakterfolg gegen Frankreichs Publikumslieblinge Nicolas Mahut und Quentin Halys war der Spaß in Runde zwei von Roland Garros schon zur Mittagsstunde beendet, alle Träume vom großen Coup geplatzt. „Der erste Satz (6:7) war sehr ordentlich. Aber das hat leider nicht gereicht gegen die Nummer eins der Welt", klagte Tirols Tennis-Ass nach dem Zweitrunden-Aus gegen Marcel Granollers (ESP) und Horacio Zeballos. Dem Premierensieg des Tirolers bei den French Open folgte also umgehend das doch erwartete Aus gegen die zu dem Zeitpunkt stärkste Paarung im Herren-Doppel.

Bittere Pleite

Es gibt im österreichischen Football kein größeres Spiel als die „Battle of Austria" – das Aufeinandertreffen zwischen den Raiders Tirol und den Vienna Vikings. Seitdem beide Teams in der European League of Football antreten, konnten die SWARCO Raiders indes keinen einzigen Erfolg gegen den violetten Erzrivalen erringen. Daran änderte sich auch im Juni 2024 nichts – vor 11.000 Fans kassierten die Tiroler eine 27:6-Abfuhr. Dass dann im nächsten Spiel Barcelona mit 7:63 abgefertigt wurde, war nur ein schwacher Trost. Hoffnung für die Qualifikation der Top 4 der Liga schöpften die Raiders dafür nach dem harterkämpften 29:26-„Last-Minute-Sieg" über die München Ravens.

Party statt Rennen

Wenn ein 24-Stunden-Rennen keine acht Stunden Fahrzeit bringt, dann muss was Kurioses (starker Nebel) passiert sein. Für Lucas Auer war der sportliche Ausflug zur legendären Nordschleife daher nicht so schön, das Rundherum beeindruckte den Mercedes-Piloten aber von Beginn an.

240.000 Menschen hatten sich das PS-Event nicht entgehen lassen. „Das ist schon einzigartig, was du da erlebst. Die Fans sahen zwar kein Rennen, feierten dafür ganz einfach eine Party", so Auer. Dass es auf dem Asphalt für Auer und sein Team nicht so gut lief, tat der Faszination für seinen ersten 24-Stunden-Auftritt aber keinen Abbruch. Auf dem Weg zu einem Top-Ten-Platz kam kurz vor der ersten Rot-Phase das Ende. Sein Teamkollege landete in den Leitplanken.

EM-Bronze für Patrick Entner

Das war ein Start nach Maß, oder gleich ein Schuss ins Schwarze. Die österreichischen Sportschützen-Junioren waren jedenfalls sehr erfolgreich in das KK-Dreistellungsmatch der Europameisterschaften im kroatischen Osijek gestartet. Zwei Medaillen zum Auftakt und zwei Tiroler mittendrin statt nur dabei. Im Einzel gab es für Patrick Entner (Bild) die Bronzemedaille. In der Teamkonkurrenz holte Entner mit seinem Tiroler Landsmann Kevin Weiler sogar die Silbermedaille.

Tabeas Start-Ziel-Sieg

Immer wieder Tabea Huys. Die Zillertalerin (Bild) feierte im Rahmen des 38. Kirchbichl-Triathlons einen ungefährdeten Start-Ziel-Sieg. Das 18-jährige Tiroler Allround-Talent war nur 13 Sekunden hinter Herren-Sieger Julian Erhardt aus dem Wasser gestiegen und bis ins Ziel an der Spitze der Damen-Klasse gelegen. Noch beeindruckender: mit 2:03:16 Stunden schaffte die Athletin des Make-It-Happen-Teams die siebtschnellste Zeit aller Teilnehmer*innen. Bester Tiroler bei den Herren war Raphael Petrovic (1. TTCI) auf Rang vier. Die Sprint-Distanz gewann Jelle Kaindl (Jg. 2008), der in 1:01:01 Stunde ebenso Tagesbestzeit markierte wie auch Rosa Schmidt-Moll (Jg. 2007) in 1:13:04 Stunde bei den Damen.

SU-Damen europareif

Das war eine starke Vorstellung der Kufsteiner Tischtennis-Damen im Rahmen der Europe Trophy. Erst hatten die in der Bundesliga Drittplatzierten Mädels der SU Kufstein zwar in Novisad gegen Lille aus Frankreich mit 3:0 verloren, dann aber mit Siegen gegen Aquaestil (CRO) und Dabcze (POL) die Aufstiegschance mit beiden Händen ergriffen. Herausragend dabei waren zwei Ungarinnen: Szandra Pergel feierte in vier Spielen drei Siege und Györgyi Bene trotzte gar einer Bänderverletzung. Aber auch Anita Nyitrai präsentierte sich in starker Form. Dabei trat Kufstein gar nicht in Bestbesetzung an: „Alle unsere Legionärinnen aus Südamerika waren in Argentinien im Einsatz“, zeigte sich Kufstein-Chef Hermann Moser über den bisher größten Vereinserfolg hocherfreut.

Reini und die Pension

„Vor einigen Tagen sah es noch anders aus", erklärt Reinhard Eberl beim Bürobesuch in der Innsbrucker Leopoldstraße, wo nach 18 Jahren die Ära des 65-jährigen als Leiter des Landessportamtes endete. „Die Olympischen Jugendspiele 2012 waren ein besonderer Höhepunkt für mich", blickte der Mittsechziger zurück. An Großevents mangelte es auch danach nicht, u. a. mit Biathlon-, Rodel- und Straßenrad-WM gastierte die Sportwelt nicht nur einmal in Tirol. Da war also einiges los in der Ära Eberl, der in die großen Fußstapfen von Wolfgang Girardi und Friedl Ludescher hineinwuchs.

Wie es mit dem Privatier Reinhard Eberl weitergeht? „Fad wird mir bestimmt nicht", schmunzelte der zweifache Familienvater.

Ein Mann für alle Fälle

Gäbe es in der höchsten Tiroler Tennis-Spielklasse, der Tiroler Liga, einen Tag für Senioren – er müsste Manfred Riess gewidmet werden. Der 51-jährige Rechtsanwalt belebt (noch immer) die Szene, feiert Siege bei den Senioren und in der allgemeinen Klasse und demonstriert seine außergewöhnlichen Fähigkeiten immer wieder am Court; oder aber auch am Golfplatz.

Wie zuletzt, als Manfred zunächst in der Klasse 45+ für den TK IEV zwei Punkte beim klaren 6:1-Sieg gegen Schwaz holte und einen Tag später für seinen Stammverein Telfs („Ich helfe aus, wenn Not am Mann ist") Single und Doppel im Spitzenspiel der vierten Runde der Tiroler Herrenliga gegen Seefeld gewann.

Kuen siegte zum vierten Mal

Sonnenstrahlen statt dicker Wolken mit Blitz und Donner – den Wetterwarnungen und schlechten Prognosen zum Trotz war die 36. Dolomitenrundfahrt in Osttirol weitestgehend im Trockenen abgelaufen. Im Gegenteil – auf der 112 Kilometer langen Strecke (1870 Höhenmeter) herrschten für die 1200 Teilnehmer*innen aus 22 Nationen ideale Bedingungen. Das Starterfeld war bei den Damen wie auch bei den Herren stark besetzt. Am Ende war einmal mehr der Kufsteiner Ex-Profi Maximilian Kuen nach 2:50:23 Stunden im Zielsprint gegen Johnny Hoogerland und Simon Schupfer erfolgreich. Der Familienvater hatte in Osttirol bereits 2014, 2017 und 2022 gewonnen. „Dieser vierte Rekordsieg war mein absoluter Traum. Ich weiß, dass ich am Ende schnell bin, und musste nur an den Bergen dranbleiben."

Das Damenrennen erinnerte an das Vorjahr. Wie schon 2023 setzte sich im Lesachtal die Deutsche Eva Schien vom Start weg an die Spitze und fixierte mit 3:00:01 Stunden erneut Streckenrekord. „Ich wollte unbedingt unter drei Stunden bleiben, das war knapp", jubelte die 25-Jährige. Schien siegte vor der Tirolerin Jana Gigele.

Faszination Le Mans

Überlegen musste René Binder (kleines Bild) nicht wirklich lange. Auch sein fünfter Auftritt in Le Mans, bei einem der drei wichtigsten Motorsport-Rennen, ließ die Faszination des 24-Stunden-Klassikers nicht weniger werden: „Das Rennen ist jedes Jahr wieder ein ganz besonderes Highlight. In diesem Rennen steckt mehr als 100 Jahre Rennsportgeschichte und kein anderes Sportevent in Europa kann an einem Wochenende 350.000 Zuschauer*innen vor Ort für sich verbuchen. Ich war 2022 schon einmal Klassensieger (LMP2 Pro-Am, Anm.), aber um in Le Mans ganz oben zu stehen, muss einfach von Anfang bis Ende alles rund laufen."

Großartiges Finale

Es war ein in jeder Beziehung würdiger wie emotionaler Schlusstag des Crankworx Bike-Festivals. Wetterkapriolen waren ausgeblieben, 7000 Zuschauer*innen hatten in Mutters die achte und vorerst letzte Ausgabe bejubelt. Denn nach dem Auftritt 2024 verabschiedete sich die Serie aus Tirol – und das durchaus mit einem Paukenschlag. „7000 Leute zum Schluss, Gold für Österreich, eine verletzungsfrei verlaufene Veranstaltung – was will man mehr?" Bis zu 350 Mitarbeitende, von den Freiwilligen über die Medien-Crew bis hin zum Organisationsteam, wickelten die Veranstaltung in bewährter Manier ab. Ungeachtet eines Event-Tags weniger als im Vorjahr fanden sich knapp 18.000 Zuschauer*innen zu den Bewerben ein. Ob man Szene-Größen wie den Polen David Godziek, der den Slopestyle-König Emil Johansson (SWE) in einem dramatischen zweiten Lauf besiegt hatte, noch einmal in Mutters zu sehen bekommt? Von „zwei, drei interessierten Regionen in Tirol" ist die Rede, die das Event übernehmen könnten. Also abwarten und hoffen!

swatch

Red Bull

„Ich dachte, der Wurf wäre zu kurz“

Lang, lang ist's her – doch jetzt, 2024, also nach 53 Jahren durften Österreichs LA-Fans dank Speerwerferin Victoria Hudson (28) wieder einmal über EM-Gold jubeln. Nach dem ersten Versuch im Finale von Rom dachte Europas Jahresbeste an einen viel zu kurzen Wurf. Und als dann 64,62 Meter gemessen wurden, rechnete die 28-Jährige mit einem Fehler – letztlich handelte es sich um die Siegerweite. Für Österreich war es die zweite Medaille bei diesen Kontinentaltitelkämpfen nach Silber von Lukas Weißhaidinger (Diskuswurf) und das erste EM-Gold seit Ilona Gusenbauer im Hochsprung (1971 in Helsinki).

Anna wirbelte Staub auf

Nach dem Urlaub ist vor der Saison – ergo hielt sich die Tiroler Biathletin Anna Gandler (Kitzbüheler SC) auch im frühen Sommer in Schuss. Ein wenig Ablenkung durfte dennoch sein, wie die Junioren-Weltmeisterin und mehrfache Top-Ten-Läuferin (Weltcup) befand: „Es war sehr lustig", meinte die 23-Jährige nach dem „Mehl-Shooting" bei ihrem Sponsor in Oberösterreich. Schweiß im Hinblick auf die WM 2025 in Lenzerheide fließt ohnehin genug – einmal in Tirol, dann wieder bei ihrem Freund in Frankreich.

Zum zweiten Mal EM-Gold

Auf Synchronschwimmerin Vasiliki Alexandri ist Verlass. Nach ihrem Vorjahres-Erfolg bei den Vorjahres-Titelkämpfen in Belgrad in der Technik-Kür krönte sich die 26-Jährige heuer auch im Finale der Freien Kür. „Ich bin sehr stolz auf mich, auch weil ich mich am Finaltag nicht hundertprozentig fit gefühlt habe", sagte Alexandri, die in Rom schon zweimal EM-Bronze geholt hatte.

Olympia-Zweiter Yee begeisterte

Zwar ohne österreichischen Podestplatz, aber dafür geprägt von jeder Menge Spitzenleistungen – auch heuer zählte der Triathlon-Europacup zu den sportlichen Höhepunkten in Kitzbühel. Topsport brachte vor allem der Super-Sprint der Herren, in dem sich mit dem Briten Alex Yee ein Co-Favorit für Paris durchsetzen konnte, und zwar vor dem Italiener Euan De Nigro. Bei den Damen gewann wie im Vorjahr die Deutsche Tanja Neubert.

Gosch folgte Mennel

Die Bewerberschar war groß, am Ende hatte mit Florian Gosch dann doch ein Top-Mann im Kampf um den vakanten Posten als Generalsekretär des Österreichischen Olympischen Comités (ÖOC) die Nase vorn. Der 43-jährige ehemalige Beachvolleyballer, zuletzt Marketingleiter im ÖOC, war jedenfalls vom ÖOC-Präsidium mit Zustimmung des Vorstands einstimmig zum Nachfolger des langjährigen Generalsekretärs Peter Mennel bestimmt worden. Gosch setzte sich in einem mehrstufigen Auswahlprozess gegen 83 nationale und internationale Bewerbungen durch. „Wir sind überzeugt, dass wir mit Florian Gosch perspektivisch die perfekte Lösung gefunden haben", erklärte ÖOC-Präsident Karl Stoss.

Gold-Tag in Belgrad mit zwei Tiroler Europameistern

Der letzte Tag der Schwimm-EM in Belgrad war ein goldener für Österreich – und das gleich mit zwei Tiroler Europameistern. In der Staffel über 4x100 Meter Lagen holten sich Bernhard Reitshammer und Simon Bucher mit Valentin Bayer und Heiko Gigler den Sieg.

Der Absamer Reitshammer lieferte als Erster aus dem Quartett über die Rücken-Distanz eine starke Leistung ab. Der Innsbrucker Bucher war auf der Delfin-Strecke ebenfalls stark unterwegs, für den 23-Jährigen gab es nach EM-Silber über 50 Meter Delfin die nächste Medaille. Dieses Mal in Gold.

Es war ein Ausrufezeichen in Richtung Olympia. Schon vor zwei Jahren hatte die ÖSV-Staffel mit Bronze in Rom aufgezeigt. Nur wenige Minuten davor war Felix Auböck zur Goldmedaille über 400 Meter gekrault. Der Kurzbahn-Weltmeister von 2021 durfte sich über seine dritte Medaille bei Langbahn-Europameisterschaften und einen geglückten Olympia-Formtest über seine Paradedistanz freuen. Erstmals erstrahlte der EM-Erfolg für ihn in Gold. In 3:43:24 Minuten markierte der überlegene Sieger neuen österreichischen Rekord.

Mehr als 2000 auf den Beinen

Ganz oben auf dem Wunschzettel von Alex Pittl stand in großen Buchstaben geschrieben: „Bitte kein Regen." Und der Wunsch des „Tirol läuft"-Organisators sollte sich erfüllen. Als der Frauenlauf (Bild) als letztes Event gestartet wurde, gab es keinen Regen. Und als er dann doch kam, war die Veranstaltung längst schon in trockenen Tüchern. „Wir haben mit dem Kinderlauf über 2000 Starter*innen. Es waren viele Nachmeldungen dabei, das war überwältigend", staunte Pittl, der bei diesen Worten selbst fast überrannt wurde. Eine Szene, die zu dem dichten Andrang passt. Auf der gut fünf Kilometer langen Strecke des Frauenlaufs hatte die Norwegerin Ingvild Brennhovd nach 18:34 Minuten gewonnen.

Steiner feierte den Gesamtsieg

Fleiß und Disziplin werden belohnt – nachdem sich Gewichtheberin Victoria Steiner im letzten halben Jahr zehn Kilogramm an Körpergewicht abtrainiert hatte, startete sie beim Junior-Battle-Turnier im oberösterreichischen Lochen erstmals in der Kategorie bis 64 Kilogramm. Und feierte dabei einen durchschlagenden Erfolg: Mit 76 Kilogramm Reißen und 96 Kilogramm Stoßen verbesserte sie die Tiroler Rekorde ihrer Vereinskollegin Anna Lamparter um 19 Kilogramm. Mit 223 Sinclairpunkten erreichte sie die beste Punkteleistung aller Frauen und holte damit den Gesamtsieg sowie den Sieg in der U23-Wertung.

Von Defekt gebremst

Ihre Premiere auf der Mitteldistanz-Strecke hätte Triathletin Therese Feuersinger fast vergoldet. Bei der Challenge Walchsee-Kaiserwinkl lag die 26-Jährige nach dem Schwimmen auf der Rad-Strecke bereits mit mehr als vier Minuten vor der Konkurrenz. Doch dann wurde Therese von einem Defekt gnadenlos ausgebremst und geplatzt war der Traum vom Erfolg in der Heimat.

Damit war es ein Leichtes für die Schweizer Olympia-Teilnehmerin Julie Derron, ihr die Führung zu nehmen. Am Ende gewann sie in 4:03:38 Stunden. „Ich habe versucht, mit Therese in Kontakt zu bleiben, was mir aber bis zu ihrem Ausfall nicht gelungen war. Ich bin jedenfalls sehr glücklich über den Sieg", zollte Derron auch Feuersinger Respekt.

Abend der großen Emotionen

Als Kletter-Königin Janja Garnbret im Bouldern die Angriffe ihrer erst 17-jährigen Landsfrau Eucharia Buckley und der um ein Jahr jüngeren US-Amerikanerin Anastasia Sanders mit vier Top-Wertungen standesgemäß konterte, fiel die ganze Last von den erfolgsverwöhnten Schultern der Slowenin ab – samt Tränen der Freude und Erleichterung. „Jeder Erfolg hier in Innsbruck fühlt sich so besonders an." Jessica Pilz (Bild) wurde starke Fünfte.

Geschwister-Triumph

Premiere beim „Stubai Ultratrail“: Mit Katharina und Alex Hutter gewann erstmals ein Geschwister-Paar, noch dazu aus dem Stubaital, die Königsdisziplin über 67 Kilometer und über 5200 Höhenmeter. Für Alex war es in 8:33:40 Stunden der zweite Sieg beim legendären „City 2 Glacier“ von Innsbruck durch die Nacht zur 2900 Meter hoch gelegenen Bergstation am Eisgrat. „Ich hatte einen guten Tag erwischt, bei perfekten Bedingungen.“ Seine um ein Jahr jüngere Schwester Katharina feierte ihren ersten Erfolg auf der langen Strecke. Es war einfach wunderschön! Und wenn der Bruder schon vorlegt, dann musste ich entsprechend nachlegen,“ freute sich Katharina im Ziel.

Vor Olympia in Form

Wenige Wochen vor den Olympischen Spielen in Paris setzte Mountainbikerin Laura Stigger gerade jetzt zum richtigen Zeitpunkt ein Ausrufezeichen. Die 23-jährige Haimingerin fuhr beim Cross-Country-Weltcup in Crans Montana (SUI) auf den vierten Rang und verpasste damit ihr erstes Top-drei-Resultat seit dem Sieg im September 2023 im US-Ort Snowshoe. Und das gelang alles trotz der schwierigen Bedingungen nach den starken Regenfällen in der Schweiz. „Mit dem XCO-Rennen bin ich natürlich sehr zufrieden. Es war angesichts der Bedingungen richtig zäh. Wir mussten alle mehrfach vom Rad. Es hat eigentlich nur noch eine Schwimmrunde durch den See gefehlt, dann wär's ein Triathlon gewesen“, meinte Stigger. Auf Rang eins landete die Französin Loana Lecomte vor Lokalmatadorin Alessandra Keller und der Niederländerin Puck Pieterse. Enttäuschend verlief der Auftritt für Weltcupsiegerin Mona Mitterwallner (Cannondale). Die Silzerin landete auf dem 28. Rang. Mit Tamara Wiedmann tauchte eine weitere Tirolerin als 30. im Klassement auf.

Starke Tirolerinnen

Unglaublich stark hatten sich Tirols beste Radlerinnen bei den Titelkämpfen im Mühlviertel präsentiert. Christina Schweinberger (rechts im Bild) und Tabea Huys (l.) waren im Kampf gegen die Uhr im Einzelzeitfahren lediglich von Anna Kiesenhofer (Mitte) geschlagen worden. Die beiden Topfavoritinnen starteten im letzten Startblock. Im ersten hatte die 18-jährige Tabea Huys Bestzeit markiert. Die junge Tirolerin gilt als großes Talent, gewann heuer sogar schon ein internationales Zeitfahren und zählte als Medaillenkandidatin. In der U23-Klasse siegte Huys vor Leila Gschwentner. Schweinberger eroberte darüber hinaus im Straßenrennen Rang drei vor ihrer Schwester Katrin.

Anna mit Top-Platz im Visier

Die Austragung der Europacup-Bewerbe auf der Speedskate-Arena Wörgl zählt in der Zwischenzeit zu den größten Veranstaltungen in Europa. Das Starterfeld ist mit 400 Teilnehmer*innen limitiert. 2024 waren es 340 Inline-Speedskater*innen aus 19 Nationen, die um Europacup-Punkte kämpften. Lokalmatadorin Anna Petutschnigg (Bild) erreichte dabei die Plätze sieben (Sprintrennen) und 12 (Langdistanz). Über 1000 Meter war sie kurz vor dem Ziel zu Sturz gekommen, feierte dafür aber mit ihrem Team (Wicked Rollenshop) einen Heimsieg. Bei den Herren hatte Alexander Farthofer (Hypo Lattella World) Platz sechs über 5000 Meter erreicht. Die internationale Bedeutung lässt sich auch an den Vorjahressieger*innen ablesen: Bei den Männern holte Chen Yan-Cheng (Chinese Taipai) mit einem neuen inoffiziellen Weltrekord über 10.000 Meter mit einer Zeit von 14:01:966 den Sieg und bei den Frauen Li Meng-Chu (Chinese Taipai) mit ebenfalls einem inoffiziellen Weltrekord über 1000 Meter mit einer Zeit von 1:24:452 Minuten.

Gall in den Top Ten

Wie erwartet – mit Platz zwei auf der Abschlussetappe, einem 15,7 Kilometer langen Bergzeitfahren von Aigle nach Villars-sur-Ollon (865 Höhenmeter), hatte Adam Yates die Gesamtwertung der Tour de Suisse vor Joao Almeida für sich entschieden. Dem Portugiesen genügte der Etappensieg mit acht Sekunden Vorsprung nicht, der Brite atmete auf: „Ich war schon über dem Limit." Der Osttiroler Felix Gall (Bild), Tages-14. und Gesamt-Zehnter vermochte den Etappensieg aus dem Vorjahr nicht zu wiederholen: „Ich hatte einfach nicht die gleiche Form."

Tiroler Triumph

Für alle jene, denen 525 Rad-Kilometer mit 14.500 Höhenmetern noch zu wenig waren, gesellte sich mit der 30 noch eine markante Zahl dazu. Denn über diese Grad-Marke war das Thermometer beim berüchtigten „Race across the Alps" geklettert, dem „anerkannt härtesten Eintagesrennen der Welt", wie es auf der Veranstalter-Homepage heißt. Den Sieg in Nauders schnappte sich in einer Zeit von 19:40:42,5 Stunden der Tiroler Philip Handl. Bei den Damen siegte die Deutsche Tina Büttner in 25:33:22,4. Rang drei erreichte die Innsbruckerin Alexandra Podpeskar.

Russell als lachender Dritter

Wer kennt es nicht, das Sprichwort vom lachenden Dritten? Nun, der Große Preis von Österreich gilt ab sofort als Paradebeispiel dafür, denn George Russell erbte den Rennsieg in der Steiermark vor allem deshalb, weil die beiden „Spezl'n" Max Verstappen und Lando Norris touchierten. Mercedes-Boss Toto Wolff genoss den Heimerfolg, wusste ihn aber einzuordnen.

„Es hat spielerisch zwischen den beiden angefangen", so Wolff nach dem ersten Rennerfolg der Silberpfeile seit dem Jahr 2022. „Dann hat der eine einmal den Ellbogen ausgefahren, der andere ärgerte sich und schon war es passiert."

Zauberschlag von Sepp

Es gibt kaum bessere Zeitpunkte für eine Hole-in-one-Premiere wie die US-Open im Golf - Sepp Straka schaffte dieses Kunststück. Ein Schlag, mit dem er seine zunächst unglücklich verlaufene zweite Runde fast gut machen konnte. Denn nach sechs Loch war er nach einem Triple-Bogey und zwei Bogeys schon vier über Par gelegen. Die Details zum magischen Moment: An dem 177 Meter langen Par-3 demonstrierte Straka seine ganze Klasse. Der 31-Jährige traf mit seinem Abschlag perfekt ins Grün – circa acht Meter von der Fahne entfernt – und der Ball rollte wie von Zauberhand direkt ins Loch. Mit diesem Ass gesellt sich Straka zu den wenigen Spielern, die am neunten Loch von Pinehurst No. 2 ein Hole-in-one erzielten. Vor ihm war dies nur Peter Jacobsen (2005) und Zach Johnson (2014) gelungen.

JULI

FOUNDATION

Ein bitteres EM-Ende

Der Fußball-Europameister 2024 heißt Spanien. Nach einem verdienten 2:1-Sieg über England im Finale hatten sich Jungstar Lamine Yamal und Co. verdientermaßen die EM-Krone geholt. Für Spanien ist es nach 1964, 2008 und 2012 die vierte EM-Krone, England muss weiter auf den ersten EM-Titel warten. Warten muss auch das mit großen Hoffnungen angereiste ÖFB-Team, und zwar auf die erste Viertelfinalteilnahme. Diese war den in der Vorrunde so sensationell aufspielenden Schützlingen von Teamchef Ralph Rangnick trotz Sieg in der sogenannten Todesgruppe mit Frankreich, (0:1), Holland (3:2) und Polen (3:1) verwehrt geblieben. Und das ausgerechnet nach einer unglücklichen 1:2-Niederlage gegen die Türkei, die man noch in der EM-Vorbereitung mit 6:1 aus dem Ernst Happel Stadion geschossen hatte. Nach der Glanztat von Torhüter Günök in der 94. Minute gegen Baumgartner hieß es Koffer packen.

Torschütze zum 1:2 Michael Gregoritsch (r.): „Einer der schlimmsten Fußball-Abende, die ich erlebt habe. Wir sind unverdient ausgeschieden."

Marko Arnautovic, der seine Zukunft im Teamdress offenließ: „Es ist Wahnsinn, dass wir so rausgehen aus dem Spiel, das ist brutal."

„Ich möchte Danke sagen, wir hätten den Fans gerne den Titel geholt", sprach Julian Nagelsmann nach dem Scheitern seines Teams mit feuchten Augen.

Gernot Trauner (Bild), Marko Arnautovic und Christoph Baumgartner trafen beim 3:1 gegen Polen.

Spanien feiert die Könige Europas – 7 Siege in ebenso vielen Spielen, 15 erzielte Tore – selten war ein Titelgewinn bei einer EM-Endrunde wohl je so verdient wie jener der Spanier.

Erst himmelhochjauchzend, am Ende war auch Ralph Rangnick schwer enttäuscht.

Mit einem spektakulären Kopfballtreffer hatte Romano Schmid (weiß) Österreichs Team gegen Holland nach einer Stunde mit 2:1 in Führung und auf die Siegerstraße gebracht.

Doppel-Gold für Waroschitz

Das war ein kräftiges Lebenszeichen der Tiroler Leichtathletik. Im Rahmen der österreichischen Meisterschaften, die in Linz ausgetragen wurden, holten Tirols Vertreter gleich dreimal Gold, dazu nahmen Magdalena Rauter (Bild rechts) und Alma Kathan (Weitsprung) sowie Riccardo Klotz jeweils Silber mit nach Hause. Herausragend agierte vor allem Noel Waroschitz (Bild unten) vom IAC in den Sprints. Über 100 Meter holte er sich am zweiten Tag in 10,41 Sekunden mit neuem Tiroler Rekord mit neun Tausendstel Vorsprung die Goldmedaille, 24 Stunden später legte er über 200 Meter mit dem nächsten Titel nach. „Es war ein geiler Lauf mit den Jungs. Jetzt bin ich sehr froh und stolz über meine zwei Siege", so der Tiroler. Für Gold Nummer drei sorgte schließlich Lea Germey (Bild Mitte). Die Athletin des SV Reutte war mit 1,74 Metern zum Titel im Hochsprung „geflogen". „Da meine Saison bisher nicht wie gewünscht verlaufen ist, waren meine Erwartungen nicht riesig, ich konnte ohne Druck in den Wettkampf gehen", sagte Lea.

Magdalena Rauter (ATSV-Innsbruck) und Lisa Gruber lieferten sich im Stabhochsprung ein packendes Duell und übersprangen die Höhen bis 4,10 Meter im Gleichschritt, nur ein Fehlversuch mehr der Tirolerin entschied zugunsten der Oberösterreicherin.

Bei den Männern hatte der nicht fitte vierfache Titelträger Riccardo Klotz (ATSV-Innsbruck) nach übersprungenen 5,05 Metern aufgegeben und sich U20-WM-Teilnehmer Alexander Auer geschlagen geben müssen.

Trocken über den Stelvio

„Es ist kein einziger Tropfen Regen gefallen. Es war perfekt", freute sich Manuel Baldauf vom TVB Nauders, über eine gelungene Auflage des Dreiländer-Giros. Die Erleichterung war verständlich, immerhin hatten 3400 Teilnehmende bei den drohenden Niederschlägen die „trockene Lücke" gefunden.

Den Sieg auf der Hauptstrecke über den „Stelvio Engadin" schnappte sich Robert Petzold. Der Deutsche bewältigte die 168 Kilometer und 3300 Höhenmeter in 5:03:01 Stunden und verwies damit Landsmann Marek Sülze und Lokalmatador Max Kirschner (Bild) auf die Plätze. Bei den Damen siegte die Deutsche Julia Schallau (5:33:18). Auf der Strecke „Stelvio Vinschgau" ging Platz eins an den Österreicher Rene Pammer.

Sportszene trauerte um Axel Mitterer

Axel Mitterers Tod im Alter von nur 65 Jahren sorgte für große Betroffenheit. Und Trauer. Nicht nur auf Tirols Tennisplätzen. Mit Mitterer verlor der Tiroler Sport einen, der die gedanklichen Irrgärten anderer durchforstete, nach Lösungen suchte und sie fand. Mit Aktiven aus den verschiedensten Sportarten Hemmschwellen überwand und für befreite Ausübung des Sports sorgte. Ohne Erfolgsdruck. Er war als Spieler, Funktionär, als Berater vor allem als Mentalcoach gefragt. Bundesweit. Axel Mitterer war einer, der das Verlangen hatte, anderen zu helfen. Auf seine unnachahmliche Art. So wird er auch in Erinnerung bleiben.

Zu viele Geschenke

Wer gedacht hatte, dass bei den Raiders nach dem hart erkämpften Erfolg über die Ravens aus München der Knoten geplatzt wäre, wurde schnell enttäuscht. Denn die Tiroler kassierten dabei – saisonübergreifend – im siebten Spiel der ELF-Zugehörigkeit die siebte Pleite gegen den Erzrivalen aus Wien, die Vikings. Lange Zeit hatten die Gastgeber im Tivoli gut mitgehalten, ehe es am Ende doch eine 19:27 Niederlage wurde. Nicht zuletzt deshalb, weil man den Gästen aus Wien allzu viele Geschenke machte. Ganz ähnlich auch die Partie gegen Titelkandidat Stuttgart, den die SWARCO Raiders vor 3200 Fans im Tivoli zwar ärgern konnten, aber letztlich mit 25:30 verloren. Nur ein schwacher Trost war dann das 42:28 gegen die Helvetic-Mercenaries.

„Kein schlechtes Omen"

Da wurden schöne Erinnerungen wach! Denn wie schon vor den Spielen in Tokio vor drei Jahren, hatte Jakob Schubert auch vor Olympia in Paris den Vorstieg beim Kletter-Heimweltcup in Innsbruck gewonnen. Wenn das kein gutes Omen war?

Der Sieg vor beeindruckender Kulisse war sein 24. Triumph (21 Vorstieg, 3 Boulder) im Weltcup. Eine stolze Serie. Wenngleich die Final-Route in Innsbruck, wie Schubert betonte, äußerst anspruchsvoll gewesen sei. „Ich bin alles andere als perfekt geklettert. Deshalb war es einer der zachsten Fights meiner Karriere", sagte der sechsfache Weltmeister nach seinem „zweitwichtigsten Wettkampf" 2024.

Telfs holte Damen-Titel

In der Gruppenphase hatte noch Hippach die Oberhand behalten. Doch in der entscheidenden Phase, als es um den Meistertitel in der Tiroler Damen-Tennisliga ging, da war dem TC Telfs (Bild) die Revanche gelungen; sehr zum Leidwesen der Gastgeberinnen, die bereits nach den Einzelspielen mit 2:3 zurückgelegen waren. Und mit zwei Siegen in den abschließenden Doppel-Partien machten die Mädels aus dem Oberland (Endstand 5:2) die erfolgreiche Titelverteidigung perfekt. Vorentscheidend war wohl das Einzel-Duell der beiden Nummer-1: Nina Hotter vergab dabei gegen Franziska Donner zwei Matchbälle, verlor im Champions-Tiebreak mit 9:11.

Galls Traum geplatzt

Während Tadej Pogacar (im Bild oben mit Jonas Vindegaard) mit dem Sieg auf Etappe 20 der Tour de France (Bild Mitte) alles klargemacht hatte, fiel Felix Gall (Bild unten) erneut bereits früh zurück, musste damit den Traum von einer Top-Ten-Platzierung endgültig begraben. Ob es die schlaflosen Nächte waren, die fehlende Hochform oder die gesteigerte Erwartungshaltung? Am Ende kam beim Tiroler zwar viel zusammen. Doch es lief auf zu wenig hinaus. Auch auf der 20. und vorletzten Etappe musste

Tirols Rad-Star früh die besten Fahrer ziehen lassen. Nach 132,8 Kilometern von Nizza bis zur Bergankunft am Col de la Couillole war der 26-jährige Osttiroler als 26. einsam und allein über die Ziellinie gefahren. Auf den erneut überragenden Tadej Pogacar fehlten ihm 7:11 Minuten. „Wie erwartet war von Anfang an Vollgas. Ziel war es, in die Gruppe zu gehen. Aber die Beine haben nicht gereicht", meinte Gall, „im Schlussanstieg bin ich mein eigenes Tempo gefahren und habe das Maximum rausgeholt." Die Tour beendete Gall auf Rang 14.

Drama um André Drege

Sie hatte so toll begonnen, die „Tour of Austria". Viele Radsportfreund*innen hatten noch den Auftritt des Tirolers Tim Wafler (Bild unten) im Rahmen der ersten Etappe im Kopf, die im Wallfahrtsort Maria Taferl mit dem ersten Profisieg des jungen Italieners Davide De Pretto endete. Doch plötzlich war von einem Augenblick, besser gesagt von einem Tag auf den anderen nichts mehr so wie es anfangs schien, rückten der zunächst gefeierte Glocknerkönig Jonas Rapp (GER), der umjubelte Tagessieger Filippo Ganna (ITA) oder der taktische Ausblick des oberösterreichischen Gesamt-Vierten Felix Großschartner schlagartig in den Hintergrund. Denn die Nachricht vom Todessturz des norwegischen Profis André Drege hatte die „Tour of Austria" und ihre Protagonisten mitten ins Mark getroffen – und die Radsportszene wieder einmal in Schockstarre versetzt. Der 25-jährige Norweger aus dem Team Coop Repsol war in der Abfahrt vom Großglockner nach Heiligenblut zu Sturz gekommen und seinen Verletzungen erlegen. Die logische Konsequenz?

Der schwer getroffene Tour-Direktor Thomas Pupp hatte rasch eine Krisensitzung mit allen 20 Teamchefs und Vertretern des Radweltverbandes UCI einberufen. Dabei war auf Wunsch der Angehörigen des Teams von André Drege (Bild oben) einhellig beschlossen worden, anstelle der Schlusstappe eine neutralisierte Kondolenzfahrt (Bild Mitte) zum Patscherkofel im Gedenken an André durchzuführen. Dadurch stand der Gesamtsieg des Italieners Diego Ulissi vorzeitig fest.

Die „jungen Wilden"

Weder der SV Silz noch das Wetter oder die Verlegung in die Halle vermochten den Erfolgslauf der jungen Unterländer Tennis-Truppe zu stoppen – und so gewann der TC Raiffeisen Schwaz das Finale der Tiroler Tennis-Liga mit 5:4 (4:2) gegen das Team aus dem Oberland. „Wir haben es gehofft, aber dass uns mit dem Team aus AHM-Akademie-Spielern der Sprung ganz nach oben gelingt, ist überraschend", freute sich Kapitän Gerry Scheiber. Mit einem Durchschnittsalter von unter 20 Jahren waren die Schwazer als jüngstes heimisches Team angetreten – auch im Finale. Für die Bundesliga-Play-offs im Herbst schienen sie bereit zu sein. Scheiber: „Diese Truppe hat eine glorreiche Zukunft vor sich."

Gold für Tim Wafler

Eine sensationelle Woche erlebten die rot-weiß-roten Radbahnfahrer*innen bei der Junioren-/U23-EM in Cottbus. Das ÖRV-Team holte zweimal Gold und dreimal Silber – mittendrin statt nur dabei auch der Tiroler Tim Wafler (Bild/Vordergrund), der gemeinsam mit dem Wiener Raphael Kokas Gold im Madison gewann.

Im Zweier-Mannschaftsfahren zeigte das Duo eine souveräne Leistung und stand schon vor der letzten Wertung als Sieger fest. „Wir sind natürlich sehr zufrieden, waren von Beginn an sehr aktiv und haben versucht, so viele Punkte wie möglich mitzunehmen", so der Tiroler Olympiateilnehmer, der im Scratch auch Silber errang.

Premiere des „Ischgl Ultra Trail“ mit 800 Teilnehmer*innen

Dieser Start konnte sich sehen lassen – mehr als 800 Teilnehmer*innen hatten sich zur Premiere des „Paznaun Ischgl Ultra Trails“ am Paznauner Höhenweg (Bild oben) eingefunden, um die erste Auflage des Ultra Trails in Angriff zu nehmen, wobei Athlet*innen wahlweise Distanzen von 85, 50, 30, 20 oder 10 Kilometer wählen konnten. Über 85 Kilometer gingen die Siege dabei an Christian Stern (Bild unten) und Marie Luise Mühlhuber. Der Stubaier Stern war, wie seine Mitbewerber um 2 Uhr, also mitten in der Nacht, in See gestartet, überquerte nach 85 Kilometern, 5200 Höhenmetern und 11:00:12 Stunden als Erster die Ziellinie in Ischgl, gefolgt von David Niegemann aus Deutschland. Schnellste Frau war die Deutsche Marie Luise Mühlhuber (Gesamt-Fünfte) vor Sanna und Lina El Kott Helander (beide Schweden). Der Wahltiroler Thomas Roach dominierte den Bewerb über 50 Kilometer bei den Männern, Lena Glasbrenner (GER) errang den Sieg bei den Frauen.

WELTKLASSE TENNIS
IM FREE-TV
ROLAND GARROS PARIS
GENERALI Kitzbühel open
ERSTE OPEN ATP 500
AO australian open

Gondoliere Linus

Schon im April stand Linus Straßer mit Gattin Maria im Legendenpark und sah dabei auch seinen eingravierten Namen: „Endlich habe ich es geschafft", dachte sich jener Mann, der am 21. Jänner am Ganslernhang triumphiert hatte und nun in diesen Julitagen endlich seine Gondel enthüllen durfte. Er, der in Kitzbühel das Skifahren gelernt hat, jedes Weihnachtsfest hier feiert und in Kirchberg wohnhaft ist. Als Sechsjähriger fuhr er beim damaligen KSC-Trainer und nunmehrigen Hahnenkamm-Rennleiter Mario Weinhandl vor – und hinterließ einen bleibenden Eindruck. Beinahe zu schön, um wahr zu sein. Die Zeremonie hatte sich natürlich die Familie Straßer nicht nehmen lassen, war sozusagen geschlossen erschienen, um den großen Augenblick zu genießen.

Der stramme Max

Drei starke Tage mit dem Golfschläger in der Hand bescherten dem Innsbrucker Maximilian Steinlechner am Ende Platz drei und sein persönliches Karriere-Highlight. Den Sieg bei den Open im GC Adamstal sicherte sich der 18-jährige Frank Kennedy.

„Hätte mir vor dem Turnier wer gesagt, dass ich hier Dritter werde, hätte ich das sofort unterschrieben", so der Tiroler. Steinlechner holte zusammen mit dem Franzosen Martin Couvra (elf Schläge unter Par) Platz drei. Es war die beste Platzierung eines Österreichers in Niederösterreich. „Besonders freut mich, dass ich durch das gute Ergebnis hier auch eine Einladung der Challenge Tour für Nordirland bekomme. Zunächst wird aber „gechillt", meinte Steinlechner mit einem Grinser auf den Lippen und 17.550 Euro Preisgeld in der Tasche.

Improvisieren war Gold wert

Aus der Not hatte Tirols Voltigier-Star Eva Nagiller eine Tugend gemacht und sich auf einem polnischen Leihpferd zur Weltmeisterin getanzt. Sensationell. Kaum hatte sie die Kür mit einem lupenreinen Flickflack abgeschlossen, strahlte Eva Nagiller wie ein Honigkuchenpferd, konnte selbst kaum glauben, was da eben passiert war. „Nie im Leben habe ich damit gerechnet."

Was ist Schlechtwetter?

Nur die „Harten" kommen durch, so das Motto des Tannheimer Rad-Marathons und tasächlich – trotz wechselhaften Witterungsverhältnissen hatten sich rund 1500 Radler*innen nicht davon abhalten lassen, dieses Rennen in Angriff zu nehmen. Die 214 Kilometer lange Marathon-Distanz forderte die Teilnehmer*innen, nebst 3500 Höhenmetern waren drei Pässe für 800 besonders „motivierte" unter ihnen zu bezwingen.

Bei den Damen war Julia Schallau aus Deutschland mit einer Zeit von 6:25:03 Stunden die Schnellste, bei den Herren hatte der Österreicher Paul Verbnjak (Bild, Mitte) nach 5:47:15 Stunden als Erster im Ziel gejubelt.

eTENNIS
WIR DIGITALISIEREN TENNIS
GENERALI
HOLCIM

Wieder Erler-Festspiele

Die Stimmung am Center Court von Kitzbühel war einmal mehr am Kochen, als der Tiroler Alexander Erler (Bild Mitte) mit seinem deutschen Kurzzeit-Partner Andreas Mies das Endspiel bestritt – und gewann. „Es ist unfassbar, ich freue mich riesig über diesen Erfolg. Und ich freue mich auch schon auf nächstes Jahr", meinte der 26-Jährige noch auf dem Platz bei der Ansprache an die Fans, die Erler ins Herz geschlossen haben. Verständlich – denn nach dem 6:3, 3:6, 10:6 gegen die deutsche Paarung Hendrik Jebens und Constantin Frantzen stand der nunmehr sechsfache ATP-Turniersieger zum dritten Mal als Sieger der Generali Open fest. „Die Stimmung hier in Kitzbühel ist unglaublich", streute Erler den Veranstaltern Rosen, die heuer mit 53.000 Zuschauer*innen neuen Rekord verzeichneten, auch dank Dominic Thiem, der sein Abschiedsspiel bestritt.

Übrigens – das Einzel gewann der wieder erstarkte Italiener Matteo Berrettini (Bild oben). Der Wimbledon-Finalist von 2021 schnappte sich die Trophäe nach dem 7:5, 6:3 gegen den Franzosen Hugo Gaston ohne Satzverlust. „Die beiden letzten Wochen zählen zu den besten meiner Karriere", meinte Berrettini. Damit war der Italiener nicht allein. Mit Tränen in den Augen verließ z. B. Alexander Antonitsch nach dem Match von Dominic Thiem den Platz. „Ich glaube, ich war gerührter als alle anderen", und die Veranstalter Markus Bodner und Herbert Günther (Bild unten) , die einst das Turnier mit viel Eigenrisiko wieder zurück in die World Tour geführt hatten, ergänzten: „Es war sehr emotional und zugleich eine der besten Wochen für uns."

Gold-Tag für die Tiroler Sportler*innen

Tirols Radler dominieren den heimischen Mountainbikesport. Mit zwei österreichischen Meistertiteln im Mountainbike hatten sich die Haimingerin Laura Stigger und der St. Johanner Max Foidl (kl. Bild) optimal auf die Olympischen Spiele in Paris eingestimmt. Stigger verwies bei den Cross-Country-Titelkämpfen in Stattegg die Silzerin Mona Mitterwallner, die ebenfalls bei den Olympischen Spielen an den Start gehen sollte, auf Rang zwei und mit Tamara Wiedmann wurde eine weitere Tirolerin Dritte. Ein Podest komplett in Tiroler Hand. Bei den Herren gewann Armin [illegible] zudem Bronze, insgesamt wanderten also gleich fünf [illegible] nach Tirol, eine imposante Ausbeute.

Tabeas Jubiläumssieg

Grund zum Jubeln hatte aber auch Tabea Huys (Bild, links) in Wallsee, wo im Rahmen des „Mostiman-Triathlons" die Staatsmeister in der Olympischen Distanz ermittelt wurden. Während sich bei den Herren der Salzburger Lukas Pertl (rechts) den Titel sicherte, krönte die erst 18-jährige Tabea ihr zehnjähriges Wallsee-Jubiläum nach dem Sieg über die Sprintdistanz im Vorjahr heuer mit ihrem zweiten nationalen Titel. Im Schwimmen über 1500 Meter hatte Huys einen komfortablen Vorsprung herausgeholt, diesen auf der Radstrecke ausgebaut und holte so völlig ungefährdet Gold. „Ich bin mit dem Rennen sehr zufrieden. Ich starte bei dem Bewerb jetzt schon seit zehn Jahren, dass ich den heuer gewinnen konnte, ist umso schöner", so die Tirolerin.

AUGUST

Olympia 2024

Medaillenspiegel

		GOLD	SILVER	BRONZE	gesamt
1	Vereinigte Staaten	40	44	42	126
2	Volksrepublik China	40	27	24	91
3	Japan	20	12	13	45
4	Australien	18	19	16	53
5	Frankreich	16	26	22	64
6	Niederlande	15	7	12	34
7	Großbritannien	14	22	29	65
8	Republik Korea	13	9	10	32
9	Italien	12	13	15	40
10	Deutschland	12	13	8	33
36	Österreich	2	0	3	5

Glanzvolles Olympia

Bereits zum dritten Mal war Paris Austragungsort der Olympischen Sommerspiele, es war ein Fest des Sports, das allen wohl noch lange in Erinnerung bleiben wird. Den Fans vor Ort, den Zuschauer*innen vor dem TV-Gerät und natürlich den über 11.000 Athlet*innen.

Österreichs Bilanz bei diesen Spielen in außergewöhnlichen Wettkampfstätten und vor einem großartigen Publikum konnte sich durchaus sehen lassen; zweimal Gold sowie drei Bronzemedaillen brachten im Ranking der 206 Nationen den 36. Rang; nicht zuletzt deshalb mehr als akzeptabel, weil es dazu noch 22 Top-Ten-Plätze gab, die mit etwas Wettkampfglück das Abschneiden hätten versilbern können. Herausragend die beiden Goldmedaillen durch das Segler-Duo Lara Vadlau/Lukas Mähr sowie Kite-Surfer Valentin Bontus, die beiden Bronzemedaillen, die Jessica Pilz und Jakob Schubert eroberten, sowie der dritte Rang von Judoka Michaela Polleres, die den Medaillenreigen startete. Wir erinnern auf diesen drei Seiten mit Bildern der ÖOC-Medaillengewinner und von Tiroler Olympia-Teilnehmer*innen (David Hussl, Luis Knabl, Jebbe Kaindl, Simon Bucher, Berni Reitshammer, Nadine Ungerank, Laura Stigger, Christina Schweinberger) an die wohl stimmungsvollsten und am besten organisierten Sommerspiele der Geschichte. Und zeigen noch einmal herausragenden Leistungen, wie jene des schwedischen Stabhochspringers Arman Duplantis mit seinem Weltrekordsprung (6,26 m) oder die spektakuläre „Action" des brasilianischen Surfers Gabriel Medina vor der Küste Tahitis.

10
5

AUT

erima

Traumstart für die WSG

Fünf lange Jahre hatten die Fans der WSG Tirol darauf warten müssen, mit dem neuen Trainer klappte der Start in die neue Saison dafür auf Anhieb – endlich gab es erstmals seit fünf Jahren drei Punkte zum Auftakt, kein Wunder, dass im Lager der Tiroler nach dem 2:1-Sieg bei Altach alle von einem Traumstart schwärmten. Was vor allem zuversichtlich stimmte – die Truppe von Neo-Trainer Philipp Semlic hatte sich den ersten Auftaktsieg seit 2019 redlich verdient.

Von Beginn an war das Gesamtpaket der Grün-Weißen „stimmig": bissig, selbstbewusst, stabil, spielfreudig – und vor allem torgefährlich. Erst scheiterte Bror Blume, wenig später stand dafür der neue Abwehrhüne Jamie Lawrence nach einem weiten Einwurf von Lukas Sulzbacher goldrichtig – der Rest zur 1:0-Führung der Gäste dann jedenfalls nur noch Formsache.

Schade, dass in Halbzeit zwei von den Tirolern die besten Möglichkeiten, eine Vorentscheidung herbeizuführen, leichtfertig ausgelassen wurden. Und so wurde einer der ganz wenigen Fehler in der WSG-Abwehr bestraft, Gustavo Santos Costa traf zum Ausgleich (73.). Fast im Gegenzug hatte Quincy Butler Blume sein Siegestor (81.) auf dem Silbertablett serviert. Doch nach dem 0:0 im Tivoli kam es knüppeldick, musste sich die WSG gleich dreimal in Serie geschlagen geben – 0:2 bei Rapid, 0:1 zuhause gegen Klagenfurt und dann- trotz 2:0-Führung in Graz mit 4:2 gegen Sturm.

Zwischenbilanz nach dem August? Fünf Spiele, vier Punkte. Eher bescheiden!

OLYMPIA-BRONZE
MIT DEM BLICK NACH VORNE

Als Weltmeister fuhrst du nach Paris. Die Erstbegehung von „B.I.G." im norwegischen Flatanger, vermutlich eine der schwierigsten Kletterrouten der Welt, hast du im Herbst davor souverän gemeistert. Ebenso deine zweiten olympischen Spiele. Im stärksten Feld, in dem du je angetreten bist, hast du dir so deine zweite olympische Medaille gesichert. Als Ausnahmesportler, der du nun mal bist, schaust du längst wieder nach vorne, zu neuen Plänen und Vorhaben. Das ist wahre sportliche Größe, lieber Jakob Schubert.

Faszination in den Kitzbüheler Alpen

Von der Sonne in den Regen, vom Tag in die Nacht – die 1500 Teilnehmer*innen des KAT 100 by UTMB® erlebten in diesen August-Tagen nebst faszinierenden Bildern das breite Spektrum ständig wechselnder Verhältnisse in den Kitzbüheler Alpen hautnah mit. 173 Kilometer und 9900 Höhenmeter waren im Hauptlauf zu bewältigen, den Sieg schnappte sich nach 26:08:31 Stunden der Kärntner Gerald Fister, die schnellste Frau war die Spanierin Irene Guembe Ibanez in 34:02:45. Sie hatten sich auf ihrem Weg ins Ziel weder von emotionalen Tiefs aufhalten lassen noch von Matsch, Kälte und müden Beinen.

Iron Bike an Pernsteiner

Da hatte Petrus wieder einmal großes Verständnis für die rund 700 Teilnehmer*innen am Ischgl Ironbike, einem der härtesten Mountainbike-Rennen Europas entlang des Silvretta-Massivs. Profis konnten für den ÖRV Austria Marathon Cup und die „Mountainbike Challenge" Punkte sammeln.

Über die Extreme Distanz gab es mit Hermann Pernsteiner einen prominenten heimischen Sieger. Der Niederösterreicher, 2020 im Giro d'Italia Gesamtzehnter, gewann in 3 Stunden 39 Minuten vor dem Italiener Lorenzo Samparisi und dem Schweizer Frans Claes. Bester Tiroler wurde Pernsteiners Teamkollege Daniel Federspiel. Der Imster hatte bereits am Vortag im Short Track gesiegt.

Pleite statt Play-offs

Das war eine fast schon peinliche Abfuhr – die Footballer der SWARCO Raiders, die sich den großen Showdown in Unterhaching vorgenommen hatten, kassierten gegen die München-Ravens eine bittere 3:30-„Klatsche". Damit endete auch die heurige Saison in der European League of Football (ELF) wie jene im Vorjahr: mit dem verfrühten Aus und den verpassten Play-offs. Im Regen von Unterhaching hatten die Tiroler sowohl in der Offensive als auch in der Defensive die nötige Klasse vermissen lassen, Fehler reihte sich an Fehler, die hohe Niederlage war mehr als gerechtfertigt.

Und das trotz neuem Trainerteam und zweimaligem Quarterback-Tausch. Dabei hatte GM Ulz Däuber heuer die ELF-Krone als Ziel ausgegeben.

Brüchiges Eis

Hoffentlich war das kein schlechtes Omen für die Saison – beim Gastspiel der Kölner Haie im Rahmen des traditionellen Haie-Festes war nach 37 Minuten Schluss, weil das Eis in der TIWAG Arena kapitulierte und das Match aufgrund der „Einbruchs"- und Verletzungsgefahr abgebrochen wurde. Das Penaltyschießen gewann Köln mit 2:1 (HCI-Tor durch Valentini). „Wir haben gegen einen talentierten Gegner einen guten Job erledigt", war Haie-Coach Jordan Smotherman zufrieden.

Österreich verpasste Olympia

In dieser Deutlichkeit hatte man nicht damit gerechnet. Doch wie auch immer – das olympische Eishockey-Turnier 2026 in Mailand findet ohne Österreichs Männerteam statt. Der Traum von der Qualifikation war schon nach den ersten beiden Spielen (jeweils 1:2 gegen die Slowakei und Kasachstan) geplatzt. Zum Abschluss gab es wenigstens nach 0:3-Rückstand gegen Ungarn noch einen 4:3-Erfolg im Penaltyschießen.

Versilberte Magdalena

Magdalena Rauter trug die Silbermedaille um den Hals. Den Wintertemperaturen in Lima zum Trotz dürfte sie die 17 Grad bei der U20-WM der Leichtathleten kaum verspürt haben, denn in der Gefühlswelt der 18-jährigen Tirolerin war Hochsommer angesagt. Kurz davor hatte Magdalena mit Platz zwei im Stabhochspringen für ein Kapitel Tiroler Sportgeschichte gesorgt. 3,80 Meter? Kein Problem. 3,95 Meter? Die Latte blieb liegen. 4,05 Meter? Fehlerfrei. Und 4,15 Meter? Ein Versuch reichte, erst die 4,20 waren zu hoch. Gold holte Molly Haywood (USA/4,47 m). „Es ist verrückt, ich kann es noch gar nicht glauben“, fühlte sich Rauter wie im falschen Film, aber im spannendsten aller Hollywood-Streifen.

Tirols Schützinnen zielsicher

Der Ärger über die so knapp verpasste Olympiamedaille war bei Nadine Ungerank (Bild, Mitte) ganz schnell verraucht, die Olympia-Fünfte von Paris tröstete sich bei den KK-Staatsmeisterschaften in Innsbruck mit dem Einzeltitel im KK-Dreistellungsmatch der Frauen vor Sheileen Waibel (Bild links) und ihrer Landsfrau Olivia Hofmann (Bild rechts) sowie mit Jasmin Kitzbichler und Rebecca Köck im Team Tirol 1. Hofmann wiederum hatte liegend mit 591 Ringen den Ö-Rekord eingestellt.

Klassischer Fehlstart

Irren ist menschlich und Siege im Sport sind nicht zu programmieren. Ein schwacher Trost für die Handballer von Sparkasse Schwaz Tirol. Denn anstelle der angepeilten zwei Punkte zum Auftakt der neuen HLA-Saison setzte es für die Tiroler bei den bekannt heimstarken Fivers aus dem fünften Wiener Gemeindebezirk eine bittere 37:30-Niederlage. Und die Erkenntnis, dass vor dem Heimspiel gegen Hard noch an vielen Schrauben zu drehen sein wird. Die Entscheidung in Wien war bereits vor der Pause gefallen, da führten die Gastgeber mit 20:12. Trotz Problemen in der Deckung und technischer Fehler ging es nach Seitenwechsel nur darum, den „Schaden" zu minimieren. Was mit 18:17 dank intakter Moral auch gelang.

Roach gewann Karwendelmarsch mit Fabelzeit

Der pünktliche Startschuss um 6 Uhr früh (Bild) zum Karwendelmarsch war ja erwartet worden, nicht aber, dass es just zum 15. Jubiläum dieser Traditionsveranstaltung einen neuen Streckenrekord geben könnte. Da hatte wohl niemand mit Thomas Roach gerechnet. Denn der Wahltiroler vom AK Rückenwind nützte die perfekten Bedingungen, siegte in der Fabelzeit von 3:57:30 und schwärmte im Ziel: „Ich hatte mir eine Zeit unter vier Stunden zum Ziel gesetzt und bin daher nun sehr glücklich, dieses Ziel auch erreicht zu haben." Rund 2500 Wander- und Berglaufbegeisterte aus 23 Nationen hatten einmal mehr die Herausforderung angenommen und die beiden Distanzen (35 und 52 km) von Scharnitz nach Pertisau bewältigt. Den zweiten Platz (Sieger Bild rechts unten) belegte Alexander Rainer (Glorify Unbreakable), Dritter wurde der Vorjahressieger Toni Seewald (SC Gaißach). Bei den Damen (Siegerbild links unten) gewann Maike Drieb-Schön (LAZ Rhein-Sieg) in 4:52:48 vor Sophia Moosbrugger (Asics Frontrunner). Dritte wurde Verena Hohenrainer (AUT).

Begeistert und einig zeigten sich Martin Tschoner (GF-Achensee-Tourismus) und Elias Walser (GF-Region Seefeld-Tirols Hochplateau) mit ihren Dankesworten an die zahlreichen freiwilligen Helfer*innen. „Ohne ihr Engagement wäre diese Veranstaltung nicht möglich."

ACHENSEE
Tirols Sport & Vital Park
MACHT die
NATUR zu
eurer BÜHNE!

Tiroler Tag in Kufstein

Das kommt auch nicht alle Tage vor – zwei Tiroler hatten bei der achten Auflage des Kufsteinerland Radmarathons im Hauptrennen die Nase vorne. Max Kirschner (Racing Team Haiming) gewann dabei vor dem Tirol-Team-Fahrer Jonas Holzknecht nach 3:07:32,0 Stunden mit einem Vorsprung von 17 Sekunden die 120 Kilometer (1800 Höhenmeter) lange Marathon-Strecke. Die Vorentscheidung war beim Anstieg nach Brandenberg gefallen, als Jonas Holzknecht, Kirschner und dem Deutschen Pascal Wiederhold (Siegerbild unten) die „Flucht" gelungen war. Kirschner nutzte den letzten Gegenanstieg im Kufsteiner Wald, um sich endgültig abzusetzen.

Bei den Damen war der Ausgang des Renens nach kurzer Zeit klar – die Deutsche Elisabeth Fladerer (Bild oben) bestritt nach einem gelungenen Ausreißversuch die Marathonstrecke in Begleitung einer Männergruppe, die sich während des Rennens um sie formierte. Bis zum Ziel dominierte Fladerer das Feld und feierte einen beeindruckenden Solosieg. Larissa Stupnicki (2.) sowie Martina Putz (3.) fuhren mit einem Respektabstand von knapp 4 Minuten nach der Siegerin über die Ziellinie.

Auf der 95 Kilometer langen Seenrunde gab es bei den Herren ein österreichisches Siegertrio. Da gewann Johannes Lener vor Florian Dagn und Daniel Knapp. Bei den Damen triumphierte die Deutsche Nina Gunther.

SEPTEMBER

Jack Burke gewann den Ötztal-Radmarathon in der Fabelzeit von 6:49:38 Stunden. „Ich hatte einfach einen fantastischen Tag", freute sich der Wahlstubaier über seinen zweiten Sieg nach 2022.

*Faszinierendes Startbild mit 4226 Teilnehmer*innen aus Sölden – mittendrin auch die Deutsche Janine Meyer, die das Rennen der Damen in Streckenrekordzeit (7:26:26 Stunden) für sich entschied.*

Kanadier zündete am Jaufen den Turbo

Wer schon einmal am „Ötztaler"-Sonntag um 6.30 Uhr an der Startlinie stand, der möchte zunächst wenig bis gar nicht frieren und dann, beim finalen Anstieg zum Timmelsjoch, schon gar nicht von hochsommerlicher Hitze gepeinigt werden. Wunschdenken natürlich, aber bei der 43. Auflage des Marathons herrschten tatsächlich optimale Verhältnisse mit Temperaturen zwischen 15 und 25 Grad und gänzlich ohne Regen. Perfekte Voraussetzungen für den 29-jährigen Kanadier Jack Burke, der das Rennen 2024 gewann. Der Zeitfahr-Spezialist, 2021 Mitglied im Cycling Team Tirol, hatte sich am Jaufenpass (großes Bild) entscheidend abgesetzt, der Konkurrenz allein an diesem Anstieg drei Minuten abgenommen.

Spannend verlief dafür die Entscheidung um die weiteren Podiumsplätze: Der Kärntner Hans-Jörg Leopold wurde vor dem Italiener Stefan Cecchini Zweiter. Enttäuscht, weil nach den Plätzen zwei und drei zum zweiten Mal Vierter: der Osttiroler Alban Lakata, der sich über Cecchini ärgerte. „Erst klagte er über Krämpfe, blieb im Windschatten. Dann sprintet er mich ab."

Tiroler Torjubel bei der U20-WM

Fern der Heimat sorgten ausgerechnet Tiroler Fußballerinnen für ein besonderes Highlight – denn mit den Spinn-Schwestern Laura und Greta sowie Hannah Fankhauser waren zum Auftakt der U20-WM im kolumbianischen Bogota alle drei Tirolerinnen beim 2:1-Sieg gegen Ghana in der österreichischen Startelf gestanden. Noch beeindruckender – Fankhauser hatte sogar das 1:0 erzielt, womit die 17-jährige Unterländerin als erste ÖFB-Torschützin bei einer Fußball-WM Geschichte schrieb.

„Es war eine richtige Teamleistung heute. Der Zeitpunkt von meinem Tor war günstig, darum bin ich auch sehr glücklich", bilanzierte Fankhauser das Erlebte doch ziemlich trocken. Zu kitschig wäre es gewesen, hätte Greta Spinn nach Fankhauser-Flanke nicht an die Querlatte, sondern in die Maschen geköpfelt. Wie auch immer, für Österreichs Mädels ging die Reise nach dem folgenden 3:1-Sieg über Neuseeland und einem 0:2 gegen Japan sogar bis ins Achtelfinale. Dort war dann nach einer 2:5-Niederlage gegen Nordkorea Endstation. Gegen den haushohen Turnierfavoriten absolut keine Schande, immerhin hatten die Asiaten dann tatsächlich souverän das Endspiel erreicht, sich dort auch gegen Österreich-Bezwinger Japan mit 1:0 durchgesetzt und den Titel erobert.

Kein Jubiläums-Happy End

So hatte sich Lucas Auer sein Jubiläumsrennen im Rahmen der DTM wohl nicht vorgestellt. Das Samstagsrennen auf der Berg-und-Tal-Bahn nahe Chemnitz war das 150. DTM-Rennen des Tirolers. Der Neffe vom ehemaligen DTM-Boss Gerhard Berger erhielt vor dem Rennen von seinem Racing-Teamchef Christian Hohenadel einen speziellen Kuchen überreicht. Doch das Rennen verlief nicht wie gewünscht für Lucas Auer und er setzte am Sachsenring seine Pechsträhne fort, erreichte lediglich Rang 12.

Auer war von 2015 bis 2018 für Mercedes in der DTM angetreten, ehe er dem Ruf von Red Bull nach Japan folgte. Doch nach nur einem Jahr im Land der aufgehenden Sonne kehrte er in die DTM zurück, wo er 2020 für BMW antrat. Doch bereits zur Saison 2021 folgte die Rückkehr zu Mercedes-AMG, der Marke mit dem Stern ist er seitdem treu. Sein erfolgreichstes DTM-Jahr erlebte Auer 2022, als er Vizemeister wurde.

Gemischte Gefühle

Die beiden Mädels hatten sich zwar etwas mehr erwartet, aber in Anbetracht einer langen kräfteraubenden Saison bilanzierten sowohl Laura Stigger (7. /links) wie auch Mona Mitterwallner (12./ rechts) ihr WM-Abschneiden nicht unzufrieden. „Ich muss zufrieden sein. Seit Olympia habe ich versucht, das Formniveau bis zur WM zu halten", meinte Laura aus Haiming und Mona aus Silz gestand: „Ich bekam Halsschmerzen, die vor dem Rennen schlimmer wurden. Ich hatte schon überlegt, nicht zu starten, aber wenn man vor Ort ist, fällt die Entscheidung nicht leicht." Die übrigen Tiroler*innen? Ein Reifenschaden verhinderte ein besseres Resultat von Tamara Wiedmann (31.), während Maximilian Foidl auf dem 49. Rang landete.

Sieg, Niederlage, Sieg …

Nachdem der erste Saisonauftritt in der Fremde bei den Fivers (30:37) danebengegangen war, durften die Schwazer Handballer zumindest nach der Heimpremiere laut jubeln: Sparkasse Schwaz Handball Tirol schaffte gegen den Vizemeister der HLA, Hard, einen beachtlichen 29:26-(13:19) -Triumph. Und das nach einem Sechs-Tore-Rückstand zur Pause. Sensationell. In den folgenden September-Partien „marschierten" die Tiroler aber durch ein Wechselbad der Gefühle – und Ergebnisse. Niederlage in Graz (32:31), Sieg gegen Bärnbach (36:28) und Pleite in Bruck (27:30).

34 Sekunden Vorsprung reichten nach 4 Stunden zum Sieg

Auch für die 37. Auflage galt – der Dolomitenmann ist nur etwas für die Härtesten unter der Sonne, und einmal mehr stand bei allen Teilnehmenden die Leidensfähigkeit im Vordergrund. Verständlich, denn zwölf Kilometer Berglauf über 1760 Höhenmeter, ein Paragleitflug ins Lienzer Dolomitenstadion, 1600 Mountainbike-Höhenmeter über 32 Kilometer und ein abenteuerlicher Kajak-Ritt sind nicht gerade ein Fitnessprogramm für jedermann. „Es ist unglaublich, wie sich die Leistungen entwickeln. Wir sind glücklich, die Besten der Besten hier zu haben", freute sich Organisator Nikolaus Grissmann über großartige Leistungen. 124 Profi- und Amateurteams aus dem Extremsport-Bereich ließen sich die Herausforderung heuer nicht entgehen. Und der wohl härteste Teambewerb der Welt machte dabei seinem Namen wieder einmal alle Ehre. Mit knappem Vorsprung (34 Sekunden vor „Kolland Topsport Professional") bestätigte das Team „Kolland Topsport Future" mit Richard Atuya, Tobias Grossrubatscher, Leonardo Páez León und Hannes Aigner Aigner und Co. in 4:12:05 Stunden den Vorjahreserfolg. Team „ELK" konnte zwar beim Mountainbike und in der Luft jeweils den Disziplinsieger stellen, insgesamt sah das Quartett aber nach über 4:15:28 Stunden „nur" als Dritter die Ziellinie.

Erst zum zweiten Mal in der Geschichte des Dolomitenmanns standen auch Frauen-Teams am Start. Den Triumph dabei holte sich das Team „Sport Auer 4 Angels" in 5:16:40 – diese Zeit bedeutete zugleich den insgesamt 42. Platz unter allen 124 Teams.

„Ötzi"-Sieger erneut vorne

Da war etwas los in diesen August-Tagen in Tirol. Nur eine Woche nach dem „Ötztaler" hatten sich rund 1100 Radsportler*innen aus 24 Nationen zur Teilnahme am bereits vierten Kitzbüheler Radmarathon (216 km/4600 Höhenmeter) eingefunden. Das Siegerbild war mit jenem aus Sölden identisch – Janine Meyer (6:48:43,4 Stunden) aus Deutschland sowie der gebürtige Kanadier und Wahltiroler Jack Burke (6:14:34,4 Stunden) hatten sich souverän durchgesetzt. Beide mit neuen Rekorden auf einer Strecke, die von der Vorderstart über Pass Thurn, den Gerlospass, Kerschbaumer Sattel und zum Ende auf das Kitzbüheler Horn geführt hatte. „Hier mit einem Rekord zu gewinnen, fühlt sich surreal an. Ich kann es kaum glauben", freute sich Burke im Ziel.

Achenseelauf „zieht"

Sogar insgesamt 1500 Laufbegeisterte aus 32 Nationen waren vom Veranstalter beim traditionellen Achenseelauf begrüßt worden. „Beim Hauptlauf waren es 1100, was uns besonders freut", erzählte Martin Tschoner vom Achensee Tourismus. Der deutsche Herren-Sieger Raphael Junghans war einer, der sich kurzfristig entschieden hatte, dem Flair konnte sich der in 1:31:01 Stunden siegreiche 25-Jährige nicht entziehen: „Ich bin begeistert von diesem Laufevent." Ebenfalls keine Unbekannte: die Karwendelmarsch-Zweite Sophia Moosbrugger. Ihre 1:47:33 Stunden bescherten der Zillertalerin den prestigeträchtigen Erfolg bei den Frauen. „Der Achensee scheint ein gutes Pflaster für mich zu sein."

Triathlet*innen glänzten

Egal ob in Tschechien, in Tunesien oder auch in Slowenien – Tirols Triathlon-Asse ließen quer durch Europa mit Top-Leistungen aufhorchen, oder anders formuliert – ein Erfolg kommt manchmal nicht allein. Luis Knabl, Therese Feuersinger und Tabea Huys überzeugten auf drei verschiedenen Veranstaltungen.

In Karlovy Mary (Tschechien) war erstmals nach den Olympischen Spielen in Paris wieder auf Weltcup-Ebene um Sieg und Punkte gekämpft worden. Dabei gab es aus rot-weiß-roter Sicht gleich zwei zehnte Plätze zu vermelden. Zum einen von Julia Hauser bei den Damen, zum anderen durch den Tiroler Luis Knabl, Raika Tri Telfs. Nicht das erste Mal, dass der Mann aus Pfaffenhofen (Bild Mitte) auf dem Stadtkurs aufzeigte – im Vorjahr hatte der Olympia-Teilnehmer sogar Rang vier belegt.

In Tunesien, genauer gesagt in Monastir, war Therese Feuersinger (Bild unten, links) engagiert. Die Tirolerin des Vereines Tri-X-Kufstein belegte den starken zweiten Platz. „Ziel des Wettkampfs war es, das Podium zu erreichen. Mit dem zweiten Platz bin ich daher mehr als zufrieden", freute sich Feuersinger.

Ebenso erfreulich die Meldung aus Slowenien, wo im Rahmen des Junioren-Europacups Tabea Huys (Bild, oben) einmal mehr auf dem Podest landete. Die Zillertalerin (Make-it-happen-Triathlon Zillertal) durfte mit einem zweiten Platz in Bled einen speziellen Hattrick fixieren. Tabea hatte es damit in der Konkurrenz am Bleder See beim dritten Antritt zum dritten Mal auf das Podest geschafft.

Unbelohntes Kämpferherz

Angesichts der Spielerliste von Mauthausen war das ja zu erwarten gewesen – für den TC Schwaz jedenfalls setzte es im Finale der ÖTV-Mannschaftsmeisterschaften eine 6:3-Niederlage. Dass es schon ein großartiges Tennis-Jahr für die Knappenstädter war, hatte Obmann Christian Walter bereits vor dem ersten Aufschlag im Finale betont. Ebenso, dass für eine Überraschung gegen den Gastgeber (mit Jungstar Joel Schwärzler, Nico Hipfl sowie Andreas Haider Maurer und dem Tiroler Alexander Erler) mehr als nur ein kleines Wunder nötig sein würde. Das Wunder war ausgeblieben, auch wenn Dennis Novak seine Partie gegen Marek Gengel w.o. geben musste. Trotz beherztem Kampf verlor Schwaz 3:6.

80er der Rad-Legende

Standesgemäß – mit einer Familienrunde um den Patscherkofel feierte die nach wie vor sehr rüstige Rad-Legende Wolfgang Steinmayr ihren 80. Geburtstag. Geplant war die Jubiläumstour von Davos nach Venedig gewesen, doch ein Virus hatte den Innsbrucker, in den 70er-Jahren einer der besten Amateur-Radfahrer der Welt, gestoppt. Zusammen mit Rudolf Mitteregger prägte Steinmayr den österreichischen Radrennsport der 1970er-Jahre. Insgesamt gewann er viermal, und damit so oft wie kein anderer, die Österreich-Rundfahrt. 1972 und 1975 ließ er sich auch zum Großglocknerkönig küren. 1972 (in München) und 1976 (in Montreal) startete er für Österreich bei den Olympischen Sommerspielen.

Dem Wetter getrotzt

Mit mehr als 3300 Läufer*innen im Ziel und am Ende doch besserem Wetter als befürchtet, war die heurige Auflage des Tiroler Firmenlaufs einmal mehr eine gelungene. Auch Regen und Kälte konnten einen Großteil der über 5000 Gemeldeten nicht davon abhalten, die 5,8 Kilometer lange Strecke in Angriff zu nehmen. Für die meisten stand dabei der Spaß im Vordergrund, doch an der Spitze wurde in allen Klassen mit starken Leistungen um den Sieg gekämpft. Schnellster Teilnehmer war dabei Øystein Størfring (Uni Innsbruck) in 17:57,5 Minuten vor Collin van Almkerk und Raffael Petrovic. Schnellste Dame? Die Deutsche Maike Drieb-Schön in 20:57,6 Minuten. Ihr folgten Sema Kilinc und Lisa Bergmeister.

Bachler jubelte über „WM-Traum"

Klaus Bachler hat sich den ersten WM-Titel in der LMGT3-Klasse der Langstrecken-Weltmeisterschaft (WEC) gesichert. Dem 33-jährigen Österreicher und seinen Partnern Alexander Malykhin und Joel Sturm hatte dafür im Manthey-Porsche ein zweiter Platz bei den „6 Stunden von Fuji" gereicht. Das Trio war damit bereits vor dem abschließenden Saisonrennen im November nicht mehr von der Spitze der neu eingeführten Klasse zu verdrängen.

Mit Teamwork zum Erfolg

Mit Bronze durch Christina Schweinberger (Bild oben links) und Rang sechs durch Schwester Kathrin kehrten Tirols Rad-Zwillinge erfolgreich von der EM in Belgien zurück.

Wenn zwei Schwestern (Bild unten links) im Straßenrad-Rennen gemeinsame Sache machen, dann kann das ja nur gut werden. Christina Schweinberger, mit Bronze im Zeitfahren bereits hochdekoriert bei dieser EM, rackerte sich ab und leistete Führungsarbeit für ihren Zwilling Kathrin. Die konnte beim Elite-Rennen am Samstag nach 162 Kilometern in Hasselt (BEL) dann am Ende so gut Gas geben, dass sie haarscharf am Edelmetall dran war. In der Abrechnung gab es für die 27-jährige Tirolerin den sechsten Rang. Der war für die Profi-Fahrerin, die ab 2025 für das US-World-Tour-Team Human Powered Health fährt, Balsam auf die Wunden nach der Nicht-Nominierung für Olympia in Paris.

Nicht so erfolgreich waren dann die Weltmeisterschaften in Zürich verlaufen, wo es für Österreichs Team durch Christina Schweinberger Rang sechs im Einzelzeitfahren gab und die erstmals in der Eliteklasse startende Tabea Huys Rang 27 erreichte; letztmalig herausgerechnet für die U23-Wertung bedeutete das den sechsten Platz für die 18-jährige (Bild unten rechts).

Erler: „Jetzt ist alles möglich"

Starkregen, Sturm, Verschiebung um Verschiebung – die Voraussetzungen für Tennis bei fairen Verhältnissen waren alles andere als gut. Doch am Ende wurde für Österreichs Tennis-Team alles gut. Und zwar richtig gut. Denn im Davis-Cup-Duell mit der Türkei war den Gastgebern in Bad Waltersdorf mit einem 3:0-Erfolg ohne Satzverlust der Aufstieg ins Qualifikations-Turnier für das Final-Turnier Ende 2025 gelungen.

„Die Erleichterung ist sehr groß", freute sich der Tiroler Alexander Erler, der im Doppel mit Lucas Miedler mit dem 6:3, 6:4 gegen Altug Celikbilek/Yanki Erel den Erfolg und damit auch den Aufstieg besiegelte. Für den Kufsteiner war es im sechsten Davis-Cup-Auftritt der fünfte Sieg: „Jetzt sind wir alle froh, denn jetzt ist dann alles möglich", so der sechsfache ATP-Turniersieger, der sich zusammen mit seinem Doppel-Partner bereits auf 2025 freute.

Spektakel trotz Pleite

Es war nicht nur ein gewöhnlicher Auftakterfolg (Meister-Play-off) für den RSC Inzing beim KSV Götzis. Das betonte ein zufriedener Obmann Klaus Draxl. „Das 38:21 war ein perfekter Auftakt. Die Aufstellung, die Kämpfe – und das gegen Götzis, das von vielen als Geheimfavorit gehandelt wird." Viel Zeit zum Durchatmen hatten seine Ringer-Schützlinge nicht, der Kampf gegen Meister Wals stand quasi vor der Inzinger Haustür. Für diese Partie, die Neuauflage des Ringer-Finales vom Vorjahr, hatten sich die Tiroler viel vorgenommen. Am Ende allerdings mussten Gastl & Co. vor heimischer Kulisse eine 20:39-Niederlage hinnehmen. Den Zuschauer*innen war trotz Niederlage viel geboten worden. Und jeder weiß – ernst wird's ohnehin erst im Finale.

Dieser September machte Lust auf mehr

Das waren angenehme Septembertage für Fans, Mannschaft und Trainerteam der HYPO Tirol Volleyballtruppe. Erst stürmten die Schützlinge von Neo-Trainer Fabio Tubertini mit zwei souveränen 3:0-Erfolgen über den ungarischen Meister Fino Kaposvar in die zweite Runde der Qualifikation für die Champions League. Vor allem das 3:0 in der bestens besuchten Olympiaworld hatte die Fans begeistert, da zelebrierten die Tiroler Volleyball-Feinkost.

Dann holten sich die Tiroler mit einem ebenso überlegen herausgespielten 3:1 über den heimischen Erzrivalen Aich/Dob in Hartberg den österreichischen Supercup sozusagen im Vorbeigehen ab. Das freute nicht nur Kapitän Niklas Kronthaler: „Wir wollten zeigen, dass wir die Nummer eins in Österreich sind, und das haben wir auch umgesetzt. Das war eines unserer Saisonziele und das haben wir gleich erreicht."

Auf dem Weg zum Champions-League-Pool mussten HYPOS Volleyballer allerdings noch ein paar Hürden überwinden. Die nächsten warteten mit dem kroatischen Meister Mladnost Zagreb sowie dem holländischen Titelträger.

5 Punkte zum Start

Die Voraussetzungen für großen Optimismus vor dem Saisonstart der österreichischen Eishockeyliga waren aus Sicht der Innsbrucker Haie nicht gerade berauschend – kein Sieg in der Vorbereitung! Eine schlimme 0:10-Pleite in Bozen! Wie sollte das in der neuen Saison funktionieren?

Die Antwort war dann mit dem 3:1 gegen die Pioneers eine, die Respekt abringt – und eine, die für große Erleichterung im Haifischbecken sorgte. „Das war brutal wichtig, ich bin mächtig stolz", sagte zum Beispiel Thomas Mader. Neuzugang und Doppeltorschütze Mark Rassell gestand: „Wir hatten eine schwere Pre-Season." Jetzt mit einem Erfolg in die Saison zu starten, sei „großartig".

Schon im zweiten Spiel gegen die Graz 99ers wurden allerdings den Innsbruckern erste Grenzen aufgezeigt; gegen die zusammengekaufte Truppe aus Graz mit den beiden Ex-Haien Kevin Roy und Nick Albano. Von Beginn an hielten die Gastgeber überraschend gut mit, gingen durch Jan Lattner sogar mit 1:0 in Führung. Im zweiten Drittel kam dann doch die größere Klasse der Graz 99ers zum Tragen, das 1:3 nach 40 Minuten entsprach dem Spielverlauf. Spannend war es erst im Finish geworden, nachdem Mark Rassel auf 2:3 verkürzt hatte und der HCI zwei Minuten vor Schluss den Goalie vom Eis holte, worauf Marcus Vela zum 4:2 für die Steirer ins leere Tor traf.

Fazit? Spiel verloren, Sympathien gewonnen. Dann folgte eine 4:1-Niederlage in Bruneck und ein 3:2 n. V. gegen Asiago.

Finale ohne Tiroler*innen

Beste Stimmung beim Beachevent mit knapp 1000 Zuschauer*innen in Innsbruck, doch ein Wermutstropfen trübte den Sonnenschein am Marktplatz: Das Finale ging ohne Lokalmatadorin in Szene. Denn Michaela Handler-Hollaus aus Patsch und Partnerin Katharina Holzer hatten sich im Viertelfinale mit 0:2 (-12, -16) den Slowakinnen Poszmikova/Kapralova geschlagen geben müssen. „Schade, das Finale wäre schon möglich gewesen", bedauert die 34-jährige Tirolerin. Noch in der Vorrunde hatten die beiden zwei souveräne 2:0-Siege gefeiert.

Die Siegerteams kamen bei den Damen aus Slowenien (Živa Javornik/Maja Marolt), während sich bei den Herren die Österreicher Timo Hammarberg/Tim Berger durchsetzten.

Drittes WM-Gold für Mona

So ein Finale hat es gebraucht – nach dem schwierigen Olympia-Jahr und vielen Rückschlägen war der dritte WM-Titel im Marathon für Tirols Jungstar Mona Mitterwallner (22) ein großer Befreiungsschlag. „Das Jahr war einfach mega hart", schnaufte Tirols Mountainbike-Jungstar, „Salmonellen, zweimal Corona, eine Wurminfektion, es ist so viel zusammengekommen und war einfach nur zach." Zumindest war es das bis zur WM in Snowshoe. Bis zum Gold-Auftritt der 22-jährigen Silzerin bei den Marathon-Titelkämpfen. Dort meisterte Mitterwallner die rund 104 Kilometer und fast 2000 Höhenmeter in 5:15:06 Stunden am schnellsten und sicherte sich ihr drittes WM-Gold in dieser Disziplin nach 2021 und 2023.

Aufholjagd brachte noch den Sieg

Das war wieder einmal ein unglaublich spannendes Duell zwischen den besten Golfern aus Nord-/Osttirol bzw. Südtirol/Trentino, die sich zum neunten Mal im Kampf um den Tirol Cup gegenüberstanden. Diesmal am Fuß der mächtigen Zugspitze im GC Tiroler Zugspitze in Ehrwald/Lermoos, bei Präsidentin Niki Hosp, wo sich auf perfekten Fairways und Greens und bei einem weitestgehend wolkenfreien Himmel die beiden Teams bis zum letzten Putt ein Match auf Augenhöhe lieferten. Nach dem ersten Tag mit den Entscheidungen im Vierer hatten sich die Gäste einen 5:3-Vorsprung herausgeholt, ehe die Hausherren mit acht Siegen in den zwölf Einzelpartien zurückschlugen und letztlich mit 11:9 die Oberhand behielten.

Nächster Titel für TI-Volley

Es kann scheinbar gar nicht genug Titel und Goldmedaillen geben, die Mädels der TI-Axess-Volley sind offensichtlich auf den Geschmack gekommen. Denn nach den großen Erfolgen in der vergangenen Saison mit Supercup, Meisterschaft und Cup gewannen die Innsbruckerinnen nunmehr auch das Supercup-Finale in Bleiburg mit 3:0 gegen Klagenfurt. Fast logisch, dass Boss Much Falkner anschließend einen „Feiertag" genehmigte.

WSG als Wundertüte

Wer soll sich da noch auskennen? Erst hatten die Kicker der WSG Tirol Meister Salzburg mit einer kämpferischen Glanzleistung beim 0:0 im Tivolistadion einen wertvollen Punkt abgeknöpft, um dann vier Tages später in Hartberg mit 0:1 zu verlieren. Und um die Eingangsfrage zu untermauern – erneut drei Tage später gewann die WSG in Wolfsberg 3:1. Cheftrainer Semlic hatte dabei mit seiner Startaufstellung überrascht. Lukas Sulzbacher, Bror Blume und Lennart Czyborra mussten auf die Ersatzbank, David Jaunegg, Thomas Geris und Cem Üstündag spielten von Beginn an, nach 69 Minuten führten die Tiroler 2:0 (Tore Quincy Butler, Üstündag), ehe Joker Stefan Skrbo mit 3:1 alles klar machte.

Kantersieg zum Auftakt

Bühne frei zur großen Show in der Zweiten Basketball-Bundesliga. Und die Kufstein Towers wollten in der Saison 2024/25 nahtlos an die so erfolgreiche letzte Saison anschließen. Gleich in der ersten Runde hatten die Fans auch Grund zur Freude, denn die „Towers" starteten mit einem Kantersieg in die Meisterschaft. Das chancenlose Steiermark Future Team wurde mit dem Rekordergebnis von 112:33 abgefertigt. Ein guter Test für kommende schwere Aufgaben. Der zweite Tiroler Klub, die SWARCO Raiders stiegen erst Anfang Oktober in die Punktejagd der in zwei Divisionen (West – Ost) geteilten Zweiten Bundesliga ein.

Torhungrige Adler

Mit einem fulminanten Saisonstart setzten die Kitzbüheler Adler gleich einige Duftmarken in der neuen Saison der ALPS. Dem 5:1-Sieg gegen Gröden im heimischen Sportpark folgte ein 8:1-Triumph bei den Red Bull Juniors in Salzburg. Wichtige Siege zum Eingewöhnen, denn schon am dritten Spieltag kam der ewige Rivale, die Zeller Eisbären, in den Sportpark. Dort, vor genau 1081 begeisterten Fans, trumpften die Adler aus Kitz einmal mehr auf, schossen die Zeller mit 5:2 aus der Halle. Womit natürlich die Tabellenführung verteidigt wurde. „Das war wirklich eine unglaubliche Leistung von uns und den Fans im Sportpark. Es war eine super Stimmung in der Halle, einfach ein Wahnsinn", meinte Kitzbühels Angreifer Paul Schmid.

Alina, die Zufalls-Weltmeisterin

Am Hödenauer See in Kiefersfelden fand im Sommer 2022 eine Kindergeburtstagsparty statt. Andere 13-Jährige gehen da bowlen oder ins Kino – Alina Bühl entschied sich für eine Wasserski-Einheit, verliebte sich in die Sportart und strahlt zwei Jahre später mit WM-Gold in der allgemeinen Klasse um die Wette. Die Schülerin vom Realgymnasium in Kufstein vollendete in Polen also ein Sportmärchen. „So ganz realisiert habe ich das noch nicht", erzählte Alina und beruhigte: „Ich bin immer noch derselbe Mensch." Der von den Klassenkameraden mit Muffins empfangen wurde. Die Senkrechtstarterin aus Thiersee – der Hödenauer See liegt nur 20 Radfahrminuten entfernt – schaffte den Coup im Trickski. „Es ist eine absolut große Sensation. Wir haben Alina erst kurzfristig mitgenommen. Und es war eigentlich nur als Probegalopp für die Jugend-Europameisterschaften gedacht, wo Alina sechs Medaillen abräumte", jubelte Sportdirektor Adi Schall. „Alina hat sich in kurzer Zeit extrem gut entwickelt. Sie kann es zu den ganz Großen in dieser Sportart schaffen."

In Arco auf dem Podest

Auf Jasmin ist Verlass – beim Kletter-Weltcup in Arco zeigte Tirols Paraclimberin Jasmin Plank mit einer starken Leistung auf. Die Hallerin belegte in der RP2-Klasse den zweiten Rang. In der Qualifikation war Plank noch eine Klasse für sich und zog nach einer beeindruckenden Leistung souverän als Erste in das Finale ein. Dort musste die Tirolerin aber der Norwegerin Diana Eivik hauchdünn den Vortritt lassen. Am Ende sollte ein Griff – Plank erreichte 26 Griffe – die Entscheidung über Platz eins bringen. „Ich habe echt versucht das auszublenden, dass wir wieder an der Speed-Wand klettern müssen. Nach der Besichtigung war mir klar, dass das für mein Handicap nicht die beste Route ist. Daher freut es mich, dass ich den ersten ‚Aufsteher' geschafft habe, bei der zweiten schwierigen Passage bin ich leider aus der Route gefallen", zog Plank, die sich bei der zweiten Qualifikationsroute noch am Handgelenk verletzt hatte, Bilanz.

OKTOBER

Die großen Sieger*innen bei der Lotterien Sporthilfe Gala 2024

Die Wahl zu Österreichs Sportler*innen des Jahres, traditionell im Rahmen der Lotterien Sporthilfe Gala, brachte in der Wiener Stadthalle dann doch einige Überraschungen. Denn erstmals fehlten die in den letzten Jahren „erfolgsverwöhnten" ÖSV-Stars am obersten Podest um den „NIKI". Das gab es bei dieser Wahl durch Mitglieder von Sports-Media-Austria in den letzten Jahrzehnten in dieser Form nur 2020 und 2004.

Der Award für Österreichs Sportler*innen des Jahres 2024 holte Valentin Bontus, Olympiasieger im Kitesurfen. „Es ist immer noch ein bisschen surreal", gestand der strahlende Gewinner: Mit Speerwurf-Europameisterin Victoria Hudson und Lara Vadlau/Lukas Mähr, Olympia-Sieger*in im Segeln, kamen drei weitere Sommersportler*innen in den Genuss der Ehrung. Dass nicht jeder die Entscheidungen goutierte, blieb Diskussionsstoff für die Afterparty. Von den Sportfans zum Aufsteiger des Jahres gewählt, nahm Handball-Nationalteamtorhüter Constantin Möstl seinen „NIKI" in Empfang. Die BSO – Sport Austria Expert*innen-Jury – wählte Kletter-Coach Kilian Fischhuber (Bild links unten) zur Trainerpersönlichkeit des Jahres. Stargast David Alaba überreichte den Special Award an Dominic Thiem.

Tor des Jahres

Torsperre beendet – endlich hatten die WSG-Kicker ins Tor getroffen. Zunächst leider ins eigene, dann zum Glück auch in jenes von BW Linz, weil deren Goalie eine Freistoßflanke von Matthäus Taferner verfehlte, der Ball sich zum gerechten 1:1-Remis ins Tor senkte. Hängende WSG-Köpfe gab es dafür nach dem Spiel gegen LASK, in dem Cem Üstündag (links im Bild) mit seinem Traumtor von der Mittellinie aus die Tiroler gegen den LASK in Führung brachte, doch Valon Berisha (40.) und Max Entrup (87.) drehten die Partie noch für die Linzer zum 2:1-Sieg.

Jamie Lawrence (Bild links, grün), der einen Pass vor das Tor unhaltbar abfälschte. Am Staatsfeiertag schließlich verlor die WSG bei Austria Wien 3:0 – ein verflixter Oktober mit nur einem Punkt.

Buits ließ die Haie strahlen

Der überraschend klare 3:0-Erfolg gegen Olympia Laibach hatte am Ende nur eine Frage offengelassen: Wer außer Goalie Evan Buitenhuis (links im Bild) hätte die Wahl zum „Man of the Match", noch dazu nach dem ersten Shutout, gewinnen können? Was der 31-jährige kanadische Hexer gegen die Slowenen parierte, war einfach nicht zu toppen. Auch nicht durch die Saisontore drei (Patrick Grasso) und vier (Mark Rassel). Doch nach dem starken Auftritt gegen die Slowenen kam es knüppeldick, kassierten die Innsbrucker doch gleich sechs Niederlagen (2:4 beim VSV, 2:3 in Graz und 2:4 in Bozen) in Serie (drei davon in der TIWAG Arena (Linz1:3, Salzburg 1:6, Wien 2:5). Ein schwarzer Oktober!

Freud und Leid bei den Adlern

„Revanche“ – stand beim Heimauftritt von Sparkasse Schwaz Handball Tirol gegen HLA-Schlusslicht West Wien auf der To-do-Liste. Im vergangenen April hatten die Wiener den Tirolern das Cup-Final-Four „dahoam“ versalzen. Diesmal durften die Knappenstädter über einen 33:31-Sieg jubeln. Einmal mehr sehr treffsicher in den Reihen der Tiroler war Petar Medic, der gleich acht Tore erzielte. Sieben Tore markierte Sebsatian Spenier (Bild). Fazit? Revanche vollauf gelungen. Dafür setzte es in Ferlach eine knappe 3:29-Niederlage, der ein klares 35:28 gegen Bregenz folgte.

Kabinenparty beim SC Imst – verständlich, denn nach dem 2:0-Erfolg über Titelfavorit Austria Salzburg darf sich die Truppe von Trainer Jens Scheuer berechtigte Hoffnungen auf den Aufstieg in die 2. Liga machen. Doch Scheuer warnte: „Der Fußball ist schnelllebig, alles kann morgen schon anders aussehen. Genießen wir daher den Augenblick!"

Mit Riesenschritten an die Tabellenspitze

Es war genau 16.48 Uhr, als die Velly Arena an diesem denkwürdigen Oktobertag endgültig „ausflippte". Denn ausgerechnet zwei „Joker" hatten beim Imster 2:0-Heimsieg (rot) gegen den entthronten Westliga-Tabellenführer Austria Salzburg mit dem zweiten Tor für die Vorentscheidung gesorgt. Das Zuspiel von Lukas Lamp verwertete Paulo Rossetti eiskalt. Vor den Augen von 180 Personen im Business-Club und knapp 2000 weiteren Zuschauer*innen jubelten die Oberländer von Fußballwolke sieben. Florian Jamnig hatte Imst früh in Führung gebracht. Diese Führung des nunmehr neuen Spitzenreiters wackelte zwar einige Male, aber Abwehr und Torhüter Christian Steinlechner machten alle Hoffnungen der Gäste zunichte.

Derby an die Raiders

Unterschiedlicher hätte der Start in die Meisterschaft der 2. Basketball-Bundesliga für die beiden Tiroler Vertreter kaum erfolgen können. Während die Kufstein Towers (rechts) auswärts bei Mattersburg mit einem 91:55-Kantersieg sofort ein klares Statement abgaben, hatten sich die SWARCO Raiders (Bild links) zuhause den Vienna Timberwolfes mit 64:86 geschlagen geben müssen. Zwei Ergebnisse, die aber ohnehin nur als eine Art von Aufwärmen für das mit Spannung erwartete Tiroler Derby am dritten Spieltag betrachtet worden waren. Da ging es dann in der gut besuchten Halle der Towers in Kufstein um Vormachtstellung, um Prestige und natürlich auch um die Weichenstellung für den weiteren Saisonverlauf. Und da hatten nach einer spannenden Partie am Ende die Innsbrucker mit 65:61die Nase knapp vorne.

Pilz holte Gesamtweltcupsieg

Bei der Wahl zu Österreichs Sportlerin des Jahres war Jessica Pilz (Bild, Mitte) als Dritte knapp leer ausgegangen, dafür sicherte sich die Wahltirolerin im Rahmen des Kletter-Finales aber doch noch einen großen Titel. Beim Vorstiegs-Weltcup im südkoreanischen Seoul setzte sich die Olympia-Dritte in der letzten Konkurrenz der Saison durch und kürte sich damit zur Gesamtweltcupsiegerin. Mit den 1000 Punkten für den Erfolg überholte Pilz die slowenische Olympiasiegerin Janja Garnbret, und sicherte sich mit 3220 Zählern wie im letzten Jahr die Lead-Gesamtwertung.

Stiggers starkes Finale

Das nennt man ein Finale furioso! Nach ihrem Sieg im Weltcuprennen in Lake Placid hatte Tirols Mountainbike-Jungstar Laura Stigger im Weltcupfinale ganz stark nachgelegt. Die Haimingerin war in Mont-Sainte-Anne (CDN) auf den zweiten Rang gefahren, hatte sich dabei nur der Französin Loana Lecomte geschlagen geben müssen. Rang drei ging an ihre Specialized-Teamkollegin Sina Frei. Sehr stark präsentierte sich auch Stiggers Tiroler Kollegin Tamara Wiedmann, die mit Rang neun direkt in die Weltspitze fuhr. Die Silzer Marathon-Weltmeisterin Mona Mitterwallner kam nicht über Rang 21 hinaus. Bei der gleichzeitigen Gravelbike-WM in Flandern hatte der Imster Daniel Federspiel Rang 28 erreicht.

Roach fixierte Rekord-Sieg

Wenn es gar nicht mehr geht, dann muss bei der Tour de Tirol eben die Schneefräse ausrücken. Wie am höchsten Punkt des Kaisermarathons auf der Hohen Salve. Nichts dem Zufall überlassen also. Ein Motto, das sich die Veranstalter*innen auch bei der bereits 18. Auflage auf die Fahnen heften durften. „Es ist wieder perfekt gelaufen", meinte Organisator Martin Kaindl. „Wir hatten über 2000 Starts an den drei Tagen, darunter über 400 Kinder." Zu den Höhepunkten zählte auch der Auftritt des Wahltirolers Thomas Roach. Der britische Top-Läufer fixierte mit drei Siegen (Söller Zehner, Kaisermarathon, Pölven Trail) seinen dritten Gesamtsieg in Folge. Bei den Damen siegte die Wahltirolerin Silvia Schwaiger.

Am Ziel der Träume

Im Rückspiegel betrachtet war die Basis für den ersten GT-World-Challenge-Titel für Lucas Auer bereits im ersten Rennen (Rang drei) gelegt,im zweiten Durchgang folgte für den Unterländer und seinen deutschen Teamkollegen Marco Engel dann die Kür. Mit einem vierten Rang gewann das Mercedes-Duo in Barcelona die heiß begehrte GT-Meisterschaft.

Ebster in Marokko auf dem Podest

Mit einer beeindruckenden Vorstellung zeigte Tirols Rallye-Aushängeschild Tobias Ebster bei der Marokko-Rallye auf. Der Zillertaler belegte nicht nur Gesamtrang elf, sondern landete in der Rallye-2-Klasse als Dritter auf dem Podest. Keine Übertreibung – der Tiroler ist nach den Ereignissen um Matthias Walkner (38) Österreichs neue Rallye-Hoffnung. Ebster hatte auf der vierten Etappe mit Platz sechs für ein persönliches Highlight gesorgt. „Ich musste ziemlich weit vorne, von Platz sechs starten, habe aber kaum Navigationsprobleme gehabt – bis auf einen kleinen Fehler, aber den haben sie gestrichen, weil da ein Traktor unterwegs war." Außerdem erfreulich: „Ich bin nicht ein einziges Mal gestürzt und bin sehr happy, jetzt im Ziel zu sein", war der 26-jährige Zillertaler erleichtert.

Gardos holte EM-Medaille

Nach zwei Silbermedaillen – im Mixed mit dem Tiroler Robert Gardos (rechts im Bild) und im Doppel mit der Rumänin Bernadette Szöcs – gelang der 30-jährigen Sofia Polcanova (links) der große Triumph im Einzel. Im Finale hatte sie ihre Doppelpartnerin Szöcs mit 4:1 besiegt. „Wahnsinn, ich bin sprachlos!", so die erfolgreiche Titelverteidigerin nach ihrem Sieg. Unglaublich spannend war der Einzug von Polcanova/Gardos ins Endspiel des Mixed-Doppel verlaufen. Da hatten sich die beiden in einer hochklassigen rund einstündigen Partie nach der Abwehr dreier Matchbälle mit dem eigenen vierten Matchball gegen die Deutschen Patrick Franziska/Annett Kaufmann 3:2 durchgesetzt.

Starker Start der TI-Damen

Mit einwöchiger Verspätung starteten die in der letzten Saison so großartig aufspielenden Volleyball-Damen der TI-axess-volley (Rozalia Hnatyszyn/ blauer Dress) ihre Mission Titelverteidigung in der AVL Women. Nach anfänglichen Problemen behielt die Truppe von Trainer Rogelio Hernandez gegen PSV Salzburg doch noch souverän mit 3:1 die Oberhand – verständlich, dass die Mädels den perfekten Start bejubelten. Nichts zu feiern gab es hingegen im MEVZA-Supercup, wo sich die TI-Damen in Maribor dreimal geschlagen geben mussten.

Emma im Pech

Die ersten Einsätze im Team des Providence College in den USA waren für die Tirolerin Emma Hofbauer noch erfolgreich verlaufen. Vier Scorerpunkte in zwei Spielen lasen sich vielversprechend. Doch dann drehte der Wind: Die 19-jährige Nationalspielerin krachte ohne Fremdeinwirkung in die Bande, zog sich einen Oberschenkelbruch zu, musste operiert werden.

Viertes Finale für Inzing

So früh wie möglich alles klar machen für den Einzug in das Finale lautete die Marschrichtung bei den Inzinger Ringern und die Truppe hielt sich natürlich an die „Vorgabe". Nach dem klaren Auswärtssieg gegen den KSK Klaus wollten die Trainer Thomas Krug und Arsen Feitl bereits in der fünften Runde beim Rückkampf den Finaleinzug fixieren. Dabei sahen die zahlreichen Zuschauer*innen im Inzinger Mehrzwecksaal einmal mehr tollen Ringsport (im Bild Benjamin Greil bei seinem Sieg) und einen verdienten 36:21-Erfolg der Gastgeber. Damit war klar – Inzing hatte sich zum vierten Mal in Serie für das Finale um den Meistertitel qualifiziert. Als Gegner wartete dann im November Titelverteidiger Wals.

Remis im Traditionsderby

Wieder einmal hatte das Traditionsderby zwischen der KG Hötting/Hatting und dem AC Vollkraft Innsbruck (blau) für ein ausverkauftes Vereinsheim in Hötting gesorgt. Und ausgerechnet dabei riss die Siegesserie der ACV-Athleten, bei denen verletzungsbedingt sogar Ringer aus dem Ruhestand geholt wurden. Am Ende brachte erst der letzte Kampf im unteren Play-off der Bundesliga ein 28:28-Remis. „Großartige Stimmung mit einigen Überraschungen", sagte Armin Schober, sportlicher Leiter beim ACV. Einen „perfekten Saisonabschluss mit einem seltenen Unentschieden" sah auch Hötting/Hatting-Obmann Franz Pitschmann. Seine Schützlinge beendeten die Bundesliga als Letzter.

Jetzt schien alles möglich

Erst 4:0 gegen Kasachstan, dann 5:1-Heimsieg gegen Norwegen – damit schaltete das ÖFB-Team um Marko Arnautovic (Bild links) wieder in den Party-Modus. Der Nations-League-Gruppensieg schien damit vor den Spielen im November aus eigener Kraft möglich. Speziell die Darbietung gegen Norwegen sorgte für Zuversicht im ÖFB-Lager.

Rekord und wieder Erler

Die 50. Jubiläums-Auflage des Wiener Tennisturniers ist Geschichte und hat erneut einen Zuschauerrekord verzeichnet. Turnierboss Herwig Straka verkündete mit Stolz, dass dieses Jahr um rund 5000 Fans mehr und damit 78.000 Zuschauer*innen gekommen waren. Freuen durfte sich aber nicht nur Straka, sondern auch das Publikum am Abschlusstag. Besonders im Doppelfinale, in dem sich der Tiroler Alexander Erler (Bild) und Lucas Miedler zum zweiten Mal den Doppel-Titel sicherten. Das ÖTV-Duo hatte sich im Endspiel gegen Neil Skupski/Michael Venus mit 4:6, 6:3, 10:1 durchgesetzt. Nach dem zweiten Triumph bestätigten die beiden, dass sie nun aber getrennte Wege gehen. Im Single hieß der Sieger bei dem mit 2,4 Millionen Euro dotierten Turnier Jack Draper aus England.

HYPO
TIROL
Unsere Landesbank
www.langbau.at
schlüsselfertig gebaut
HYPO TIROL
FAVBET
KONČAR

HYPO darf vom Coup träumen

Es braucht schon einiges, ehe Hannes Kronthaler ins Schwärmen gerät. Und noch mehr, damit der ehemalige Volleyball-Nationalteamspieler das Wort „makellos" in den Mund nimmt. Nach der 3:0-(16, 14, 18-)-Gala in der Innsbrucker Olympiahalle gegen Zagreb war es aber so weit: „Unsere Mannschaft war perfekt eingestellt und es war in Summe ein makelloser Auftritt. Das muss man schon festhalten." Trotzdem ließ sich der HYPO-Macher nicht blenden. Dass Zagreb im ersten von zwei Qualifikationsspielen so gar nicht auf Touren kam, hatte einen speziellen Grund: „Sie sind mit ihrem Service nicht durchgekommen und waren nicht gut. Aber noch einmal: Unser Team war perfekt vorbereitet." Das Lob ging dabei an den Headcoach Lorenzo Tubertini. Auch Kapitän Niklas Kronthaler sah den klaren Heimerfolg mit gemischten Gefühlen: „Wir sind sehr zufrieden mit unserem Auftritt. Wir wissen zugleich aber auch, dass Zagreb besser spielen kann. Sie haben ihr Potenzial nicht ausgeschöpft."

Das, soviel sei vorweggenommen, sollte den Kroaten auch im Rückspiel nicht gelingen. Nach dem Verlust des ersten Satzes hatten die Gastgeber mit dem Gewinn des zweiten Satzes auf 1:1 ausgeglichen. Dann war aber „Schluss mit lustig", wie es Kronthaler Junior formulierte, die Tiroler besannen sich ihrer Stärken (Block, Service, Annahme) und gewannen den Auftritt beim kroatischen Meister souverän mit 3:1. Und nun ging es gegen Orion Doetinchem, den niederländischen Meister.

„Alles oder nichts" – mit dem 3:0 gegen den holländischen Meister vor knapp 1000 Fans in der Olympiahalle machten Artur Nath (Nr. 7) und Co. einen großen Schritt Richtung Gruppenphase.

Nach der kollektiven Glanzleistung gegen Doetinchem benötigen die Tiroler im Rückspiel Anfang November nur noch zwei Sätze, um den angestrebten Aufstieg in die Champions League zu erreichen.

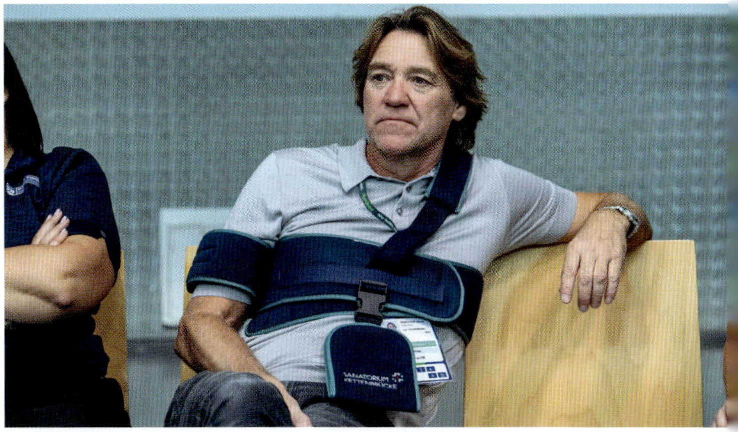

Boss Hannes Kronthaler zeigte sich sehr zufrieden: „Das war eine reife Leistung – es ist angerichtet, jetzt müssen wir uns nur noch belohnen." Der November sollte also zum Monat der Wahrheit werden …

Stilaxx
CASABLANCA hotelsoftware
Kronen Zeitung
A1
Tirol
ORF FÜR ALLE

Traumstart in den Weltcup

Was war das für ein spektakulärer Start in den alpinen Skiwinter. Insgesamt 33.000 Fans an den beiden Wettkampftagen, prachtvolles Wetter, beste Pistenverhältnisse am Rettenbachferner, ein – durchaus gelungenes – Comeback des Marcel Hirscher, die RTL-Demonstration der Norweger und die eindrucksvolle Fahrt auf das Podest der jungen Steirerin Julia Scheib. Ski-Herz, was willst du mehr?! „Hausherr“ Jack Falkner (kleines Bild) hatte leicht lachen. Doch der Reihe nach - die erste Siegerin in der WM-Saison hieß Federica Brignone. Die Italienerin machte damit genau da weiter, womit sie letzte Saison aufgehört hatte – mit einem Jubeltänzchen am obersten Podest. Und das just in Sölden, wo sie neun Jahre nach ihrem allerersten Weltcupsieg erneut Platz eins eroberte, auch weil Mikaela Shiffrin von Platz eins auf Rang fünf zurückgefallen war.

Gejubelt wurde auch im ÖSV-Lager dank Julia Scheib, die im Riesentorlauf-Weltcup eine knapp fünf Jahre dauernde Durststrecke ohne österreichischen Podestplatz beendete. Die beste Tirolerin? Stephanie Brunner, zur Halbzeit noch Sechste und am Ende auf Platz 14.

Bei den Herren holte Alexander Steen Olsen seinen ersten Weltcupsieg im RTL und das vor seinen zwei Landsleuten Henrik Kristoffersen und Atle Lee McGrath. Mit Raphael Haaser auf Platz sieben kommt der beste Österreicher ebenfalls aus Tirol, während Manuel Feller, so wie auch Marco Odermatt schon im ersten Durchgang scheiterten. Dafür bei ihren Comebacks im Ziel – Wahlbrasilianer Lucas Pinheiro Braathen (4.) und Marcel Hirscher (23.) mit drittbester Zeit im zweiten Lauf.

„Die podiumslosen Zeit nun vorbei ist“, freute sich ÖSV-Cheftrainer Roland Assinger mit und über Julia Scheib (Bild) , die auch ihr persönliches Ziel, erstmals auf dem Podium zu stehen erreicht hatte.

Im Mittelpunkt des großen Interesses – Marcel Hirscher, der mit drittbester Zeit im zweiten Durchgang Platz 23 erreichte. „Ein großartiges Gefühl“, so der achtfache Gesamt-Weltcupsieger.

„Hier zu gewinnen und zwei Norweger am Podest zu haben, das ist großartig,“ bejubelte der 23-jährige Steen Olsen seinen zweiten Sieg. Eine Ansage für die Saison. Aber nicht nur von ihm.

NOVEMBER

Drei Spiele, vier Punkte

Was für eine Achterbahnfahrt für die Gefühle der WSG-Tirol-Fans! Der Pokalpleite bei RB Salzburg (0:3) folgte im Tivolistadion endlich der erste Heimsieg in dieser Saison und das ausgerechnet im Nachzügler-Duell gegen Altach. Mit dem 1:0 hatten die Tiroler nicht nur wichtige Punkte gesammelt, sondern auch Selbstvertrauen getankt. „Es war erst ein Schritt, nicht mehr", analysierte Quincy Butler, der Siegtorschütze, ganz nüchtern und abgeklärt – so wie bei seinem 1:0 (40.): Erst ein weiter Abschlag, Stefan Skrbo verlängerte per Kopf und der Kalifornier vollendete nach Slalomlauf. Ein Ergebnis, das es gegen den bis zu diesem Zeitpunkt noch sieglosen Aufsteiger GAK in Graz zu bestätigen galt, nicht zuletzt auch, um sich endgültig aus dem Tabellenkeller zu verabschieden. Tobias Anselm (zum 1:1) und Jamie Lawrence wurden zwar als Tiroler Torschützen registriert, doch Lawrence sorgte mit seinem bereits zweiten Eigentor für den ersten Sieg (2:1) des GAK. Verständlich, dass sich Coach Philipp Semlic ärgerte. „Die zweite Halbzeit war so, wie wir Fußball spielen wollen. Wir dominierten, hatten 70 Prozent Ballbesitz, doch dann machte ein Leichtsinnsfehler alles zunichte. Eine völlig unnötige Niederlage." Da hatte die WSG also einiges gutzumachen und das gelang dann auch, ausgerechnet gegen die heuer so starken Hütteldorfer. Mit einem leidenschaftlichen Auftritt und zehn Tirolern im Kader trotzten die Tiroler im Tivolistadion Rapid einen verdienten Punkt ab. Gemessen an den Spielanteilen war das 0:0 vielleicht glücklich, aber dank vorbildlichem Kampfgeist höchst verdient.

HYPO weiter nicht zu stoppen

Wenn HYPO Tirol und Aich/Dob (gelb) in diesen Tagen die „Klingen kreuzten", war von einem Duell der Erzrivalen nichts mehr übriggeblieben. Zu stark waren die Tiroler und in Bleiburg war nach nur 80 Minuten der Spuk schon wieder vorbei – HYPO Tirol hatte mit 3:0 für klare Verhältnisse gesorgt. Dem folgte ein ebenso klares 3:0 im Cup in Hartberg.

Abenteuer Europa vorbei

Das war ein turbulenter November für die Mädels des österreichischen Volleyballmeisters. Während sich die TI-Axess aus dem CEV-Cup, der zweithöchsten Spielklasse Europas nach der 0:3-Pleite in Ungarn trotz eines Heimsieges (3:2) gegen das Team von Békéscsaba verabschieden musste, hielten sich die Schützlinge von Tainer Rogelio Hernandez in der heimischen Liga schadlos.

Im Duell Meister (TI-Axess) gegen Rekordmeister (Sokol/Post) gab es einen 3:0-Heimsieg und in der Steiermark bei der UVC Holding Graz (mit der Tirolerin Verena Janka(links/schwarz), einen hart erkämpften 3:2-Erfolg. Nach 2:1-Satzrückstand und drei abgewehrten Matchbällen gewann die TI (rot) mit 3:2.

Fatale Auswärtsschwäche der Schwazer Handballer

Wie hatte doch Schwaz-Coach Christoph Jauernik noch im Vorfeld der Auswärtshürde Bad Vöslau optimistisch anklingen lassen? „Wir wollen endlich einmal eine enge Partie für uns entscheiden!" Der Wille war zwar da, mehr nicht, denn mit dem 31:34 bei Bad Vöslau hatten die Tiroler im fünften Auswärtsspiel die fünfte Niederlage kassiert. Jauernik nach dem Spiel: „Die Mannschaft hat's gut gemacht, am Ende haben Kleinigkeiten den Ausschlag gegeben." Doch viel Zeit, diese Serie aufzuarbeiten, blieb nicht, nur eine Woche gastierte Handball Schwaz später beim Tabellenführer in Krems und war einmal mehr nicht in der Lage, das Gesetz der Serie zu durchbrechen – Fazit? UHK-Krems feierte den fünften Sieg hintereinander, die Tiroler blieben mit der sechsten Auswärts-Niederlage im Tabellenkeller „einzementiert". Und Coach Jauernik musste zugeben – „Da waren wir chancenlos!"

Wie ausgewechselt agierten Sebastian Spendier und Co. dafür in der eigenen Halle. Ausgerechnet gegen den regierenden Meister HC Linz gelang in der zehnten Runde ein wichtiger Sieg. Angeführt von einem torfreudigen Sebastian Spendier, der gleich elfmal traf, feierten die Silberstädter einen 28:24-Erfolg gegen die Oberösterreicher. Damit rückte Schwaz auf Rang acht der Tabelle vor, nur noch eine Position hinter Linz.

Flock zurück am Podest

Pünktlich zum Start der neuen Weltcupsaison war Tirols Skeleton-Ass Janine Flock in Top-Form, raste gleich zweimal in die Top drei. Dem zweiten Platz im ersten Rennen folgte tags darauf Rang drei. Samuel Maier belegte Platz sechs.

Top-Talent Anna

„Ich habe im dritten Satz nicht mehr gedacht, dass ich das Spiel noch gewinnen könnte“, so die Tirolerin Anna Pircher (14) nach Abwehr von drei Matchbällen und dem Sensations-Sieg bei den ÖTV-Hallentitelkämpfen in der allgemeinen Klasse.

Tiroler Kletterspektakel

Das war im wahrsten Sinne des Wortes der ultimative Höhepunkt einer großartigen Saison mit jeweils Bronze bei den Olympischen Sommerspielen in Paris. Jessica Pilz und Jakob Schubert krönten sich in der Schweiz zu den neuen Red Bull Dual Ascent Champions, nachdem sie das Adrenalin-geladene Finale an der imposanten Verzasca-Staumauer für sich entscheiden konnten. Pilz und Schubert waren gegen das Schweizer Duo Andrea Kumin und Sascha Lehmann angetreten, um zu ermitteln, wer die Ausdauer, Schnelligkeit, Kraft und den Mut hat, die parallelen Mehrseillängen-Kletterrouten am Staudamm im Vogorno-See im schweizerischen Gorgola zu meistern und diese Konkurrenz für sich zu entscheiden. Nur 180 Meter an anspruchsvollen, ausgesetzten Routen – sechs knorrige Seillängen von 6c bis 8b – standen zwischen den beiden Teams und dem entscheidenden Sieg. Bei Temperaturen von 32 °C in der Wand und 12 veränderten Griffen in der letzten 8b Seillänge im Vergleich zu den Qualifikations- und Halbfinalwettkämpfen gingen das österreichische und schweizerische Duo ans Limit.

Nachdem das österreichische Team bereits im Halbfinale eine neue Red Bull Dual Ascent-Bestzeit aufgestellt hatte, blieb das Tempo und die Dominanz der beiden auch im Finale unübertroffen, als sie sich in der atemberaubenden Schweizer Location zum Sieg kämpften. Die dritte Ausgabe des Red Bull Dual Ascent hatte die besten Kletterer und Kletterinnen aus aller Welt und allen Disziplinen in die Schweiz gelockt.

Bittere Pleiten der Haie

Eigentlich unglaublich – der Start in den November war den bis dahin wahrlich nicht von Erfolg verwöhnten Haien aus Innsbruck mit einem 4:1-Erfolg beim KAC ziemlich beeindruckend gelungen, doch wenn die Fans gehofft hatten, es wäre der Auftakt in eine bessere Phase, wurden sie schwer enttäuscht. Denn 30 Tage später, pünktlich zum Monatsende, kassierte der HCI innerhalb von nur 24 Stunden zwei der bittersten Meisterschafts-Niederlagen seit Liga-Zugehörigkeit. Erst eine enttäuschende 10:0-Abfuhr bei den keineswegs überragenden Vienna Caps (Bild Mitte), danach eine 7:1-Niederlage bei Fehervar in Ungarn. November-Tristesse pur. In den insgesamt elf Spielen gewannen die Tiroler nur dreimal, davon zweimal gegen den KAC, einmal in Asiago; mit 6:5 nach Verlängerung, obwohl die Schützlinge von Coach Jordan Smotherman am Hochplateau in der Provinz Vicenza drei Minuten vor Spielende noch mit 5:2 geführt hatten. Ein Auftritt zum Vergessen, wie auch das folgende Spiel in der TIWAG Arena gegen Villach, das mit 0:6 verloren wurde. Dazwischen war kurz etwas Hoffnung aufgeflackert, weil die Innsbrucker, gestützt auf einen überragenden Goalie Evan Buitenhuis (Bild oben), gegen Bozen erst in der Verlängerung mit 0:1 verloren hatten und sich auch in Salzburg dem Meister nur knapp mit 4:3 geschlagen geben mussten. Vereinzelte Ausreißer, denn mit zehn Punkten aus den elf Partien waren die Haie in den Tiefen des Tabellenkellers fest verankert, sehr zum Ärgernis der enttäuschten Fans.

Chance verpasst

Alles war angerichtet im Wiener Prater für die längst schon geplante Aufstiegsparty auf dem Weg zurück in die Nations-League-A-Gruppe. Doch am Ende scheiterte ein hoch überlegenes ÖFB-Team mit dem 1:1-Remis gegen Slowenien. Jetzt mussten Sabitzer und Co. die Play-off-Serie gegen Serbien gewinnen. Nach dem frühen 1:0 durch Romano Schmid schien das 2:0 und damit die Vorentscheidung nur eine Frage der Zeit, ehe acht Minuten genau das passierte, was beim Chancenwucher des ÖFB-Teams zu befürchten war: die Slowenen nützten einen Flüchtigkeitsfehler in der Abwehr durch Cerin (Bild) zum 1:1, stürzten Österreichs Fans und auch das Team in ein Tal der Tränen. Damit „erbten" die kurz zuvor mit 5:1 abgefertigten Norweger mit dem 5:0 gegen Kasachstan (4 Tore Haaland) den Gruppensieg.

Konträre Serien

So schnell kann es gehen – mit sieben Erfolgen aus den ersten acht Spielen waren die Kitzbüheler Adler in die Alps Hockey League gestartet, ehe die Serie am Staatsfeiertag mit einem 2:6 gegen Jesenice abriss. Und gegen die Unterland Cavaliers kassierten dann die Tiroler beim 3:4 die fünfte Niederlage in Folge. Kapitän Henrik Hochfilzer: „Es war für das junge Team nicht leicht, nach der Siegesserie die Negativspirale zu verarbeiten." Wie auch immer – ein 3:2 gegen Sterzing brachte die Wende, leitete eine neue Erfolgsserie mit vier Siegen hintereinander ein. Als vorläufiger Höhepunkt gelang der Truppe von Chefcoach Marco Pewal ein 6:4-Schützenfest beim EC Bregenzerwald, davor hatte Goalie Luca Egger beim 8:0 gegen die Red Bull Juniors ein Shutout bejubelt.

Liensberger strahlte mit Shiffrin, Noel und dem Flutlicht

Levi lud zu den ersten Saison-Slaloms für Damen und Herren in den Hohen Norden. Bei den Damen siegte unter Flutlicht Mikaela Shiffrin, die in eindrucksvoller Manier zu ihrem 98. Weltcup-Triumph carvte, außer Reichweite für die Konkurrenz. Auch für die an diesem Tag stark fahrende Katharina Liensberger, die mit 0,79 Sekunden Rückstand Platz zwei am Podest vor Lena Dürr eroberte und mit dem Flutlicht um die Wette strahlte. Der Rest des ÖSV-Teams enttäuschte, die Mannschaft enttäuschte. Katharina Huber stürzte in der Entscheidung spektakulär, blieb aber unverletzt. Katharina Truppe (19.) bezeichnete ihre Fahrt als „lächerlich". Katharina Gallhuber fiel mit einem vermurksten zweiten Lauf auf Platz 25 zurück. Der Rest aus dem neunköpfigen Team war in der Entscheidung nur noch Zuseher*in. Darunter auch das Tirol-Quartett mit Franziska Gritsch (34.), Natalie Falch (49.), Maja Waroschitz (54.) und Lisa Hörhager.

Noch schlechter war es den ÖSV-Herren ergangen, die im Schatten des französischen Siegers Clement Noel keinen einzigen Läufer in die Top Ten brachten. Der Kärntner Adrian Pertl wurde beim schlechtesten Slalom-Abschneiden seit Madonna im Dezember 2021 als 15. bester Österreicher, der Fieberbrunner Manuel Feller fädelte im zweiten Durchgang ein. Kein Einzelschicksal. Viele Läufer hatten bei geringem Tempo auf eisiger Piste im ersten Durchgang Materialprobleme. Selbst Marcel Hirscher (Platz 46) fühlte sich als „Passagier" und verpasste den zweiten Durchgang. Derweil bejubelten die wenigen Fans die Slalom-Demonstration des französischen Olympiasiegers (Bild unten) , der mit 0,80 Sekunden vor dem im zweiten Lauf entfesselt fahrenden Norweger Henrik Kristoffersen triumphierte.

Eine der Inzinger Stützen in den Finalkämpfen – der georgische Legionär Koba Karumidze (blauer Dress).

„Haben uns im Finale super verkauft“

Schade! Die erhoffte Aufholjagd und damit das Ringer-Wunder blieben aus. Rekordmeister AC Wals gewann gegen den RSC Inzing vor 1500 Fans auch den Rückkampf und mit dem Gesamtresultat von 67:48 den 56. Meistertitel. Doch noch während der scheidende Inzing-Coach Thomas Krug nach 20 Jahren von seinen Schützlingen gebührend gefeiert wurde (großes Bild), ließ Inzing-Obmann Klaus Draxl mit einer Kampfansage aufhorchen. „Dieses Finale hat bestätigt, dass man dem kolportierten Budget-Kaiser Paroli bieten kann.“

„Das war beste Werbung für den Ringsport. Und wir haben uns im Finale super verkauft“, so Krug mit dem Dank an sein Team.

Zu viel Respekt

Endlich wieder einmal Champions League – mit der Auftakt-Partie beim polnischen Vizemeister Aluron CMC Warta Zawiercie war der jahrelange Traum des Hannes Kronthaler vom Comeback in der Königsklasse Realität geworden; dieser dauerte gegen den CL-Geheimvoriten allerdings gerade einmal 70 Minuten, ehe die Gastgeber als 3:0-Sieger das Parkett verließen.

Auch der nächste Gegner, Allianz Mailand, schien für HYPO Tirol außer Reichweite, immerhin ein Klub aus einer der weltweit stärksten Ligen. Doch nach – fast logischer – Anfangsnervosität und einem 18:25 im ersten Satz wussten sich die Tiroler zu steigern, hielten im zweiten Durchgang bis zum 20:20 gut mit. Es war eine Phase, in der die italienischen Riesen wankten, aber eben nicht fielen. „Gegen solche Teams musst du jede noch so kleine Chance nützen", so Sara Montagnolli, nachdem der Satz mit 25:23 an die Italiener gegangen war. Tatsächlich waren in der Folge die rund 1100 Fans in der Innsbrucker USI-Halle restlos begeistert, als im dritten Satz Pedro Frances mit einem tollen Block gleich den ersten Satzball der Gastgeber zum 25:21 und damit ersten Satzgewinn in dieser Liga verwertet hatte. Zwischenzeitlich schien sogar eine Sensation möglich, wenn es Niklas Kronthaler und Co. gelungen wäre, das Niveau zu halten. Doch das Team aus Mailand machte immer dann den Sack zu, wenn er sich ein Stück weit zu öffnen drohte. Das war im zweiten und im entscheidenden vierten Satz der Fall. Eine Demonstration der höheren Klasse, die in der Liga der besten 20 Mannschaften Europas den Unterschied macht.

*Einmal etwas anderes – die Skispringer*innen starteten mit einem Mixed-Bewerb in Lillehammer in den Weltcup-Winter. Das ÖSV-Quartett (Lisa Eder/Eva Pinkelnig/Daniel Tschofenig/Jan Hörl) holte Rang drei hinter Deutschland und Norwegen.*

Starkes Duell DSV gegen ÖSV

Immer wieder Österreich? Nicht ganz, denn DSV-Adler Pius Paschke hatte im ersten Springen auf der Großschanze in Lillehammer gerade noch einen rot-weiß-roten Vierfachsieg auf der Großschanze verhindert. Daniel Tschofenig, Maximilian Ortner, Stefan Kraft und Jan Hörl belegten die Ränge zwei bis fünf; Tag zwei brachte dann mit Jan Hörl (Bild/vor Pius Paschke) die ÖSV-Revanche, mit Tschofenig (3.), Kraft (4.), Ortner (8.) und Manuel Fettner (9.) waren insgesamt fünf Österreicher in die Top Ten geflogen. Übrigens – bei den Damen gewann Katharina Schmid (D), Lisa Eder wurde Dritte. Und im finnischen Ruka wurde der deutsch-österreichische Länderkampf nahtlos fortgesetzt. Einmal siegte Paschke vor Hörl und Kraft, 24 Stunden später trumpfte Andreas Wellinger vor Kraft und Karl Geiger auf.

Spektakel pur am Stubaier Gletscher

Petrus sei Dank – denn nach den Wetterkapriolen mit Wind und Neuschnee präsentierte sich der Stubaier Gletscher pünktlich zur Entscheidung beim Freeski-Weltcup von seiner schönsten Winterseite. Bei den großen Stunts in der Traumlandschaft landete ÖSV-Ass Matej Svancer auf dem achten Rang. Für den 20-jährigen Salzburger war es das zweite Top-Ten-Resultat in Tirol. Der Sieg ging an den US-Amerikaner Colby Stevenson.

Fokus liegt auf 2026

Den erwartet holprigen Einstieg in die Weltcup-Saison erlebte Tirols Eisschnelllauf-Star Vanessa Herzog im fernen Osten. Nach ihrer radikalen Umstellung vom Hoch- zum Tief-Start hatte es in Nagano über 500 Meter zweimal lediglich für Rang 16 gereicht. Auf dem „1000er", wo der Start nicht so entscheidend ist wie auf der halben Strecke, gab es Platz zehn. „Wir wissen, dass das alles Zeit braucht, damit das alles automatisiert ist", meinte Trainer Thomas Herzog zur Neugestaltung des Start-Prozederes, das neben Herzog nur US-Trainings-Partnerin und Olympiasiegerin Erin Jackson praktiziert. Für beide ist alles bereits auf den angestrebten Olympia-Coup Anfang 2026 ausgelegt.

Platz zehn in Peking

Versöhnliches Finale für Österreichs Eisschnelllaufteam in Peking. Wie schon bei den Olympischen Spielen 2022 hatte Gabriel Odor auch diesmal Rang zehn im Oval in der chinesischen Hauptstadt erobert. Der Tiroler sorgte im Massenstart damit auch für das erste Top-Ten-Ergebnis der Saison. Odor hatte einen frühen Fluchtversuch riskiert und sammelte wichtige Punkte im Bonussprint. Doch das Feld war aufmerksam, ließ ihn und seine drei Begleiter, darunter den Massenstart-Weltmeister von 2020, den Niederländer Jorrit Bergsma, nicht allzu weit davonziehen und prompt wurde das Quartett wieder eingeholt. Odor landete aber Dank der gesammelten Punkte noch auf Rang zehn.

Endlich wieder WM

Das war aber ein starker Auftritt! Erstmals seit 22 Jahren gelang es einer österreichischen Curling-Nationalmannschaft, sich für eine Weltmeisterschaft zu qualifizieren. Das Kunststück schaffte das Team des Kitzbüheler Curling Clubs mit Skip Mathias Genner sowie Jonas Backofen, Martin Reichel, Florian Mavec und Johann Karg. Das Quintett hatte bei der EM im finnischen Lohja Rang sieben erreicht und damit sensationell den Klassenerhalt in der A-Division fixiert. Zur Belohnung geht es im Jahr 2025 zur Weltmeisterschaft ins kanadische Moose Jaw und damit lebt sogar die Chance, sich für die Olympischen Spiele in Mailand/Cortina zu qualifizieren.

Bucher mit Gold und Rekord zur WM

Auf Simon kann sich der Schwimmverband verlassen. Wenige Tage vor der Kurzbahn-WM in Budapest präsentierte sich Tirols Schwimm-Ass Simon Bucher (TWV) in Hochform. Der Innsbrucker schwamm die 100 Meter Delfin bei den österreichischen Meisterschaften in Graz in 49,02 Sekunden und holte sich Gold mit neuem österreichischem Rekord. Zudem rückte Bucher mit dieser Zeit auf Rang drei der Weltrangliste 2024 vor. Damit aber nicht genug – nach seinem Rekord über 100 Meter Delfin fixierte Simon auch über 50 Meter und 50 Meter Rücken neue Bestmarken.

Tiroler Radlerinnen dominierten Wahl

Ein Bravo den Tiroler Radsportlerinnen. Wie schon 2023 wurde Christina Schweinberger (Bild rechts) erneut als Radsportlerin des Jahres 2024 ausgezeichnet. Die Tirolerin überzeugte sowohl im Experten- als auch im Fan-Voting und beendete beide auf Rang eins. Knapp hinter der EM-Bronzenen im Einzelzeitfahren folgte Valentina Höll auf dem zweiten Rang vor Laura Stigger, Marathon-Weltmeisterin Mona Mitterwallner und Kathrin Schweinberger. Eine klare Angelegenheit war das Voting auch im Paracycling, wo sich mit der Wahltirolerin Svetlana Moshkovich ebenfalls die Titelverteidigerin durchsetzen konnte.

Rekordjagd in Arzl

Der Schießstand in Innsbruck/Arzl war traditionell Schauplatz des Grand Prix von Tyrol für Luftgewehr und Luftpistole. Dabei lieferten Tirols Vertreter*innen einmal mehr ausgezeichnete Leistungen ab. Bei den Frauen hatte sich zunächst Rebecca Köck (Bild links) mit 252,1 Ringen und damit neuem österreichischem Finalrekord zum Sieg geschossen. Sheileen Waibel holte hinter Adela Zrustova (CZE) Bronze. Köcks Rekord indes hielt nicht lange, denn im Finale des zweiten Bewerbs hatte Olivia Hofmann (Bild rechts) sensationelle 252,9 Ringe erreicht und sich damit verdient Gold geholt. Bei den Männern gewann der Italiener Lorenzo Bacci vor drei Österreichern: Patrick Diem (V), Thomas Mathis (V) und Michael Höllwarth (T).

Zweimal Platz vier für den KSV Rum

Das obersteirische Öblarn war Schauplatz der Finalrunde der österreichischen Damen-Bundesliga im Gewichtheben. Mittendrin statt nur dabei auch die Staffel des KSV Rum. Die Tirolerinnen belegten sowohl in der Tages- als auch in der Gesamtwertung Rang vier, die SK VÖEST Linz errang den ersten Platz, dahinter auf Platz zwei landete die WKG Innviertel Lochen/Ranshofenn und auf Platz drei die WKG Öblarn/AV Graz. Die beste Gewichtheberin kam indes einmal mehr aus Tirol: Victoria Steiner (Bild vom KSV Rum) gewann diese Wertung mit 241,58 Punkten.

Zipfer
Auf die Besten anstoßen
ist unser Bier.
NEU 0,33l MEHRWEG
MÄRZEN
Zipfer
MÄRZEN
GEBRAUT MIT NATURHOPFEN
SEIT 1858
ZIPFER. UNSER BIER.

Starke Kickboxer

Mit drei Medaillen durften Tirols Kickboxer von der EM in Athen nach Hause fliegen. Noel Salzburger (Bild) vom KC Kruckenhauser, Zweiter der Weltrangliste, hatte im Pointfighting (Gewichtsklasse bis 84 kg) Rang zwei erobert und holte sich Silber. Erst im Finale musste er sich dem Briten James Meekin geschlagen geben. Mit dieser Platzierung sicherte sich der Salzburger immerhin die Qualifikation für die World Games 2025. Gold schnappte sich indes sein Vereinskollege. Fabian Verschnigg zeigte im Finale (Gewichtsklasse über 94 kg) gegen den Italiener Gabriele Oliva eine starke Leistung. Er gewann klar mit 14:10 und krönte sich zum Europameister. Zudem gab es für die beiden Tiroler mit dem Nationalteam Rang zwei.

Neuer Name, erster Sieg

Diese Reise nach China hatte sich für Österreichs Snowboarder*innen in jedem Fall gelohnt – speziell für Sabine Payer. Die als Vierte der Qualifikation gestartete Kärntnerin setzte sich im Finale des Parallel-Slaloms von Mylin mit 0,17 Sekunden Vorsprung auf die Japanerin Tsubaki Miki durch. Für Payer (im Bild Mitte), ehemals Schöffmann, war es der achte Einzelsieg im Weltcup, der erste mit neuem Namen, nachdem sie im Sommer ihren Snowboard-Teamkollegen Alex Payer geheiratet hatte. „Das war heute ein perfektes Rennen", jubelte Payer. Claudia Riegler belegte als zweitbeste Österreicherin Platz fünf. Im Männer-Bewerb landete Benjamin Karl an der zweiten Stelle.

Ein solider Saisonstart

Jarl Magnus Riiber hat – wie erwartet – seine Vormachtstellung in der Nordischen Kombination gleich zum Weltcup-Auftakt unter Beweis gestellt. Der Norweger gewann im finnischen Ruka vor Vinzenz Geiger und Julian Schmid. Bester Österreicher war Johannes Lamparter (Bild vorne) als Fünfter, der viel Führungsarbeit leistete, ehe er im Finish dem Tempo Tribut zollen musste. „Es war ein solider Auftakt, vor allem nach der zähen Vorbereitung", sagte Lamparter. Thomas Rettenegger (5.) war in der zweiten Konkurrenz beim Sieg von Johannes Rydzek bester ÖSV-Mann. Im dritten Rennen siegte Vincenz Geiger, mit Franz-Josef Rehrl (4.), Lamparter (7.) und Martin Fritz (8.) platzierten sich drei Österreicher in den Top Ten.

Starke Ergebnisse in der Loipe

Ein kräftiges Lebenszeichen schickten Österreichs Langlauf-Asse von den ersten Konkurrenzen im finnischen Ruka in die Heimat. Nach Platz neun über 10 Kilometer klassisch verpasste Mika Vermeulen im Massenstart der Herren (Bild, vorne) als Vierter nur hauchdünn sein zweites Weltcup-Podest. Teresa Stadlober hatte bei den Frauen über die gleiche Distanz Rang sieben belegt und war über 10 Kilometer klassisch als Achte ins Ziel gekommen. Da wollte der Tiroler Benjamin Moser nicht zurückstehen und lieferte als Achter im Sprint eine hervorragende Leistung. Fünfmal in den Top Ten, das konnte sich sehen lassen.

Platz zwei wie ein Sieg

„Ich bin einfach nur megahappy", sprudelte es aus Wolfgang Kindl nach dem erfolgreichen ersten Rennrodel-Wochenende heraus. Und das aus gutem Grund: Es ist keine drei Monate her, da hatte ihn die Diagnose „Pfeiffersches Drüsenfieber" fast aus der Bahn geworfen. „Dass es jetzt gleich so aufgeht, ist natürlich sehr erfreulich, aber ich muss mir die Kräfte weiterhin gut einteilen." „Erst der Podestplatz im Doppel mit Thomas, tags darauf im Einzel hinter dem Deutschen Max Langenhan Zweiter, dazu die beiden Auftritte in den Mixed-Staffeln, das muss man erst einmal so durchziehen."

Überzeugen konnte in Lillehammer auch Lisa Schulte, die im ersten Saisonrennen mit Platz drei das Podest (Siegerin Julia Taubitz) erreichte.

Stockerl knapp verfehlt

Das war Pech – mit nur einem Fehler am Schießstand hatten die Tirolerin Lisa Hauser und Simon Eder in der Single-Mixed-Staffel zum Start des Biathlon-Weltcups in Kontiolahti das Podest verpasst. Der nächste Podestplatz für das ÖSV-Duo war erst in der Schlussphase verloren worden, als Eder nicht mehr mit der Konkurrenz aus Frankreich und Deutschland mithalten konnte. Der Sieg ging an Ella Halvarsson/Sebastian Samuelsson (SWE). Hauser und Eder fehlten rund 22 Sekunden auf Rang drei. Stark auch die Vorstellung der Damen-Staffel über 4 x 6 Kilometer, die beim Sieg Schwedens in der Besetzung Dunja Zdouc, Anna Gandler, Lea Rothschopf und Lisa Hauser Platz fünf erreichte.

Punktegleich ins Frühjahr

Die Spieler wussten nicht, ob sie lachen oder eine Träne verdrücken sollten – denn der SK Imst überwinterte zwar in der Westliga auf Platz eins, verspielte aber den Punktevorsprung. Die Freude über die Winterkrone fühlte sich daher durch das das 2:2-Remis bei den Altach Juniors wie eine Niederlage an. Denn gleichzeitig hatte Austria Salzburg den SK Kufstein mit 6:1 abgefertigt, zog nach Punkten mit Leader Imst gleich. Statt also mit einem kleinen Vorteil in das Frühjahr zu gehen, war plötzlich alles ausgeglichen. „Wenn du 2:0 führst und nur 2:2 spielst, musst du dich ärgern. Die Stimmung wird sich aber schnell wieder drehen – wir haben einen überragenden Herbst gespielt", so Sportdirektor Michael Schober.

Titel für Lucas Auer

Da strahlte der Lucas Auer und das durchaus verständlich. Denn der Tiroler hatte sich bereits in seiner ersten Saison den Gesamtsieg im Sprintcup der GT World Challenge Europe geholt.

Der Winward-Mercedes-Pilot und sein deutscher Teamkollege Maro Engel fuhren in den letzten beiden Rennen auf dem Circuit de Barcelona-Catalunya in Spanien einen dritten und einen vierten Platz ein und überholten damit in der Fahrerwertung ihre belgischen Konkurrenten Charles Weerts/ Dries Vanthoor (WRT). „Die Trophäe ist sehr schön", sagte der 30-Jährige. „Ich bin sehr stolz. In der ersten Saison Meister zu werden ist ein Traum, war ein perfekter Abschluss in diesem Jahr."

Alban (links) und Attila Scheiber, die Organisatoren des Slalom-Spektakels in Gurgl freuten sich über insgesamt 18.000 Skifans vor Ort und rund 1,5 Millionen Zuschauer*innen via ORF.

Shiffrin und Noel, wer sonst!

Die Sonne strahlte, der Schnee glänzte und die Siegerin hieß wieder einmal Mikaela Shiffrin – auch bei der Damen-Premiere in Gurgl. „99 Siege, unglaublich." Man konnte sich im Zielraum drehen und wenden, wohin man wollte, auch entlang der Strecke hinauf – unter den insgesamt 7900 Zuschauer*innen herrschte Bewunderung für die Konstanz der US-Amerikanerin. Und einmal mehr lieferte die 31-Jährige ab, wie fast immer. Hinter Mikaela, die mit 16 Jahren und neun Monaten im Slalom von Lienz erstmals am Podest gestanden war, zeigte in Gurgl aber schon ein nächstes „Wunderkind" auf. Die erst 18-jährige Lara Colturi, nach einem Streit mit Italiens Verband für Albanien startend, schaffte sie es als Zweite erstmals auf das Podest.

Bei den Herren war – wie schon in Levi – der Franzose Clement Noel der Beste, während Österreichs Slalomstars, die im Vorjahr in Gurgl mit einem Dreifachsieg überraschten, diesmal weit am Podest vorbei wedelten. Titelverteidiger Manuel Feller schied nach einem Einfädler aus. „Hausherr" Fabio Gstrein (9.), Vierter nach dem ersten Lauf, lag im zweiten Durchgang bis zu Zwischenzeit auf Podestkurs, ehe ein Fehler viel Zeit kostete. Zweitbester ÖSV-Mann war ebenso ein Tiroler. Dominik Raschner fuhr auf Platz zwölf. Und der Neo-Holländer Marcel Hirscher? Scheiterte nach einem wilden Ritt in Lauf eins.

Beste des ÖSV-Teams: Katharina Liensberger, die im Finale von Platz zwei auf Rang sieben abrutschte. Vom Tiroler Quartett (Franziska Gritsch, Maja Waroschitz, Natalie Falch und Lisa Hörhager) hatte keine die Qualifikation geschafft.

Fabio Gstrein mit dem Blick zurück: „Es sind nur Kleinigkeiten, die fehlen, aber das macht das Skifahren ja auch interessant", sagte der 27-Jährige, der die große Chance auf einen Top-Platz nicht nützen konnte.

Clement Noel verteidigte nach fast perfektem erstem Lauf die Führung und fuhr damit im Roten Trikot nach Val d'Isère. „Es war hier sehr, sehr schwierig, ein großer Fight – aber ich bin sehr glücklich."

Der folgenschwere Sturz von Killington

Drama statt Party – die Frage war nicht ob, sondern wann. Und weil Mikaela Shiffrin seit jeher ihrer Zeit voraus ist, deutete vieles schon im Riesentorlauf von Killington auf den historischen 100. Weltcupsieg der Ausnahmekönnerin hin. Doch nach Bestzeit im ersten Durchgang war Shiffrin in der Entscheidung schwer gestürzt, fiel mehrere Wochen aus.

Haaser rette Ehre der ÖSV-Mädels

Während Shiffrin noch auf der Piste behandelt worden war, verlief die Siegerehrung im Zielgelände eher schaumgebremst, der Erfolg der Schwedin Sara Hector war angesichts der Ereignisse völlig zur Nebensache degradiert worden. Die ÖSV-Damen hatten mit Ausnahme von Ricarda Haaser, die mit einer couragierten Fahrt Platz acht eroberte, mit den Verhältnissen offensichtlich mehr Probleme als der Rest der Welt. Stephanie Brunner, Katharina Liensberger und auch die Dritte von Sölden, Julia Scheib, waren schon im ersten Lauf ausgeschieden.

DEZEMBER

EM-Traum geplatzt

Was für ein bitteres Ende für die EM-Gastgeberinnen! Denn Österreichs Handballerinnen waren nach dem Sieg gegen die Slowakei und der Niederlage gegen Norwegen im entscheidenden Gruppenspiel knapp vor Schluss auf Kurs Wien, ehe leichtfertig vergebene Großchancen den Ausschlag zugunsten von Slowenien brachten. Die ÖHB-Damen verloren in der Innsbrucker Olympiaworld mit 24:25. Fazit? Turnierende statt Endrunde.

„Wir sind bitter enttäuscht. Wir haben auch unsere Fans enttäuscht", musste die Tirolerin Josefine Hanfland (roter Dress) dann doch schnell wieder Worte finden. „Ich möchte mich bei den Fans für die Unterstützung bedanken." Übrigens – den Titel holte Norwegen.

Feiertage für Conny Hütter. Diese Rennen in Beaver Creek und St. Moritz wird die Steirerin jedenfalls nicht so schnell vergessen. Nach dem Abfahrtssieg in Colorado vor Sofia Goggia und Lara Gut-Behrami (5. Ricarda Haaser) jubelte Conny Hütter (auf den Schultern des ÖSV-Teams) auch in der Schweiz vom obersten Podest, und zwar im einzigen Super-G, diesmal vor Lara Gut-Behrami und Sofia Goggia.

Ein Comeback mit Karacho

Während Conny Hütter in St. Moritz, nach 30 Läuferinnen, umrahmt von Lara Gut-Behrami (SUI/2.) und Sofia Goggia (ITA/3.) auf die Videowall blickte, hielt die Ski-Welt zumindest metaphorisch den Atem an. Denn nach 2141 Tagen, also fast sechs Jahre nach ihrem vermeintlich letzten Rennen, feierte Lindsey Vonn (siehe Bild) ein bemerkenswertes Comeback – mit 40 Jahren, einem künstlichen Kniegelenk und einem 14. Rang (+1,14 Sek.). Ein vielversprechender Auftakt einer in dieser Form noch nie da gewesenen Comeback-Mission, die spätestens bei den Olympischen Spielen 2026 in Cortina d'Ampezzo ihre Krönung erfahren soll.

Drei aus 27!

Vom 6. Dezember (Beaver Creek) bis zum 23. Dezember (Alta Badia), also einen Tag vor dem Heiligen Abend, hatten in neun Weltcuprennen die ÖSV-Stars von 27 möglichen Podestplätzen gerade einmal drei erobert. Kein Wunder, dass da von Weihnachtsstimmung beim ÖSV keine Rede sein konnte, allgemein eher – aber passend – über eine „schöne Bescherung" diskutiert worden war.

Verständlich, denn sechs der neun Rennen hatten die Schweizer (Marco Odermatt/4, Justin Murisier und Thomas Tumler je eines) gewonnen, zweimal jubelten Norweger (Henrik Kristoffersen und Timon Haugan je eines), und einmal der Italiener Mattia Casse, der im Super-G von Gröden seinen allerersten Sieg im Weltcup zelebrierte.

Es war der Monat der Premierensieger, nebst Casse schrieben sich auch zwei Schweizer ins ewige Siegerbuch ein – Justin Murisier war in der Abfahrt von Beaver Creek (5. Vincent Kriechmayr) zu seinem ersten Triumph gerast, Thomas Tumler kaschierte als Erster im RTL Odermatts Ausfall.

Die Österreicher? Lukas Feurstein erreichte im Super-G von Beaver Creek hinter Odermatt (Bild oben) und Cyprien Sarrazin Rang drei; im Riesentorlauf von Val d'Isère mussten sich Patrick Feurstein (2.) und Stefan Brennsteiner (Gruppenbild) nur Odermatt geschlagen geben, während Manuel Feller in Frankreich das Slalompodest als Vierter verfehlte. Der Tiroler (Bild unten) rettete als Torlauf-Siebter auch die ÖSV-Ehre in Alta Badia, nachdem es zuvor in Gröden nichts zu gewinnen gegeben hatte..

Meister war zu stark

Mit vier Punkten aus den Spielen gegen Rapid (0:0) und Klagenfurt (3:0) hatten sich die WSG-Kicker in eine komfortable Ausgangsposition für das letzte (Heim-)Spiel des Jahres gebracht. Lukas Hinterseer und Co. konnten mit sechs Punkten Vorsprung auf den Tabellenletzten ohne Druck gegen Sturm Graz einlaufen, sogar mit einer Überraschung spekulieren. Doch die letzte Hürde war auf dem Weg in die Winterpause doch eine Nummer zu groß; am Ende hatten sich die Tiroler dem „Winterkönig" aus der Steiermark klar mit 0:3 geschlagen geben müssen. Dabei hatten die Gastgeber (Stefan Skrbo/grün) vor der Pause – mit Ausnahme beim Gegentreffer zum 0:1 sehr viel richtig gemacht, gut verteidigt, doch den Ausschluss von Sturms Tochi Chukwuani nicht nützen können.

Im siebten Heimspiel riss die Schwazer Serie

Immer wieder die verflixte Sieben – bei den Schwazer Handballern war es jedenfalls das siebte Heimspiel, in dem die Serie (nach zuvor sechs Siegen) zu Ende ging. Doppelt bitter war zudem, dass die mit 29:23 siegreichen Grazer ein direkter Konkurrent im Kampf um die Play-off-Plätze (Top 8) waren. „Es war im Kollektiv zu wenig, um Graz zu schlagen", haderte Trainer Christoph Jauernik mit dem verpatzten Jahresabschluss.

Tournee konnte kommen

Pius Paschke/Andreas Wellinger (vier Siege) nützten gegen Österreichs Adler Daniel Tschofenig/Jan Hörl (drei Erfolge) die letzten Weltcupspringen vor dem Start der Vierschanzentournee zu einem spannenden Ländermatch, heizten damit die Stimmung vor dem großen Tournee-Spektakel rund um den Jahreswechsel gewaltig an. Erst war es Daniel Tschofenig (Bild oben), der nach sechs Podestplatzierungen im polnischen Wisla erstmals vom obersten Weltcup-Stockerl, jubelte,

24 Stunden später schlug Pius Paschke (Bild, Mitte) zu, gewann vor Jan Hörl, Stefan Kraft und Daniel Tschofenig. Beim „Heimspiel" der Deutschen in Titisee-Neustadt trumpfte Paschke zweimal im Einzel und mit Wellinger im Superteam auf, ehe im Schweizer Engelberg Österreichs Überflieger die Springen auf der „Gross-Titlis-Schanze" für eine wahre Macht-Demonstration (einmal Hörl vor Tschofenig, dann Tschofenig vor Hörl und Kraft) und die perfekte Tournee-Generalprobe eiskalt nutzen.

Nur enttäuschend

Von den sechs Dezember-Partien vor Weihnachten hatten sich Fans, Vorstand, Spieler und natürlich auch das Trainerduo des HCI bestimmt mehr erwartet als nur zwei Siege mit fünf Punkten bei vier Pleiten mit 26 Gegentoren, also fast sechs Stück pro Spiel. War schon das 1:5 gegen Pustertal eine Riesenenttäuschung und das 2:8 zu Hause gegen Villach fast eine Bankrotterklärung, ärgerten sich vor allem die Fans beim 6:5 gegen Asiago (Bild oben). Viereinhalb Minuten vor dem Ende hatten die Haie 5:3 geführt und Chancen auf die Vorentscheidung vergeben. Fazit: Genau 1,7 Sekunden vor der Sirene war Alexander Ierullo das 5:5 gelungen, nur ein schwacher Trost war, dass Yushiroh Hirano in der Overtime das 6:5 markierte. Im Spiel davor gegen Graz hatten sich die Tiroler dem Angriffswirbel der Gäste trotz einer Glanzleistung von Goalie Evan Buitenhuis, der 45 Schüsse abgewehrt hatte, mit 1:4 geschlagen geben müssen (Bild links).

Lillis geplatzter Traum

Eigentlich fehlten dem 21-jährigen Tiroler Aushängeschild Lilli Purtscheller (Nr. 20) nach der 0:1-Heimpleite des Frauen-Fußballnationalteams im Play-off-Rückspiel gegen Polen und damit dem Scheitern auf dem Weg zur EM die Worte. Es erforderte aber die Professionalität, in der bisher wohl dunkelsten Karriere-Stunde welche zu finden. Das tat Purtscheller mit erfrischender Ehrlichkeit. Knackig formuliert fand es die Essen-Legionärin „sehr schlimm, dass wir es nicht geschafft haben. Es war ein großer Traum."

Fast ein Doppelpodest

Während der Deutsche Vinzenz Geiger im Fotofinish gegen seinen Landsmann Julian Schmid den Kompaktbewerb (ein Sprung, 7,5 km Langlauf) der Nordischen Kombinierer in Lillehammer für sich entschied, verpasste der Tiroler Johannes Lamparter einen Tag nach seinem ersten Saison-Podest (hinter Jarl Magnus Riiber und Geiger) als Vierter nur hauchdünn einen weiteren Stockerlplatz; 3,4 Sekunden fehlten, ausschlaggebend dafür ein Missgeschick. „Ich habe an der Bande eingefädelt, damit den Anschluss an die Spitzengruppe verloren", so der zweifache Weltmeister von 2021. Dennoch könne er Lillehammer dank zuvor Platz drei mit einem Lächeln verlassen.

Das war eine Machtdemonstration – wie schon im Jahr 2022 feierten Österreichs Rodler auf ihrer Heimbahn in Igls neuerlich einen Vierfach-Erfolg. Und wie schon vor zwei Jahren jubelte auch diesmal Nico Gleirscher am lautesten. Hinter Müller, dem 95 Tausendstelsekunden auf den Sieg fehlten, belegte David Gleirscher Platz drei, Wolfgang Kindl rundete das Traumergebnis ab.

Beeindruckend – Madeleine Egle (links) und Lisa Schulte (rechts) – erst waren sie in Igls auf das Podest gefahren, Madeleine hatte gewonnen, Lisa war Dritte geworden. In Oberhof, eine Woche später, hatte das Duo (Egle vor Schulte) sogar einen souveränen Doppelsieg gefeiert.

Die in Oberhof siegreiche ÖRV-Teamstaffel mit Lara Kipp/Selina Egle, Thomas Steu, Madeleine Egle, Lorenz Müller und Wolfgang Kindl im fotogenen „Strahle-Modus". Die vier ÖRV-Schlitten lieferten im Kollektiv ab, distanzierten die deutsche Staffel um vier Zehntel.

Festspiele der Rodler*innen prolongiert

Österreichs Kunstbahn-Asse waren in diesen Dezembertagen einfach nicht zu stoppen. Eine Woche nach dem fulminanten Heimtriumph in Innsbruck-Igls gaben die Schützlinge von Cheftrainer Christian Eigentler auch in Oberhof ganz klar den Takt vor. Nach dem am Samstag Madeleine Egle und Lisa Schulte die Damen-Konkurrenz dominierten, Selina Egle mit Lara Kipp (großes Bild) im Doppelsitzer erfolgreich waren und Thomas Steu/Wolfgang Kindl ihren dritten Podestplatz in Folge fixierten, blieben die ÖRV-Einsitzer mit einem weiteren Vierfach-Erfolg in ihrer eigenen Liga.

In der Vorwoche wurde die Punktlandung des heimischen Quartetts von Vize-Welt- und Europameister Nico Gleirscher angeführt, diesmal setzte sich der Vorarlberger Jonas Müller am besten in Szene. Der 27-Jährige aus Bludenz, der sich 2023 in der Thüringer Eisarena zum Weltmeister gekürt hatte, sicherte sich mit zwei Laufbestzeiten und einem neuen Startrekord seinen ersten Saisonsieg und insgesamt fünften Volltreffer im Weltcup. Müller, damals der schnellste Starter im Feld, verwies Nico Gleirscher diesmal auf Platz zwei, der Stubaier übernahm damit die Führung im Gesamtweltcup. David Gleirscher rodelte wie in der Vorwoche auf Rang drei, Wolfgang Kindl komplettierte die neuerliche Supershow der Österreicher mit Platz vier.

Podestplätze wie ein Sieg

„Ich war überwältigt, wie viele Leute mir geschrieben und gratuliert haben", konnte Markus Treichl nach seinen ersten Karriere-Podestplätzen im Vierer- und im Zweierbob kaum glauben. Der Sistranser und seine Crew (Markus Sammer, Sascha Stepan, Kristian Huber) belegten im Viererbob beim Weltcup-Auftakt in Altenberg Platz zwei, 17 Hundertstel hinter dem deutschen Serien-Gesamtweltcupsieger Francesco Friedrich. Dass wegen des Sturzes eines Viererbobs nur ein Durchgang gewertet wurde, schmälerte die Freude beim 31-Jährigen keineswegs: „Rennen ist Rennen". Und „wenn's laft, dann laft's", wie schon Rudi Nierliach einst sagte. Denn in Sigulda folgte gleich danach im Zweier (mit Sascha Stepan) Platz zwei und Rang sechs im Vierer.

Tagger gewann WTA-Debüt

Die Richtung stimmte. Nachdem Tirols Tennis-Riesentalent Lilli Tagger im französischen Limoges ihr erstes Match auf der WTA-Tour gewonnen hatte, und zwar mit 3:6, 6:3, 6:2 gegen Victoria Jimenez Kasintseva aus Andorra, verbesserte sich die 16-jährige Osttirolerin vom 945. Platz in der Weltrangliste auf eine Position unter den Top 800. Daran vermochte auch die 1:6, 3:6-Niederlage gegen die als Nummer 100 gereihte Spanierin Nuria Parrizas Diaz nichts zu ändern. Der Vormarsch der Lienzerin, die von der ehemaligen French-Open-Siegerin Francesca Schiavone betreut wird, kam jedenfalls keineswegs überraschend, Experten trauen ihr schon im nächsten Jahr weitere große Sprünge zu.

Niveau nicht halten können

„Jetzt haben wir 0:3, 1:3 und 2:3 verloren", erklärte Niklas Kronthaler mit einem Lächeln auf den Lippen: „Die nächsten drei CL-Spiele werden wir 3:2, 3:1 und 3:0 gewinnen." Wenigstens hatte der Kapitän des HYPO Tirol Teams seinen Humor nach dem 2:3 (25:21, 25:23, 27:29, 16:25, 10:15) gegen Roselare nicht verloren. Österreichs Meister startete beeindruckend und lag mit 2:0 in Sätzen in Führung, ehe der Faden riss. „Wir haben unser Niveau einfach nicht halten können", brachte es Headcoach Lorenzo Tubertini auf den Punkt: „Knapp vor einem Sieg zu stehen, bedeutet eben nicht zu gewinnen." Kronthaler blickte bereits auf den Rückrundenstart: „Wir müssen die positiven Aspekte mitnehmen und weiterkämpfen."

Zweimal Podest

Positive Meldungen vom Skeleton-Weltcup aus Sigulda. Auf der bekanntlich nicht einfach zu fahrenden Bahn rasten gleich zwei Tiroler auf das Podest. Bei den Damen hatte Janine Flock den zweiten Rang belegt und sich dabei mit einem Rückstand von 0,16 Sekunden nur der Niederländerin Kimberley Bos geschlagen geben müssen. In der Gesamtwertung lag Flock nach fünf von acht Rennen 48 Punkte hinter der Deutschen Hannah Neise. Ebenso erfreulich die Leistung – nein, sogar sensationell – war Platz drei von Samuel Maier bei den Herren. Der Tiroler durfte sich über sein zweites Karriere-Stockerl freuen.

Börni strahlte mit WM-Silber

Mit der Aussage „Wie es danach beim Börni weitergeht, ist offen" deutete Ex-Trainer Florian Zimmermann ein mögliches Karriereende von Bernhard Reitshammer nach der Kurzbahn-WM an. Nun hatte sich der 30-jährige Tiroler das aber noch einmal gut überlegen müssen.

In Budapest hatte der Absamer über 100 Meter Lagen nach 51,11 Sekunden angeschlagen und sich mit österreichischem Rekord hinter dem Schweizer Noè Ponti (50,33) die Silbermedaille geholt. Für Reitshammer war es nach zwei EM-Medaillen (2023 Gold, 2021 Bronze jeweils über 100 m Lagen) die erste WM-Medaille. Ohne Medaille blieb der zweite Tiroler. Langbahn-Vizeweltmeister Simon Bucher (TWV) musste sich über 100 Meter Delfin mit Rang fünf begnügen.

Zu den Höhepunkten in Hochfilzen zählten auch 2024 die Staffel-Entscheidungen – bei den Damen siegte das Quartett des Deutschen Skiverbandes, Lisa Hauser (großes Bild) und Co. wurden 13.

Seit über 50 Jahren hat Franz Berger (Bild) im Biathlon alles im Griff – Krönung wäre natürlich die Vergabe der WM 2028 an Hochfilzen, 50 Jahre nach der ersten WM im Pillerseetal.

Flaute in der Loipe und am Schießstand

Hochfilzen durfte sich im Rahmen des Weltcups einmal mehr über ein stimmungsvolles Biathlon-Fest bei Kaiserwetter freuen. Das sportliche Fazit hingegen fiel aus rot-weiß-roter Sicht eher durchwachsen aus. Denn am Ende der drei Wettkampftage stand neuerlich kein Top-Ten-Resultat zu Buche. Dass die Hausherren – bei mehr Sonne – solche auch nicht mehr zu zeigen vermochten, war fast absehbar: „Es ist schade, dass die Ergebnisse nicht gekommen sind. Wir brauchen jetzt Geduld und Ruhe. Der Druck und die Dichte sind groß. Bei den Herren ist einfach der Wurm drin", meinte Franz Berger (Bild oben), sportlicher Leiter im ÖSV und zugleich OK-Chef der Traditions-Veranstaltung. Und mit dieser konnte Berger auch ohne die erhofften ÖSV-Top-Platzierungen mit insgesamt mehr als 27.000 erwarteten Fans zufrieden sein.

Double nicht mehr möglich

Schade, die in der Meisterschaft auch in dieser Saison fast makellosen Mädels der TI-Axess-Volley können das in der Vorsaison gewonnene Double (Meisterschaft und Cup) nicht mehr verteidigen. Ausschlaggebend dafür war eine bittere 1:3-Niederlage im Pokal-Halbfinale bei Sokol/Post. Dafür lagen Kapitänin Martyna Walter, Rozalia Hnatyszyn (im Bild rechts, blauer Dress) und Alexia Radulovic (linkes Bild, Nr. 10) nach elf Spielen der AVL mit 32 Punkten unbesiegt an der Tabellenspitze. Einziger Schönheitsfehler war der 3:2-Sieg bei UVC-Graz, für den es nur zwei, statt drei Punkte gab.

Der Sport trauerte

Didi Constantini ist tot! Nach längerer Krankheit im Kreis seiner Familie, erst 69-jährig, friedlich eingeschlafen. Eine Nachricht, die jeden, der den Didi kannte, erschütterte. „Constantini hat Talente erkannt und gefördert, er hat dem Nachwuchs seine brennende Begeisterung für den Sport vermittelt", so Bundespräsident van der Bellen. Als Co-Trainer von „Wödmasta" Ernst Happel lernte Constantini das Geschäft, nach dessen Tod trat er in die Fußstapfen der Legende. In Erinnerung bleibt das 0:0 gegen Deutschland am 18. November 1992, Happels Kappe lag das ganze Spiel über auf der Trainerbank. Didi Constantinis Schmähs werden seinen Freunden fehlen, die Erinnerung an den Menschenfreund von der Gumppstraße lebt weiter.

Nachwuchs: eine Klasse für sich

Auf den Tiroler Skinachwuchs ist Verlass – das untermauerten die sieben Mädchen und acht Burschen (U16) im Rahmen der ARGE-Alp-Meisterschaften, die im Schweizer St. Gallen ausgetragen wurden, auf beeindruckende Art und Weise. Die Konkurrenz aus Bayern, Graubünden, Liechtenstein, Lombardei, St. Gallen, Südtirol, dem Tessin, Trentino und Vorarlberg hatte gegen Tirol kaum Chancen. Emma Gosch (SC Volders) und Finn Neururer (SC Mutters) holten die Kombinationswertung aus Slalom und Riesentorlauf. Dazu eroberte Severin Wieser (SV Sistrans) als Zweiter im Slalom, Dritter im RTL und Kombi-Dritter drei weitere Stockerlplätze. Die Gesamtwertung ging an Tirol.

Manfred Pascher †

Er hatte um die begrenzte Zeit, die ihm noch bleiben sollte, gewusst, seinen Abschied angekündigt und dennoch war die Nachricht vom Ableben des Manfred Pascher ein Schock. Er wirkte gefasst in diesem unserem letzten Telefonat, ein letztes Treffen war uns nicht mehr vergönnt.

Aber vielleicht erreicht ihn irgendwo da draußen die Botschaft dieser Zeilen, ein Mix aus Trauer um einen Freund und Weggefährten mit dem Dank für die Beharrlichkeit, mit der er um die Online-Version gekämpft hatte. Bei Erscheinen der 27. Ausgabe werden wir das 20-jährige Online-Jubiläum gebührend feiern, des Mannes gedenken, dessen Verdienst es ist, ein digitales Sportarchiv nützen zu können.

Riegler mit 51 am Podest

Das war wohl eine der großen Überraschungen – zum Abschluss der China-Tournee fuhr die mittlerweile bereits 51-jährige Claudia Riegler im Parallelslalom auf das Podium, war als Zweite nur 0,19 Sekunden langsamer als die japanische Siegerin Tsubaki Miki. Bei den Männern schaffte Andreas Prommegger (immerhin 44 Jahre) als Dritter einen weiteren rot-weiß-roten Podestplatz. Riegler war in der vergangenen Saison ohne Podestplatz geblieben, dementsprechend groß war die Freude.

Toller Saisonstart

Von so einem Saisonstart träumen viele Sportler*innen, für Jakob Dusek ist der Traum wahr geworden. Der 28-Jährige gewann im italienischen Cervinia den Weltcup-Auftakt der Snowboard-Crosser vor dem Australier Cameron Boltin und dem Italiener Lorenzo Sommariva. Für Dusek war es der zweite Weltcupsieg in seiner Karriere, auch 2021 hatte er sich in Cervinia durchgesetzt. „Ich bin glücklich, es war für mich eine großartige Woche. Der Kurs war sehr gut, es hat super viel Spaß gemacht", so der Sieger, der auch die Qualifikation gewonnen hatte. Ein bisschen „komisch" fühle sich der Sieg dennoch an, nachdem er mit Eliot Grondin zusammengestoßen war. „Das tut mir leid." Der verärgerte Kanadier verweigerte allerdings den Handschlag.

Katharina am Stockerl

Im letzten Weltcuprennen der Damen am Hirschenkogel in Semmering gab es im Slalom neben dem Premierensieg des kroatischen Supertalents Zrinka Ljutic (mittleres Bild) vor Lena Dürr auch strahlende Mienen im ÖSV-Lager. Denn Katharina Liensberger (Bild unten/rechts) war mit zweitbester Laufzeit im zweiten Durchgang von Platz sieben noch als Dritte auf das Podest „gewedelt". Beim ersten Sieg einer Kroatin seit Janica Kostelic überzeugten neben Liensberger aus dem ÖSV-Team auch Katharina Huber (10.) die Tirolerin Franiska Gritsch (11.) und Katharina Truppe (13.). Apropos Gritsch (Bild unten/links) – sie hatte sich dank einer starken Vorstellung in Durchgang zwei von Platz 23 noch auf Rang elf verbessert. „Das tut mir sehr gut. Ich werde hart weiterarbeiten."

Von einem wahr gewordenen Kindheitstraum sprach hingegen die alles überstrahlende Ljutic, die mit zwei Laufbestzeiten an die Glanzzeiten ihrer Landsfrau Kostelic erinnerte.

Im Riesentorlauf hatten die ÖSV-Damen hingegen eine Top-3-Platzierung verpasst, mit dem Ausgang des Rennens nicht viel zu tun. Einziger Lichtblick? Julia Scheib, die mit Laufbestzeit in Durchgang zwei noch Sechste wurde. Hätte die 26-Jährige am Zauberberg in Lauf eins nicht so viel gezaubert, der zweite Podestplatz ihrer Karriere wäre möglich gewesen. Die Mauracherin Ricarda Haaser schwang als Zwölfte ab, während sich Federica Brignone (Bild oben) nach Sölden einen weiteren RTL-Sieg in Österreich holte; diesmal vor Sara Hector und Alice Robinson aus Neuseeland.

Schatten über Bormio

Die Stelvio in Bormio gehört zu der anspruchsvollsten Strecken im alpinen Rennsport. Das ist seit vielen Jahren bekannt – in den beiden Rennen zum Jahresausklang zeigte die berüchtigte Strecke einmal mehr ihre „Krallen", das Wochenende mit Abfahrt und Super-G war überschattet worden von wilden Stürzen mit zum Teil schwersten Verletzungen. In der Abfahrt hatte die Schweizer-Rookie-Abteilung Vollgas abgeliefert. Alexis Monney (24/Bild oben) gewann sein erstes

Weltcuprennen vor Landsmann Franjo von Allmen (23) und dem Kanadier Cameron Alexander. Bester Österreicher? Daniel Hemetsberger, der mit Startnummer 37 auf Rang elf fuhr. Versöhnlicher das Abschneiden im Super-G, wo sich Vincent Kriechmayr (Bild Mitte) lediglich dem norwegischen Premierensieger Fredrik Moeller (Bild unten) geschlagen geben musste und noch vor Abfahrtssieger Monney Zweiter wurde. Daniel Hemetsberger belegte Rang sieben.

In der Überholspur

Österreichs Langlaufstars in der Überholspur. Mika Vermeulen (links im Bild) hatte sich bis zur vierten der insgesamt sieben Etappen der Tour de Ski in der Gesamtwertung bis auf den vierten Rang gekämpft. Ausschlaggebend dafür der fünfte Platz in der 15-Kilometer-Verfolgung. Bei den Frauen lieferten sich Astrid Oeyre Slind und Therese Johaug ein Duell um den Sieg, das Erstere im Sprint für sich entschied. Teresa Stadlober (Bild rechts) verbesserte sich in der Gesamtwertung auf Rang neun. Von einer Verletzung gestoppt wurde dagegen der Tiroler Benjamin Moser.

Absturz der Haie

Das war eine böse Weihnachtsüberraschung, die den Fans der Haie da am Stephanitag präsentiert worden war – ausgerechnet gegen den bis dahin Tabellenletzten, die Pioneers Vorarlberg, kassierte der HCI eine peinliche 5:2-Niederlage und zierte seitdem selbst das Tabellenende. Daran vermochte auch der Punktezuwachs nach der 4:5-Heimniederlage (Verlängerung) gegen Villach nichts zu ändern. Und wer sich ausgerechnet gegen den Tabellenführer aus Bozen den einen vollen Erfolg als Start einer Siegesserie erhofft hatte, wurde einmal mehr enttäuscht. Trotz der kämpferisch akzeptablen Leistung mussten sich Goalie Jakob Brandner und Co. vor 2500 Fans mit 2:4 geschlagen geben.

Angeführt von einem überragend agierenden Daniel Tschofenig, der am Neujahrstag auch die Führung im Weltcup übernommen hatte, präsentierte sich Österreichs so erfolgreiche Springertruppe samt Betreuern am Gruppenfoto in Garmisch-Partenkirchen. Tschofenig reiste mit acht Punkten Vorsprung als Halbzeit-Führender nach Innsbruck.

ÖSV-Superadler

Dreifachsieg in der letzten Konkurrenz 2024, zwei ÖSV-Adler zum Start ins neue Jahr am Podest – Österreichs Skispringer sorgten zum Auftakt der Vierschanzentournee für einen Traumstart. Während in Oberstdorf Stefan Kraft vor Jan Hörl und Daniel Tschofenig triumphiert hatte, waren es am 1. Jänner Daniel Tschofenig und Michael Hayböck, die auf der von den Österreichern nicht sehr geliebten Olympiaschanze in Garmisch-Partenkirchen dem „Sieglos-Fluch" in beeindruckendem Stil ein Ende setzten. Nur der Schweizer Gregor Deschwanden als Zweiter und der Slowene Anze Lanisek (4.) verhinderten einen neuerlichen Dreifach-Erfolg, denn mit Jan Hörl eroberte der dritte ÖSV-Star Rang fünf. Stefan Kraft als Achter untermauerte die Dominanz der Schützlinge von Cheftrainer Andreas Widhölzl, von denen Hayböck darüber hinaus mit 145 Metern neuen Schanzenrekord fixierte.

Jahresbericht 2024 des
Amtes der Tiroler Landesregierung
Abteilung Sport

LAND
TIROL

Inhaltsübersicht

Tiroler Meisterfeier

Simone Larcher – neue Vorständin der Abteilung Sport

Seit August 2024 lenkt Simone Larcher die Geschicke der Abteilung Sport des Landes Tirol – eine Aufgabe, die sie mit Leidenschaft und Weitblick angeht.

Der Sport war schon immer ein wichtiger Bestandteil ihres Lebens, und ist es für sie und ihr Wohlbefinden essentiell, sich so viel wie möglich – bestenfalls in unserer wunderbaren Natur – zu bewegen. Jetzt, so Simone Larcher, könne sie ihre berufliche Expertise mit ihrer privaten Leidenschaft verbinden.

Die Juristin blickt auf eine vielseitige Karriere im Landesdienst zurück, die von der intensiven Auseinandersetzung mit rechtlichen Fragen über die Tätigkeit als Referentin in einem Regierungsbüro bis hin zur Leitung der Organisationseinheit für Corona-Entschädigungen reicht.

Simone Larcher

Die Bekleidung der Position der Vorständin der Abteilung Sport stellt Simone Larcher zweifelsohne vor neue Herausforderungen. Bekanntermaßen ortet man hinsichtlich der Sportinfrastruktur in Tirol vielerorts großen Investitionsbedarf, um allen Sportbegeisterten und den heimischen Prof-Athlet*innen moderne Bedingungen bieten zu können. Vor dem Hintergrund der gegenwärtigen Budgetknappheit, erfordern notwendige Ermessenentscheidungen besonderes Feingefühl.

Neben einer angemessenen und wohldurchdachten Weiterentwicklung der Tiroler Sportinfrastruktur legt die Vorständin großen Wert darauf, den Breitensport zu fördern sowie ganz besonders in Kindern und Jugendlichen die Freude an der Bewegung zu wecken. Aus ihrer Sicht muss sich im Verständnis der Bevölkerung viel mehr verfestigen, dass Sport nicht nur gesund ist, sondern auch soziale Kompetenzen und den Gemeinschaftssinn stärkt.

Gemeinsam mit ihrem engagierten und bestens mit der Materie vertrauten Team wird Simone Larcher an der Umsetzung der Ziele arbeiten.

Ab Juli 2024 übernimmt ehemalige Schisportlerin Vorstand in Stams

Als ehemalige Absolventin des Schigymnasiums Stams weiß Marlies Raich ganz genau, worauf es in der Ausbildung künftiger Schisportler*innen ankommt. Auf Antrag der Tiroler Landesregierung wurde sie daher als neue Vorständin des Vereins „Internatsschule für Schisportler*innen Stams" bestellt. Bildungslandesrätin Cornelia Hagele gratulierte ihr im Rahmen eines Besuchs vor Ort zu ihrer neuen Aufgabe: „Ich freue mich, dass wir mit Marlies Raich eine ehemalige Schilegende und Absolventin des Schigymnasiums Stams für die Vorstandsposition gewinnen konnten. Sie bringt alle Voraussetzungen für diese verantwortungsvolle Tätigkeit durch ihre Expertise im Schisport und ihre persönliche Erfahrung in den Anforderungen an junge Sportlerinnen und Sportler in der Ausbildung mit. Ich wünsche ihr daher alles Gute für ihre Funktion als Vorstandsmitglied."

Das Land Tirol ist ordentliches Mitglied des Vereins „Internatsschule für Schisportler*innen Stams". Weitere Mitglieder sind unter anderem auch der Bund und das Stift Stams. Der Vorstand besteht aus zwei von den Mitgliedern Land Tirol und Stift Stams zu bestellenden Personen, die jeweils für fünf Jahre tätig sind. Auf Antrag der Tiroler Landesregierung folgt ab Juli 2024 Marlies Raich dem derzeitigen Vorstand Paul Ganzenhuber als Vorständin des Vereins. Seit Juli 2023 wurde zudem Herbert Hauser als Vorstandsmitglied bestellt.

Vorständin Marlies Raich (mit MinR Wolfgang Souczek, Abt German Erd, LRin Cornelia Hagele, Marlies Raich, Vorstand Paul Ganzenhuber und ehemaliger Vorstand Josef Unterlechner; v.li.)

„Lust auf Leistung, Lust auf Spitzensport"

Für Spitzenleistungen braucht es Ausdauer, Willen, Talent und Zeit – und eben „Lust auf Leistung". Denn allen voran braucht es echte Leidenschaft, um im Spitzensport bestehen zu können. Insgesamt 175 Schülerinnen

Vorstand HR Dr. Herbert Hauser und Dir. Mag. Harald Haim (mit Mario Stecher, HR Mag. Arno Staudacher, Dir. Mag. Harald Haim, HR Dr. Herbert Hauser; v. li.)

und Schüler absolvieren derzeit ihre Ausbildung am Schigymnasium Stams. Den Slogan der Schule „Lust auf Leistung" tragen sie alle in sich. Sei es auf der Sprungschanze, im Riesentorlauf, beim Freeski und Snowboarden oder im Langlauf.

„Junge Nachwuchssportlerinnen und Nachwuchssportler stehen in ihrer Bildungs- und Berufswahl vor der großen Herausforderung in der Vereinbarkeit von Training und Ausbildung. Sport und Bildung sollen sich jedoch keinesfalls ausschließen. Am Schigymnasium Stams erhält der Tiroler Nachwuchs eine fundierte Ausbildung im Gymnasium oder in der Handelsschule, die sie optimal mit ihrer sportlichen Karriere vereinbaren können", betont Bildungslandesrätin Cornelia Hagele. Nicht ohne Grund gilt das Internat in den Tiroler Bergen deshalb als die Wintersport-Kaderschmiede in den Alpen. Mit diesem dualen Ausbildungskonzept aus Schule und Sport wird den Schülerinnen und Schülern ermöglicht, neben ihrer sportlichen auch eine schulische Karriere zu verfolgen. Dazu braucht es vor allem auch engagierte Pädagoginnen und Pädagogen sowie Trainerinnen und Trainer, welche die Jugendlichen in ihrem Traum vom Spitzensport tagtäglich unterstützen und sie auch in schweren Phasen motivieren. Zudem werden Werte wie Solidarität und Gemeinschaftsgefühl im Training und auch im Wettkampf besonders hervorgehoben.

Der reibungslose Ablauf und die Kombination von Schul- und Trainingsphasen stellt vor allem die Schulleitung vor eine große Herausforderung. Einen wichtigen Stellenwert in der Führung des Schigymnasium Stams nimmt dabei auch der Vorstand des Vereins „Internatsschule für Schisportler*innen Stams" ein. „Die Verknüpfung von Bildung und Sport ist im schuladministrativen Alltag bestimmt nicht immer einfach. Für seinen unermüdlichen Einsatz als Schulleiter in über 19 Jahren gilt ein ganz besonderer Dank Herrn Direktor Arno Staudacher. In seiner Amtszeit wurden zahlreiche Weichen für die Zukunft der Ausbildung junger Nachwuchssportlerinnen und -sportler gestellt", so LRin Hagele. „Zudem darf ich auch dem scheidenden Vorstand Paul Ganzenhuber für sein großes Engagement für das Schigymnasium Stams danken. Gleichzeitig gratuliere ich dem bisherigen sportlichen Leiter Harald Haim sowie Marlies Raich ganz herzlich zur Bestellung als neuer Direktor sowie neue Vorständin, die im kommenden Schuljahr in die Fußstapfen ihrer Vorgänger treten."

Das Nachwuchskompetenzzentrum Tirol – Serviceleister für den Tiroler Nachwuchssport

Das Nachwuchskompetenzzentrum Tirol (NWKZ Tirol) hat im Jahr 2024 eine bedeutende Rolle in der Förderung von Talenten im Bereich des Leistungssports in Tirol und darüber hinaus gespielt. Das Zentrum vereint verschiedene Einrichtungen, Programme und Partnerschaften, die sich der Entwicklung von Sporttalenten widmen und den Übergang in den österreichischen Spitzensport unterstützen. Im Mittelpunkt stehen insbesondere die SportBORG Innsbruck und die SportHAS Innsbruck als Leistungssportschulen, die Talentescouting-Initiativen sowie die enge Zusammenarbeit mit regionalen und nationalen Institutionen.

Leistungssportschulen SportBORG Innsbruck und SportHAS Innsbruck

Das SportBORG Innsbruck (Bundes-Oberstufenrealgymnasium für Leistungssportler*innen) und die SportHAS Innsbruck (Handelsschule für Leistungssport) bieten Jugendlichen die ideale Möglichkeit, Leistungssport mit einer fundierten schulischen Ausbildung zu verbinden. Im Jahr 2024 haben diese Schulen ihre Rolle als Talentschmieden weiter gestärkt. Mit aktuell 272 Schülern und Schülerinnen aus 32 Fachverbänden werden so viele Talente wie noch nie zuvor in der 35-jährigen Geschichte an beiden Schultypen betreut. Das SportBORG bietet dabei eine gymnasiale Ausbildung, die sich auf die Förderung von jungen Leistungssportlern konzentriert, während die SportHAS eine praxisorientierte Ausbildung bietet, die sowohl den akademischen als auch den sportlichen Anforderungen gerecht wird. Beide Schulformen sind jeweils um 1 Jahr gestreckt, um den hohen sportlichen Anforderungen gerecht zu werden.

Die Schüler dieser Einrichtungen profitieren von einer optimalen Betreuung durch die jeweiligen Fachverbände und deren Leistungszentren. Das Konzept der Schulen berücksichtigt eine ganzheitliche Förderung, die sowohl schulische als auch sportliche Spitzenleistungen fördert.

Gruppenbild der Sportler*innenwahl am SportBORG 2024 mit Ausbildungskoordinator Andreas Pfister und Sportkoordinator Benjamin Lachmann.

Erfolgreiche Absolvent*innen

Die Absolvent*innen des SportBORG und der SportHAS Innsbruck haben im Jahr 2024 zahlreiche Erfolge erzielt, sowohl auf nationaler als auch internationaler Ebene. Unter den erfolgreichen Absolvent*innen befinden sich zahlreiche Athlet*innen, die in ihren jeweiligen Disziplinen im internationalen Spitzensport aktiv sind und Medaillen bei Weltmeisterschaften, Europameisterschaften und den Olympischen Spielen gewonnen haben. Diese Erfolge unterstreichen die hohe Qualität der Ausbildung und die exzellente Betreuung durch das Nachwuchskompetenzzentrum vor Ort.

Erfolgreiche Absolvent*innen sind (Auswahl): Wolfgang und Andreas Linger (Rodeln), Jacob Schubert (Klettern), Vanessa Herzog (Eisschnelllauf), Bernadette Graf (Judo), Selina- und Madeleine Egle (Rodeln), Wolfgang Kindl (Rodeln), Nico Delle-Karth (Segeln), Laura Stigger (Mountainbike), Lisa Schulte (Rodeln), Simon Bucher (Schwimmen), Lorenz Koller (Rodeln), Nina Reithmayer (Rodeln), uvm.

Umfeldbetreuung

Ein entscheidender Aspekt der Nachwuchsförderung ist die ganzheitliche Trainingsumfeldbetreuung am NWKZ Tirol. Hierzu zählen nicht nur die schulische und sportliche Ausbildung, sondern auch die Betreuung der Athlet*innen im Bereich der mentalen Stärke, der Ernährung, durch Physiotherapie sowie deren medizinische Versorgung. Im Jahr 2024 wurde das Betreuungskonzept weiter ausgebaut, um den jungen Sportler*innen ein bestmögliches Umfeld für ihre Entwicklung zu bieten. Dabei arbeitet das NWKZ Tirol eng mit verschiedenen Institutionen und Expert*innen zusammen, um den Athlet*innen eine umfassende Unterstützung zu gewährleisten.

Links – unsere Umfeldbetreuung kurz für Eltern und Talente erklärt …

- Sportmedizin
  https://www.youtube.com/watch?v=XOlzxjUZizU
- Ernährung
  https://www.youtube.com/watch?v=yP2t0SZVJqU
- Physiotherapie
  https://www.youtube.com/watch?v=jgeMAudddZk&t=30s
- Psychologie
  https://www.youtube.com/watch?v=5c06PXimrks

Talentescouting Tirol

Ein zentraler Bestandteil der Arbeit des Nachwuchskompenzzentrum Tirols ist das Talentescouting, das kontinuierlich neue Talente in Tirol aufspürt und fördert. Das Talentescouting in Tirol erfolgt in enger Zusammenarbeit mit den Volksschulen des Landes sowie mit den Fachverbänden. Es wird großen Wert daraufgelegt, Talente frühzeitig zu identifizieren und ihnen durch individuelle Förderung den Weg in den Leistungssport zu ebnen. Im Jahr 2024 wurden zahlreiche neue Talente aus verschiedenen Sportarten aufgenommen.

Zusammenarbeit mit den Sportmittelschulen Tirols

Das NWKZ Tirol arbeitet eng mit den Sportmittelschulen in Tirol zusammen, um den Jugendlichen bereits in jungen Jahren eine optimale Ausbildung im Leistungssport zu ermöglichen. Diese Kooperation ermöglicht es den Schüler*innen, in einem Umfeld zu lernen und zu trainieren, das sowohl akademisch als auch sportlich förderlich ist. Der Austausch und die Integration von Wissen und Erfahrungen aus verschiedenen Sportarten sowie die gezielte Vorbereitung auf die höheren Schulen (wie SportBORG und SportHAS) sind wesentliche Bestandteile der Zusammenarbeit.

Portfolio von Nachwuchsleistungssport Tirol und seine Erfolge für den österreichischen Spitzensport

Das Portfolio des Nachwuchsleistungssports in Tirol umfasst eine Vielzahl erfolgreicher Athlet*innen, die in verschiedenen Disziplinen hervorgetreten sind. Diese Erfolge tragen maßgeblich zum Erfolg des österreichischen Spitzensports bei und belegen, dass Tirol ein wahres „Talenteschmiedeland" für den österreichischen Sport ist. Im Jahr 2024 konnten auch viele Tiroler Athlet*innen bei internationalen Wettkämp-

Rodel Juniorennationalteam bei der YOG 2024 – alle Athlet*innen vom Nachwuchskompetenzzentrum Tirol – v.r.n.l. Physiotherapeut Philipp Knoll, Trainerin Sandra Lembert, Victoria Gasser, Nina Lerch, Anna Lerch, Marie Riedl, Lina Riedl, Paul Socher, Moritz Schiegl, Johannes Scharnagl, Trainer Robert Manzenreiter, Cheftrainer Nachwuchs René Friedl

fen Medaillen und Qualifikationen für größere Events wie Weltmeisterschaften und Olympische Spiele erzielen.

Zusammenarbeit mit Institutionen in Tirol

Die erfolgreiche Entwicklung von Talenten am Nachwuchskompetenzzentrum Tirol ist nicht zuletzt der engen Zusammenarbeit mit verschiedenen Institutionen zu verdanken. Hierzu zählen insbesondere:

- Olympiazentrum Innsbruck (OZ Innsbruck)
- ISAG Natters (Institut für Sport-, Alpinmedizin und Gesundheitstourismus)
- Universität Innsbruck
- Fachverbände Tirols und deren Leistungszentren

Ausblick

Für das Jahr 2025 und darüber hinaus wird das Nachwuchskompetenzzentrum Tirol weiterhin seine Rolle als Förderer des österreichischen Spitzensports ausbauen. Durch innovative Programme im Talentescouting, die stetige Verbesserung der Ausbildungsstätten wie des SportBORG und der SportHAS Innsbruck und die enge Kooperation mit regionalen und nationalen Institutionen wird Tirol weiterhin eine zentrale Rolle in der Förderung des österreichischen Nachwuchssports spielen. Das erfolgreiche Konzept und die Zusammenarbeit aller Beteiligten bieten eine vielversprechende Grundlage für zukünftige Erfolge auf internationaler Ebene.

Das Gender Trainee Programm am Nachwuchskompetenzzentrum Tirol

Eine Erfolgsstory geht weiter …

Das *Nachwuchskompetenzzentrum Tirol (NWKZ Tirol)* hat sich seit seiner Gründung 2016 einen ausgezeichneten Ruf in der Förderung und Ausbildung von talentierten Nachwuchssportler*innen erarbeitet. Ein wichtiger Bestandteil in den letzten 4 Jahren ist das *Gender Trainee Programm des Sportministeriums (BMKÖS)*, das junge Trainerinnen unterstützt und fördert, um in einer professionellen Umgebung praktische Erfahrungen zu sammeln und ihre Fähigkeiten und Fertigkeiten zu entwickeln.

Team Tirol Leichtathletik

Das *Gender Trainee Programm* am NWKZ Tirol richtet sich speziell an Frauen, die eine Karriere im Leistungssportbereich als Trainerin anstreben. Ziel des Programms ist es, den Frauenanteil in der Trainer*innenlandschaft zu erhöhen und den Weg für die nächste Generation von Trainerinnen zu ebnen. Durch individuelle Betreuung und maßgeschneiderte Ausbildungsinhalte bietet das Programm den Teilnehmerinnen die Möglichkeit, sich mit den Anforderungen des Trainerberufs auseinanderzusetzen und praxisnahe Erfahrungen zu sammeln.

Ein herausragendes Beispiel für den Erfolg dieses Programms ist *Olivia Raffelsberger*, die im Rahmen des Gender Trainee Programms als Leichtathletiktrainerin für die Talente an den Leistungssportschulen in Tirol die letzten 4 Jahre gearbeitet hat. Olivia Raffelsberger ist eine talentierte Trainerin, die sich durch ihre Fachkompetenz und ihr Engagement in der Leichtathletik auszeichnet. Ihr Weg führte sie über das *Ausbildungsprogramm A als sportartspezifische Trainerin*, welches als anspruchsvoll und umfassend gilt. Während dieser Ausbildung konnte sie nicht nur ihre fachlichen Qualifikationen weiterentwickeln, sondern auch wertvolle praktische Erfahrungen im Traineralltag sammeln. Das Ausbildungsprogramm lief in enger Kooperation mit dem Tiroler Leichtathletikverband und dem Österreichischen Leichtathletikverband ab.

Ab *April 2025* wird Olivia Raffelsberger als *Bundesstützpunkttrainerin Leichtathletik* am Nachwuchskompetenzzentrum Tirol tätig sein. In dieser Funktion wird sie eine zentrale Rolle in der Entwicklung und Betreuung von jungen Tiroler Talenten in der Leichtathletik übernehmen und mit anderen Experten des NWKZ Tirol zusammenarbeiten, um das österreichische Nachwuchstraining auf höchstem Niveau weiter voranzutreiben. Raffelsberger wird dabei eine Schlüsselposition in der Förderung von Nachwuchsathlet*innen einnehmen, indem sie ihre Expertise in den Bereichen Trainingsplanung, -durchführung und -analyse einbringt.

Die Entscheidung, Olivia Raffelsberger als Bundesstützpunkttrainerin zu gewinnen, ist ein weiterer Schritt in der Stärkung des Geschlechtergleichgewichts im Leistungssport vor Ort. Sie ist ein Paradebeispiel für den Erfolg des Gender Trainee Programms, das jungen Frauen die Möglichkeit gibt, sich in einem traditionell männlich dominierten Bereich wie dem Leistungssport zu etablieren und eine führende Rolle zu übernehmen. Darüber hinaus profitieren die Talente vor Ort von Olivia Raffelsberger fachlicher Expertise und ihrer einfühlsamen Umgangsweise sehr.

Zusammenfassend lässt sich sagen, dass das *Gender Trainee Programm* am *Nachwuchskompetenzzentrum Tirol* eine bedeutende Rolle bei der Förderung von Frauen im Sport spielt und talentierte Trainerinnen wie Olivia Raffelsberger zu wertvollen Führungspersönlichkeiten ausbildet. Ihre zukünftige Tätigkeit als Bundesstützpunkttrainerin wird nicht nur den Erfolg der Tiroler und Österreichischen Leichtathletik, sowie des NWKZ Tirols weiter stärken, sondern auch dazu beitragen, das Potenzial von jungen Leichtathletinnen und -athleten auf nationaler und internationaler Ebene weiter zu entfalten.

Portrait Olivia Raffelsberger MSc – Gender Trainee Programm

Campus Sport Tirol Innsbruck Olympiazentrum

Das Campus Sport Tirol Innsbruck Olympiazentrum wurde 2011 gegründet und ist eine Kooperation zwischen dem Land Tirol, der Stadt Innsbruck und der Universität Innsbruck. Es dient der systematischen Förderung von Hochleistungs- und Nachwuchssportler*innen. Das Olympiazentrum verbindet Fachwissen aus verschiedenen Disziplinen wie Sportwissenschaft, Physiotherapie, Sportpsychologie, Ernährung und Medizin. Ein hochqualifiziertes Team unterstützt akkreditierte Athlet*innen bei ihrem täglichen Training und ihrer Regeneration. Die Athlet*innen profitieren von einer gezielten und individuellen 1:1-Betreuung. Eine/ein hauptverantwortliche/r Trainer*in übernimmt hierbei die Gesamtkoordination und den Überblick über alle betreuungsrelevanten Aspekte. Waren es 2011 ca. 25 akkreditierte Athlet*innen, sind es 2024 im Olympiazentrum bereits 116 betreute Sportler*innen aus mehr als 20 unterschiedlichen Sportarten. Alle akkreditierten Athlet*innen haben ein gemeinsames Ziel: Das Erreichen von Spitzenleistungen und das Erzielen von Medaillen. Die Aufgabe des Olympiazentrum Tirol Innsbruck ist es, dabei zu helfen, diese Träume wahr werden zu lassen. Seit Gründung des Olympiazentrums konnten die betreuten Athlet*innen, sei es in olympischen aber auch nicht-olympischen Sportarten sowie Parasportarten, bereits mehr als 120 Medaillen bei Großevents (OS, WM, EM) erzielen.

Das Olympiazentrum bietet zudem Österreichischen und Tiroler Fachverbänden sowie Tiroler Schulen mit sportlichem Schwerpunkt die Möglichkeit einer Leistungsdiagnostik für die Bereiche Kraft, Schnelligkeit, Koordination, Beweglichkeit und Ausdauer. Ziel ist die Überprüfung der wichtigsten konditionellen Fähigkeiten der jeweiligen Sportart. Die sich daraus ergebenden Längsschnittanalysen sind eine wichtige Grundlage für die Formulierung langfristiger Trainingskonzepte. Durch die Erstellung von sportmotorisch–konditionellen Normprofilen für verschiedene Altersstufen können Abweichungen vom optimalen Leistungszustand frühzeitig erkannt und entsprechend gegengesteuert werden.

Die Anbindung des Olympiazentrums an das Institut für Sportwissenschaft der Universität Innsbruck bietet auch die Möglichkeit, Erkenntnisse aus der sportwissenschaftlichen Forschung in das tägliche Training mit den Spitzensportler*innen zu implementieren. Schwerpunkte in der Forschungstätigkeit des Olympiazentrums liegen vor allem im Bereich der Talentforschung, der allgemeinen und spezifischen Leistungsdiagnostik, der Testgeräteentwicklung und der Verletzungsprophylaxe.

Der Höhepunkt im Jahr 2024 waren sicherlich die Olympischen Spiele in Paris, bei denen auch mehrere Trainer*innen des Olympiazentrums vor Ort ihre Athlet*innen anfeuerten. Besonders erfreulich waren natürlich die Bronzemedaillen von Jakob Schubert und Jessica Pilz im Boulder/Lead-Bewerb in der Sportart Klettern, der fünfte Platz von Nadine Ungerank im KK-Dreistellungsmatch sowie der zehnte Platz von Christina Schweinberger im Einzel-Radzeitfahren. Weitere herausragende Erfolge

David Hussl, Christoph Ebenbichler mit Jakob Schubert, Stefanie Brunner, Janine Flock

2024 erzielten Svetlana Moshkovich mit Gold bei der Paracycling-WM in Zürich und Eva Nagiller mit WM-Gold in Bern im Voltigieren.

Das vom Olympiazentrum veranstaltete *Trainerseminar Tirol* war auch 2024 ein voller Erfolg und wird im Frühjahr 2025 wiederum als Fortbildungsveranstaltung für Tiroler Verbands- und Vereinstrainer stattfinden.

Anfang November fand in Bregenz der jährliche Strategieausschuss des ÖOC mit den Vertretern der Olympiazentren sowie dem Sektions-Chef des BMKÖS statt. Im Rahmen dieses zweitägigen Treffens wurden unter anderem die Qualitätsrichtlinien für die Vergabe des Labels „Olympiazentrum" überarbeitet.

In der Folgewoche stand die Evaluierung aller österreichischen Olympiazentren, so auch jenes in Tirol, von Seiten einer vom ÖOC eingesetzten Kommission statt. Der Evaluierungsbericht bestätigte die außerordentlich hohe Qualität der Betreuungsarbeit, wies aber auch auf das Verbesserungspotenzial der Trainings-Infrastruktur und des Personalstandes in Tirol hin. Mit Unterzeichnung der Kooperationsvereinbarung mit dem ÖOC, wird für weitere vier Jahre das Label „Olympiazentrum Austria" verliehen.

Im Frühjahr 2024 wurde von den Österreichischen Olympiazentren über das ÖOC ein Antrag auf Geräteharmonisierung beim Ministerium eingereicht, der im Herbst genehmigt wurde. Dies führt zu einer weiteren Qualitätsverbesserung des Trainings bzw. der regenerativen Maßnahmen sowie bei der Behandlung von Verletzungen und Überlastungen. Die ersten Geräte trafen im Dezember 2024 im Olympiazentrum ein.

Seit 2024 spielt das Tiroler Olympiazentrum im Auftrag des ÖOC bei der Implementierung der Olympic Austria Athleten-Management-Plattform innerhalb der Olympiazentren und österreichischen Bundesfachverbänden eine zentrale Rolle. Die Plattform dient als flexibles Athleten-Management-Tool, welches Daten von Athlet*innen sammelt und visualisiert. Dabei erhalten Coaches detaillierte Einsichten zur Belastung, Leistung, Ernährung und Umfragen, um maßgeschneiderte Programme zu entwickeln, die jedem/r Athleten*in helfen, optimal vorbereitet und leistungsfähig zu sein.

Anfang Dezember 2024 nahmen Christian Raschner und Christoph Ebenbichler am ASPC Forum in Hongkong teil. Seit 2015 ist das Tiroler Olympiazentrum Mitglied der weltweiten Organisation von High Performance Center. Dabei konnten die beiden Herren aktuelle Leistungssportstrategien von führenden Sommersportnationen und Best-Practice-Beispiele von asiatischen Ländern kennenlernen. Im Rahmen des Forums fanden zudem zahlreiche Vorträge und Podiumsdiskussionen zu unterschiedlichen Themen des Leistungssports statt.

Euregio Sport Camp

Eine Woche voller Action, Sport und Spaß stehen Jahr für Jahr beim Euregio Sport Camp auf dem Programm. Durch das gemeinsame Training lernen die Teilnehmerinnen und Teilnehmer neue Sportarten kennen und haben die Möglichkeit, ihr Talent in der einen oder anderen sportlichen Disziplin zu entdecken. Die diesjährige Ausgabe fand von Samstag, 06. bis Samstag, 13. Juli 2024 in der Skimittelschule Neustift in Neustift im Stubaital - Tirol, statt. Die Teilnahme am Euregio Sport Camp war auch im Jahr 2024 60 jungen Sportlerinnen und Sportlern mit ausreichender körperlicher Grundausbildung der Jahrgänge 2010/2011/2012 vorbehalten.
In einer bunten und actionreichen Woche standen vor allem die Begegnungen im Fokus. So wurden schnell Freundschaften über die Landesgrenzen hinweg geknüpft und mögliche Herausforderungen, wie z. B. Sprachbarrieren, dank gemeinsamer Aktivitäten und der Unterstützung durch italienisch- und deutschsprachige Betreuerinnen und Betreuer überwunden. Verschiedene Exkursionen und interaktive Workshops mit Expertinnen und Experten rundeten die gemeinsame Woche ab.

Das Euregio Sport Camp wurde bereits zum neunten Mal von der Euregio Tirol-Südtirol-Trentino in Zusammenarbeit mit den Sportämtern der drei Länder organisiert und bot den 60 Jugendlichen aus der Euregio eine spannende und abwechslungsreiche Sommerwoche.

Neben der Möglichkeit verschiedene Sportarten wie Fußball, Volleyball etc. auszuüben, standen auch erlebnisreiche Bergwanderungen, Ausflüge wie zum Beispiel zum Grawa Wasserfall über den WildenWasserWeg, aber auch ein kultureller Ausflug in die Landeshauptstadt Innsbruck am Plan. Ein Abschlussfest rundete die vielseitige Woche ab und festigte neu errungene Freundschaften.

Die Betreuung erfolgte durch qualifiziertes Personal, welches garantierte, dass Stolpersteine wie etwa Sprachbarrieren aus dem Weg geräumt wurden und die Woche ein unvergessliches Erlebnis wurde.

„Rolli-taugliche Wanderwege“

Seit Frühjahr 2024 gibt es die Möglichkeit, Wanderwege auszeichnen zu lassen. In Zusammenarbeit mit der Abteilung Waldschutz wurde hierzu ein Konzept für die Klassifizierung von Wanderwegen für Menschen mit Möbilitätseinschränkung ausgearbeitet.

Als eine Maßnahme in Hinblick auf die UN- Behindertenrechtskonvention, aber auch mit der Vision eines inklusiven Tiroler Erholungsraums vor Augen, soll die Klassifizierung dazu beitragen, einen Teil der Wanderwege Tirols für möglichst alle Menschen zugänglich zu machen.

Die Wanderwege werden hierzu in Schwierigkeitsgraden eingestuft und mit einem Ausgangsschild beim Startpunkt bzw. mit weiteren

V. li.: Landesforstdirektor Josef Fuchs, LH Anton Mattle, Günter Salchner (Bgm Reutte) und Andreas Schreieck (Landschaftsdienst Land Tirol)

Wegweisern der jeweiligen Schwierigkeitsstufe ausgewiesen. Zusätzlich werden die Wegdaten aufgenommen und den Betreibern zur Veröffentlichung zur Verfügung gestellt.

Am 27. September 2024 fand die offizielle Eröffnung des rollstuhltauglichen Wanderweges im Bereich der Burgenwelt Ehrenberg am Schlosskopf im Beisein von Herrn Landeshauptmann Anton Mattle statt. „Die Schönheit unseres Landes soll für alle erlebbar sein“, betonte der Landeshauptmann.

Barrierefreie Wanderwege sind ein wichtiger Schritt für den Zugang zur Natur und zur Kultur, wobei auch Familien von ihnen profitieren.

Ski Mittelschule Neustift – Ziele und Angebot

Der Weg zur Weltspitze im Skirennlauf ist weit und zäh und erfordert von den Rennläufer*innen neben einem sehr hohen Maß an Talent und Können auch große Zielstrebigkeit und viel Durchhaltevermögen. Die Ski-Mittelschule begleitet die Nachwuchshoffnungen einen gewissen Abschnitt auf dem von ihnen angestrebten Weg „nach oben“ und stellt somit eine wichtige Station im sportlichen Werdegang der Skitalente dar. Die Karriere eines/einer Skirennläufer*in vom/von der Nachwuchs- zum/zur Nachwuchsläufer*in umfasst viele Stationen. Am Anfang stehen als wichtigste sportliche Förderer die Eltern des Kindes und bald auch der Skiclub, durch welche den Kindern neben skitechnischer Fortbildung vor allem Freude am Skilauf und ein breites Bewegungsangebot vermittelt werden sollte. Ab dem Alter von 10 bis 14 Jahren kann bei entsprechender Leistung der Aufstieg in ein Bezirkskader oder Landeskader geschafft werden.

Das Internatsgebäude der Ski-Mittelschule in Neustift

Tirols Talente – voll konzentriert im Training

Um in diesem Alter, in dem der Sport eine immer zentralere und zeitintensivere Rolle im Alltag der Schüler*innen spielt, die schulische Ausbildung und den Sport optimal kombinieren zu können, bietet sich die Ski-Mittelschule mit ihren organisatorischen, fachlichen und methodischen Möglichkeiten als Ausbildungsstätte an. Hier ist dafür gesorgt, dass nicht der kurzfristige Erfolg als oberstes Ziel gesehen wird, sondern dass auf die langfristige sportliche und vor allem auch schulische Entwicklung von Skirennläufer*innen Bedacht genommen wird.

Die Liste der prominenten Absolvent*innen der Ski-Mittelschule Neustift bestätigt, dass es sich hierbei um eine absolute Erfolgsgeschichte handelt. So haben etwa Manfred Pranger, Stephan Eberharter, Tanja Schneider, Peter Rzehak, Christine Sponring, Kathrin Wilhelm, Harti Weirather, Georg Ager, Elisabeth Kirchler, Bernhard Gstrein, Georg Totschnig, Christoph Nösig, Anton (Jimmy) Steiner, Stephanie Moser, Alexandra Daum, Stefanie Köhle, Thomas Dreßen, Manuel Feller, Rosina Schneeberger, Stephanie Brunner u. v. a. m. die Schule im Stubaital besucht.

Höchste Aufmerksamkeit, wenn die Lehrer-/Trainer*innen den Tagesablauf erklären.

Von links: Thomas Rohregger, Reinhard Eberl, Ralf Roth, Sabrina Scheiber, Heiko Wilhelm und Martin Ebster

Sport Event Strategie Tirol

Im Jahr 2024 wurde die sog. Sport Event Strategie Tirol ins Leben gerufen. Sie stellt eine bedeutende Entscheidungs- und Handlungsgrundlage für die Tiroler Landesregierung zur Unterstützung, Steuerung und Förderung von Sport(groß)veranstaltungen im Land Tirol dar. Die Erarbeitung der Sport Event Strategie erfolgte unter Beteiligung zahlreicher (inter) nationaler Expert*innen aus Sport und Tourismus sowie weiteren relevanten Stakeholdern und unter Berücksichtigung eines Stimmungsbilds der Tiroler Bevölkerung.

Die Strategie nennt sechs Leitziele und Handlungsschwerpunkte für die systematische und zielgerichtete Weiterentwicklung des vorhandenen Sporteventsspektrums hin zu einer vielfältigen, wirkungsvollen und nachhaltigen Sporteventlandschaft in Tirol. Sie gibt Orientierung für die verantwortungsvolle Ausrichtung von Breiten- und Spitzensportveranstaltungen und die strategische Akquise und Nachnutzung sportlicher Großereignisse zur langfristigen, sportlichen, organisatorischen und infrastrukturellen Stärkung der Region.

Im Sinne einer „lernenden Strategie" werden die Leitziele und Handlungsschwerpunkte regelmäßig auf ihre Wirksamkeit untersucht und weiterentwickelt. Für eine erfolgreiche Umsetzung ist die Beteiligung aller politisch Handelnden sowie der Kernleistungsträger*innen und Veranstalter*innen erforderlich.

Die sechs Leitziele und Handlungsschwerpunkte lauten folgendermaßen:

- Optimierung der digitalen Prozesse zur Etablierung einer qualitätsgeprüften Datengrundlage zu Sportveranstaltungen in Tirol.
- Nutzung bestehender Sportanlagen sowie bedarfsgerechte Weiterentwicklung und Modernisierung nach internationalen Standards.
- Schaffung von Anreizsystemen zur Umsetzung nachhaltiger, klimaschonend organisierter Sportveranstaltungen.
- Förderung des Breitensports durch zukunftsfähige Initiativen und Unterstützung von Sportvereinen in der Veranstaltungsumsetzung.
- Erfolgreiche Akquise wirkungsvoller Sportgroßveranstaltungen für Tirol und Sicherstellung deren zielgerichteter Nachnutzung.
- Vernetzung zwischen Sportveranstalter*innen, Leistungsträger*innen und der Wirtschaft zur Unterstützung von Zusammenarbeit und Wissenstransfer.

Grundlage für den strategischen Einsatz und die nachhaltige Nutzung von Sportveranstaltungen ist die Etablierung eines ganzheitlichen Wirkungsverständnisses und die gezielte Auswahl und Ausrichtung von Sportveranstaltungen. Der Blick ist dabei stets darauf gerichtet, im Einklang mit dem einhergehenden Potenzial übergeordneter Strategien und den Zielen im Land Tirol, den Tourismusregionen oder einzelnen Gemeinden zu sein.

Tirol will zukünftig Modellregion für nachhaltige Sportgroßveranstaltungen sein und verankert dafür mit der Sport Event Strategie Tirol Handlungsgrundsätze zur verantwortungsvollen Akquise und Ausrichtung von Großereignissen sowie die Gestaltung von Nachnutzungskonzepten im Förderwesen.

Rio2016

Meister des Tiroler Sports

TIROLER MINI-, MIDI-, KINDER-, SCHÜLER-, JUGEND-, JUNIOREN-, U23-MEISTER 2024

ÖSTERREICHISCHE SCHÜLER-, JUGEND-, JUNIOREN-, U23-MEISTER 2024

INTERNATIONALE ERFOLGE IN DEN KLASSEN JUGEND, JUNIOREN, U23 – 2024

TIROLER MEISTER

BADMINTON	**Schüler U13**	
	Hanna DANDER, Badmintonclub Jenbach	Doppel, Einzel, Mixed Doppel
	Elisabeth MAYER, Badmintonclub Jenbach	Doppel
	Panthiye Gedara Lihini SENAL, Badminton Telfs	Mixed Doppel
	Florian NIEDERMAYER, Turnerschaft Sparkasse Schwaz	Einzel
	Jugend U19	
	Lea DANDER, Badmintonclub Jenbach	Doppel, Einzel
	Linda HAUN, Badmintonclub Jenbach	Doppel
	Romy NOTHEGGER, Badmintonclub Kitzbühel - St. Johann in Tirol	Mixed Doppel
	Markus PERSCHINKA, Badmintonclub Kitzbühel - St. Johann in Tirol	Doppel, Einzel, Mixed Doppel
	Sebastian PERSCHL, Badmintonclub Kitzbühel - St. Johann in Tirol	Doppel
	Badmintonclub Jenbach	Mannschaft
	Schüler U15	
	Alexa HAUN, Badmintonclub Jenbach	Doppel
	Elisabeth MAYER, Badmintonclub Jenbach	Mixed Doppel
	Carina TSCHENET, Badmintonclub Jenbach	Doppel, Einzel
	Tobias NIEDERMAYER, Turnerschaft Sparkasse Schwaz	Doppel, Einzel, Mixed Doppel
	Florian NIEDERMAYER, Turnerschaft Sparkasse Schwaz	Doppel
	Turnerschaft Sparkasse Schwaz	Mannschaft
	Schüler U15	
	Jonas GEROLD, Sportverein Nußdorf-Debant	Einzel
BASKETBALL	**Schüler**	
	Turnerschaft Innsbruck	Mannschaft Herren
	Jugend U 14	
	Basketballclub Kufstein Towers	Mannschaft Herren
	Jugend U 16	
	SWARCO RAIDERS Tirol	Mannschaft Herren
	Jugend U 19	
	SWARCO RAIDERS Tirol	Mannschaft Herren
BILLARD - POOL - BILLARD	**Mädchen**	
	Andrea BACHLER, Billardclub Saustall Fieberbrunn	8-Ball, 9-Ball, 10-Ball
	Ana HEISSL, Billardclub Saustall Fieberbrunn	Technikbewerb
	Schüler	
	Raphael BIASIO, Sport-Billard-Club Inzing - SBCI	14/1 endlos, 8-Ball, 9-Ball, 10-Ball
	Junioren	
	Fabian EISNER, LITTLE POOL TEAM INNSBRUCK	14/1 endlos, 8-Ball
	Nathan HUEMER, Sport-Billard-Club Inzing - SBCI	10-Ball
	Talha ULUSOY, Billard-Club Vils	9-Ball
	Knirpse	
	Raphael MARTH, Billard-Club Vils	Technikbewerb, 8-Ball
	Yannik PUTZER, Billardclub Saustall Fieberbrunn	9-Ball, 10-Ball
BOGENSPORT	**U 18**	
	Boroka DÖMÖTÖR, Bogensportclub-Jenbach	Indoor Compound
	Joana FUCHS, Bogensportverein Brixlegg - Reith i.A."NAVAJOS"	Feld Recurve
	Theodor WECHNER, Bogensportclub Schwaz/Vomp	Indoor Recurve
	U 15	
	Lisa ROHREGGER, Bogensportclub Schwaz/Vomp	Indoor Recurve, Outdoor Recurve
	Emelie WALCH, Bogenschützenverein Imst	3D Barebow
	Fabian WALCH, Bogenschützenverein Imst	Feld Compound, Indoor Compound, Outdoor Compound, 3D Compound
	Jonas WIDMOSER, Bogensportclub Schwaz/Vomp	Indoor Recurve
	U 21	
	Vincent DOTZAUER, Innsbrucker Hauptschützengesellschaft	Indoor Compound
	U 13	
	Peter UNTERKIRCHER, Bogensportverein Brixlegg - Reith i.A."NAVAJOS"	Outdoor Recurve
	BOXEN	
	Schoolgirls (U15)	
	Nadja ARSENIC, Boxclub Steinadler Wörgl	Boxen - bis 52 kg (Bantamgewicht)
	Juniors (U17)	
	Ahmed Yasin ABDULWAHAB, Box Ring Innsbruck	Boxen - bis 60 kg (Leichtgewicht)
	Mohammed ARGHANDIWAL, Box Ring Innsbruck	Boxen - bis 48kg (Halbfliegengewicht)
	Leonard BERCHTOLD, Boxclub Innsbruck	Boxen - bis 63 kg (Halbweltergewicht)
	Raphael CHIENPRADIT, Boxclub Innsbruck	Boxen - bis 57 kg (Federgewicht)
	Ronjan DIONELA, Boxclub Innsbruck	Boxen - bis 54 kg (Bantamgewicht)
	Azat DONDURMA, Box Ring Innsbruck	Boxen - über 80 kg (Schwergewicht)
	Tugra DÜZENLI, Box Ring Innsbruck	Boxen - bis 70 kg (Halbmittelgewicht)
	Ihor NEOFIDI, Boxclub Steinadler Wörgl	Boxen - bis 80 kg (Halbschwergewicht)
	Ivan PITEK, Boxclub Steinadler Wörgl	Boxen - bis 75 kg (Mittelgewicht)
	Youth (U19)	
	eldin ALETOVIC, Boxclub Steinadler Wörgl	Boxen - bis 80 kg (Halbschwergewicht)
	Abdul-Halim ALHAZUROV, Union Box Club Lienz	Boxen - bis 63,5 kg (Halbweltergewicht)
	Mohammad Sahil ARGHANDIWAL, Box Ring Innsbruck	Boxen - bis 60 kg (Leichtgewicht)
	Emirhan GÜNYELI, Boxclub Steinadler Wörgl	Boxen - bis 75 kg (Mittelgewicht)
	Nico KRUSELBURGER, Boxclub Steinadler Wörgl	Boxen - bis 67 kg (Weltergewicht)
	Sven TILLITZ, Boxclub Innsbruck	Boxen - bis 71 kg (Halbmittelgewicht)
	Schoolboys (U15)	
	Andjelo GOMES, Boxout Innsbruck	Boxen - bis 46 kg (Papiergewicht)
	Nazar HOLOWIN, Boxclub Steinadler Wörgl	Boxen - bis 50 kg (Fliegengewicht)
	Artem NEOFIDI, Boxclub Steinadler Wörgl	Boxen - bis 48 kg (Halbfliegengewicht)
	Cristian NEUSCHLI, Boxclub Steinadler Wörgl	Boxen - bis 43 kg (Papiergewicht)
	Yahya SCHMIDT, Box Ring Innsbruck	Boxen - bis 52 kg (Bantamgewicht)
	Giuliano TOMIC, Boxout Innsbruck	Boxen - bis 56 kg (Leichtgewicht)
	Hamza UMCHAEV, Box Ring Innsbruck	Boxen - bis 40 kg (Papiergewicht)
	Schüler (U13)	
	Samuel GRUBER, Boxclub Steinadler Wörgl	Boxen - bis 44,5 kg (Papiergewicht)
	Onur ÖZTÜRK, Boxclub Steinadler Wörgl	Boxen - bis 68 kg (Mittelgewicht)
	Ramon STANOJEVIC, Boxout Innsbruck	Boxen - bis 46 kg (Papiergewicht)

EIS- UND STOCKSPORT	**Jugend U 19**	
	Natalie ABERGER, Eisschützenverein Angerberg	Eisstocksport - Ziel, Stocksport - Ziel, Eisstocksport - Mannschaftsspiel Herren, Stocksport - Mannschaftsspiel
	Denise LEITER, Eisschützenclub Imst	Eisstocksport - Mannschaftsspiel Herren
	Melanie LEITER, Eisschützenclub Imst	Eisstocksport - Mannschaftsspiel Herren, Stocksport - Mannschaftsspiel
	Elias BURGSTALLER, Eisschützenverein Brandenberg	Stocksport - Ziel
	Semjen DE MAN, Sportclub Schwaz Stocksport	Eisstocksport - Mannschaftsspiel Herren, Stocksport - Mannschaftsspiel
	Hannes HANSER, Sportclub Schwaz Stocksport	Eisstocksport - Ziel, Eisstocksport - Mannschaftsspiel Herren, Stocksport - Mannschaftsspiel
	Junioren U 23	
	Natalie ABERGER, Eisschützenverein Angerberg	Stocksport - Ziel, Eisstocksport - Mannschaftsspiel Herren
	Sina RIEGER, Eis- Stocksportverein Pinswang	Eisstocksport - Ziel
	Lukas GSCHÖSSER, Eisschützenverein Angerberg	Eisstocksport - Ziel, Stocksport - Ziel, Eisstocksport - Mannschaftsspiel Herren
	Hannes HANSER, Sportclub Schwaz Stocksport	Eisstocksport - Mannschaftsspiel Herren
	Hans-Joachim PFOHL, Eisschützenverein Ebbs	Eisstocksport - Mannschaftsspiel Herren
	Jugend U 16	
	Laura KAISER, Eisschützenclub Imst	Stocksport - Ziel
	Denise LEITER, Eisschützenclub Imst	Eisstocksport - Ziel
	Elias BURGSTALLER, Eisschützenverein Brandenberg	Eisstocksport - Mannschaftsspiel Herren, Stocksport - Mannschaftsspiel
	Fabian GRUBER, Sport- und Bergfreunde Pflach - Zweigverein Stocksport	Stocksport - Ziel
	Christian MEßNER, Eisschützenverein Brandenberg	Eisstocksport - Ziel, Eisstocksport - Mannschaftsspiel Herren, Stocksport - Mannschaftsspiel
	Hannes MESSNER, Eisschützenverein Ebbs	Eisstocksport - Mannschaftsspiel Herren
	Tobias MESSNER, Eisschützenverein Brandenberg	Eisstocksport - Mannschaftsspiel Herren, Stocksport - Mannschaftsspiel
	Werner MÜLLER, Sportverein Olympisches Dorf ZV - Stocksport	Stocksport - Mannschaftsspiel
	Schüler U 14	
	Johanna VITZTHUM, Eisschützenverein Endland Waidring	Stocksport - Ziel
	Lara WALCH, Eisschützenclub Imst	Eisstocksport - Ziel
	Noah KASTNER, Sport- und Bergfreunde Pflach - Zweigverein Stocksport	Stocksport - Ziel
	Pascal MELLITZER, Sport- und Bergfreunde Pflach - Zweigverein Stocksport	Eisstocksport - Ziel
	Schüler U 14	
	Alen EFTIMOV, Sport- und Bergfreunde Pflach - Zweigverein Stocksport	Eisstocksport - Mannschaftsspiel Herren
	Noah KASTNER, Sport- und Bergfreunde Pflach - Zweigverein Stocksport	Eisstocksport - Mannschaftsspiel Herren, Stocksport - Mannschaftsspiel
	Marcel MELLITZER, Sport- und Bergfreunde Pflach - Zweigverein Stocksport	Eisstocksport - Mannschaftsspiel Herren, Stocksport - Mannschaftsspiel
	Pascal MELLITZER, Sport- und Bergfreunde Pflach - Zweigverein Stocksport	Eisstocksport - Mannschaftsspiel Herren, Stocksport - Mannschaftsspiel
	Werner MÜLLER, Sportverein Olympisches Dorf ZV - Stocksport	Eisstocksport - Mannschaftsspiel Herren, Stocksport - Mannschaftsspiel
EISHOCKEY	**Schüler U 13**	
	Hockey Club Kufstein	Eishockey Herren
	Schüler U 15	
	Spielgemeinschaft EC Götzens / EC Zirl	Eishockey Herren
	Jugend U 18	
	Spielgemeinschaft EC Götzens / EC Zirl	Eishockey Herren
EISKUNSTLAUF	**Schüler**	
	Lisa KLINGLER, UNION EISSPORT KLUB INNSBRUCK	Einzel
	Jugend	
	Sarah MAYR, UNION EISSPORT KLUB INNSBRUCK	Einzel
	Junioren	
	Theresa TROGER, Innsbrucker Eislaufverein	Einzel
EISSCHNELLLAUF	**Junioren C**	
	Kateryna DEMYDENKO, Union Speedskating Club Innsbruck	Allround Vierkampf
	Junioren E	
	Johanna-Maria ERHARTER, Skiclub Lattella Wörgl, Zweigverein Team Ice-Skating	Allround Vierkampf
	Emil WÖRLE, Union Speedskating Club Innsbruck	Allround Vierkampf
	Junioren B	
	Sofia GERBER-DELLA-PIETRA, Union Speedskating Club Innsbruck	Allround Vierkampf
	Daniel KROJER, Union Speedskating Club Innsbruck	Allround Vierkampf
	Junioren D	
	Leonie HANN, Union Speedskating Club Innsbruck	Allround Vierkampf
	Xaver ZANGERL, Union Speedskating Club Innsbruck	Allround Vierkampf
	Junioren F	
	Lena PERGER, Union Speedskating Club Innsbruck	Allround Vierkampf
	Junioren A	
	Paul WÖRLE, Union Speedskating Club Innsbruck	Allround Vierkampf
FLOORBALL / UNIHOCKEY	**U 12**	
	Unihockeyclub Alligator Rum	Kleinfeld Herren
	U 16	
	Unihockeyclub Alligator Rum	Kleinfeld Herren
FUSSBALL	**Nachwuchs U 14**	
	SK Kappa Rum 1965	Mannschaft Herren
	Nachwuchs U 15	
	Sportklub Ebbs	Mannschaft Herren
	Nachwuchs U 16	
	FC Wacker Innsbruck	Mannschaft Herren
	Nachwuchs U 18	
	Sportvereinigung Reichenau Zweigverein Fußball	Mannschaft Herren
GEWICHTHEBEN	**Junioren - U 23**	
	Alina BERGONZI, 1.Arbeiter Kraftsportverein Innsbruck	Zweikampf - bis 59 kg
	Victoria STEINER, Kraftsportverein Rum	Zweikampf - bis 64 kg

	Schüler - U 9	
	Anabell PERKTOLD, Kraftsportclub Bad Häring/Kufstein	Zweikampf, Mehrkampf
	Manuel GRUBER, Kraftsportclub Bad Häring/Kufstein	Zweikampf, Mehrkampf
	Junioren - U 20	
	Florian BARTH, Kraftsportverein Rum	Zweikampf - bis 102 kg
	Schüler - U 13	
	Benjamin HOFER, Kraftsportverein Rum	Zweikampf
	Jugend - U 15	
	Manuel OSTHEIMER, Kraftsportverein Rum	Zweikampf - bis 55 kg
GOLF	**Jugend - U 16**	
	Laura CZASTKA, Golfclub Wilder Kaiser - Ellmau	Zählspiel
	Leo URAKI, Olympia Golfclub Igls	Zählspiel
	Schüler - U 14	
	Adele KONTRUS, Golfclub Innsbruck-Igls	Zählspiel
	Eugen KONTRUS, Golfclub Innsbruck-Igls	Zählspiel
	Jugend - U 18	
	Amelie WOLF, Golfclub Innsbruck-Igls	Zählspiel
	Tobias BAUER, Golf- und Landclub Achensee	Zählspiel
	Schüler - U 12	
	Melina WURZRAINER, Golfclub Kitzbüheler Alpen Westendorf	Zählspiel
	Rafael NORZ, Golfclub Seefeld-Wildmoos, Seefeld-Tirol	Zählspiel
	Junioren - U 21	
	Janik WURZRAINER, Golfclub Kitzbüheler Alpen Westendorf	Zählspiel
HANDBALL	**Schüler - U 8**	
	Union LZ Sparkasse Schwaz	Mattenhandball
	Schüler - U 10	
	Union LZ Sparkasse Schwaz	Mattenhandball
	Schüler - U 11	
	SG ASKÖ Lions Kirchbichl/Kundl	Mannschaft Herren
	Schüler - U 12	
	Union Handball Telfs Meinhardinum	Mannschaft Damen
	Union LZ Sparkasse Schwaz	Mannschaft Herren
	Schüler - U 13	
	Union Handball Telfs Meinhardinum	Mannschaft Damen
	Arbeiter Turn- und Sportverein Innsbruck - Zweigverein HIT medalp Tirol	Mannschaft Herren
	Schüler - U 14	
	Union Handball Telfs Meinhardinum	Mannschaft Damen
	Arbeiter Turn- und Sportverein Innsbruck - Zweigverein HIT medalp Tirol	Mannschaft Herren
	Jugend - U 16	
	Arbeiter Turn- und Sportverein Innsbruck - Zweigverein HIT medalp Tirol	Mannschaft Herren
JUDO	**Jugend - U 16**	
	Juliana ANGERER, Swarovski Wattens, Werkssportgemeinschaft	Einzel - bis 63 kg
	Rosalie BAUMANN, ATSV Jenbach - Judo	Einzel - bis 70 kg, Einzel - über 70 kg
	Jasmin ENNEMOSER, Judozentrum Innsbruck	Einzel - bis 48 kg
	Franziska KRUMPHOLZ, Judoclub Volksbank Tirol Sport Total	Einzel - bis 44 kg
	Mathilda MEINGAST, Judozentrum Innsbruck	Einzel - bis 52 kg
	Nia RABL, Judozentrum Innsbruck	Einzel - bis 57 kg
	Sarah RAHM, Zillertaler Ranggler- und Judoverein	Einzel - bis 36 kg
	Daris KANAZOVIC, Judoclub Volksbank Tirol Sport Total	Einzel - bis 50 kg
	Merfan MOHAMAD, Swarovski Wattens, Werkssportgemeinschaft	Einzel - bis 81 kg
	Theodor PAVLOV, Judoclub Volksbank Tirol Sport Total	Einzel - bis 55 kg
	Benjamin PAYER, Judo Union Raiffeisen Osttirol	Einzel - bis 60 kg
	Efe SOYSAL, Judoclub Tiroler Oberland	Einzel - bis 66 kg
	Sven WOLFF, Judozentrum Innsbruck	Einzel - bis 46 kg
	Jugend - U 18	
	Rosalie BAUMANN, ATSV Jenbach - Judo	Einzel - bis 70 kg
	Leonie GANZER, Judo Union Raiffeisen Osttirol	Einzel - bis 63 kg
	Franziska KRUMPHOLZ, Judoclub Volksbank Tirol Sport Total	Einzel - bis 52 kg
	Laura LANTHALER, Zillertaler Ranggler- und Judoverein	Einzel - bis 57 kg
	Felix EINFINGER, Judozentrum Innsbruck	Einzel - bis 73 kg
	Leo FRICKH, Swarovski Wattens, Werkssportgemeinschaft	Einzel - bis 60 kg
	Peter OBEXER, Judozentrum Innsbruck	Einzel - bis 81 kg
	Daniel OTT, Judozentrum Innsbruck	Einzel - bis 55 kg
	Junioren - U 21	
	Rosalie BAUMANN, ATSV Jenbach - Judo	Einzel - bis 70 kg
	Leonie GANZER, Judo Union Raiffeisen Osttirol	Einzel - bis 63 kg
	Laura LANTHALER, Zillertaler Ranggler- und Judoverein	Einzel - bis 57 kg
	Rosina LEIBRECHT, Zillertaler Ranggler- und Judoverein	Einzel - über 78 kg
	David MAYR, Judozentrum Innsbruck	Einzel - bis 60 kg
	Maximilian RITSCH, Judo- und Rangglverein Raiffeisen Fieberbrunn	Einzel - bis 81 kg
	Efe SOYSAL, Judoclub Tiroler Oberland	Einzel - bis 66 kg
	Schüler - U 12	
	Sarah ENNEMOSER, Judozentrum Innsbruck	Einzel - bis 32 kg
	Dorotea JOVICIC, Zillertaler Ranggler- und Judoverein	Einzel - bis 25 kg
	Eva KÖCHL, Swarovski Wattens, Werkssportgemeinschaft	Einzel - bis 48 kg, Einzel - bis 52 kg
	Domenica RAHM, Zillertaler Ranggler- und Judoverein	Einzel - bis 28 kg
	Natalie WIBMER, Judo Union Raiffeisen Osttirol	Einzel - bis 36 kg, Einzel - bis 40 kg
	Max HAUSER, Zillertaler Ranggler- und Judoverein	Einzel - bis 42 kg
	Sebastian HOLZKNECHT, Judozentrum Innsbruck	Einzel - bis 27 kg
	Mathias PAYER, Judo Union Raiffeisen Osttirol	Einzel - bis 46 kg
	Jakob SCHÖSER, Zillertaler Ranggler- und Judoverein	Einzel - bis 50 kg
	Fabian STEFFAN, Swarovski Wattens, Werkssportgemeinschaft	Einzel - bis 34 kg
	Schüler - U 14	
	Jasmin ENNEMOSER, Judozentrum Innsbruck	Einzel - bis 48 kg
	Anja FUETSCH, Judo Union Raiffeisen Osttirol	Einzel - bis 40 kg
	Eva JÖBSTL, Judo- und Rangglverein Raiffeisen Fieberbrunn	Einzel - bis 28 kg
	Lena KERBER, Zillertaler Ranggler- und Judoverein	Einzel - bis 44 kg
	Nika POPPELLER, Judo Union Raiffeisen Osttirol	Einzel - bis 36 kg
	Chiara ROKS, Sportverein Reutte Judo	Einzel - bis 57 kg
	Yasmin SABBAN, Judozentrum Innsbruck	Einzel - über 57 kg
	Franziska SEISSL, Judoclub Volksbank Tirol Sport Total	Einzel - bis 52 kg

	Nevio BAUMANN, ATSV Jenbach - Judo	Einzel - bis 55 kg
	Noah BRUNNER, Judo Union Raiffeisen Osttirol	Einzel - bis 38 kg
	Nikolas FUHRY, Judozentrum Innsbruck	Einzel - bis 66 kg
	Max HAUSER, Zillertaler Ranggler- und Judoverein	Einzel - bis 42 kg
	Tobias HOLLAUS, ATSV Jenbach - Judo	Einzel - bis 60 kg
	Daris KANAZOVIC, Judoclub Volksbank Tirol Sport Total	Einzel - bis 50 kg
	Fabian KÖNIG, Judozentrum Innsbruck	Einzel - bis 46 kg
	Fabian STEFFAN, Swarovski Wattens, Werkssportgemeinschaft	Einzel - bis 34 kg
	Zillertaler Ranggler- und Judoverein	Mannschaft Damen - Mannschaft
	Judozentrum Innsbruck	Mannschaft Herren - Mannschaft
	Jugend - U 17	
	Nikolas KERN, Judozentrum Innsbruck	Einzel - bis 66 kg
KICKBOXEN	**Children (U 10)**	
	Selena PIROVANO, JP Martial Arts	Point-Fighting - bis 24 kg
	U 16	
	Adrian UNTERRAINER, High-Side-Kicks Kickboxing Verein Hopfgarten	Point-Fighting - bis 47 kg
KLETTERN	**Schüler - U 12**	
	Mona EHRHART, Alpenverein Innsbruck	Lead
	Matilda NEUSCHWENDTER, Österreichischer Alpenverein - Sektion Wörgl-Wildschönau	Boulder
	Laurin HÖSS, Alpenverein Innsbruck	Boulder
	Serafin RAUCH, Österreichischer Alpenverein, Sektion Imst-Oberland	Lead
	Jugend B - U 16	
	Anna EHRHART, Alpenverein Innsbruck	Lead
	Luisa HAID, Alpenverein Innsbruck	Boulder
	Jakob Simon GASTL, Österreichischer Alpenverein - Sektion Wörgl-Wildschönau	Lead
	Alexander NARR, Alpenverein Innsbruck	Boulder
	Schüler - U 14	
	Ella GRAF, Österreichischer Alpenverein - Sektion Zillertal	Lead
	Hanna PALI, Österreichischer Alpenverein - Sektion Wilder Kaiser St.Johann/Tirol	Boulder
	Lorenz RAUCH, Österreichischer Alpenverein, Sektion Imst-Oberland	Boulder
	Simon SCHMUTZHARD, Österreichischer Alpenverein - Sektion Wörgl-Wildschönau	Lead
	Mini - U 10	
	Sina KLIER, Alpenverein Innsbruck	Boulder, Lead
	Adrian LANG, Alpenverein Innsbruck	Boulder
	Jonas STÖCKL, Österreichischer Alpenverein - Sektion Wörgl-Wildschönau	Boulder, Lead
LEICHTATHLETIK	**Schüler - U 16**	
	Deborah ACHLEITNER, IAC - LEICHTATHLETIK	Fünfkampf Halle, Kugelstoßen, Kugelstoßen Halle, Siebenkampf, Weitsprung, Weitsprung Halle, 100 m, 60 m Halle, 60 m Hürden Halle
	Rabea BRUGGER, Turnerschaft Innsbruck	Diskuswurf, Diskuswurf Winterwurf
	Alina BÜHL, Tri & Run Thiersee	Crosslauf
	Antonia DENGG, Turnerschaft Sparkasse Schwaz	300 m Hürden
	Lea FLÖRL, IAC - LEICHTATHLETIK	1.000 m
	Elina GANZER, Sportunion Raiffeisen Lienz	300 m
	Lena GEMS, Laufgemeinschaft Decker Itter	Berglauf, 3.000 m
	Vanessa HUEBER, LEICHTATHLETIK CLUB TIROL INNSBRUCK	Hammer Winterwurf
	Leonie KURZ, IAC - LEICHTATHLETIK	Stabhochsprung
	Lilly MANZL, IAC - LEICHTATHLETIK	Speerwurf, Speerwurf Winterwurf, 3.000 m Bahngehen
	Rhia SCHATZER, Turnerschaft Innsbruck	Hochsprung Halle
	Eva SCHMID, IAC - LEICHTATHLETIK	Hochsprung, 80 m Hürden
	Liv Antonia VENERI, Arbeiter- Turn- und Sportverein Innsbruck	Stabhochsprung Halle
	Paul BRACCO, Turnerschaft Innsbruck	300 m, 1.000 m
	Emilio FREITAG, Laufgemeinschaft Decker Itter	Crosslauf, 3.000 m
	Dominik HAAS, Sportverein Reutte Zweigverein Leichtathletik Raiffeisen	Hochsprung
	Florian MENZEL, Sportklub Völs Zweigverein Leichtathletik	Weitsprung, 100 m Hürden, 60 m Hürden Halle
	Leo MÖSSNER, Turnerschaft Innsbruck	Hochsprung Halle
	Josef PLATTNER, Turnerschaft Sparkasse Schwaz	Fünfkampf Halle, Stabhochsprung, Stabhochsprung Halle, Weitsprung Halle, 100 m, 300 m Hürden, 60 m Halle
	Christian SAPL, Sportclub Lauftreff Breitenbach	Berglauf
	Raphael SINGER, Sportverein Reutte Zweigverein Leichtathletik Raiffeisen	Diskuswurf, Diskuswurf Winterwurf
	Raffael VENT, Sportverein Reutte Zweigverein Leichtathletik Raiffeisen	Kugelstoßen, Kugelstoßen Halle, Siebenkampf, Speerwurf, Speerwurf Winterwurf
	Laufgemeinschaft Decker Itter	Berglauf Mannschaft Damen, Crosslauf Mannschaft Herren, 3 x 1.000 m
	Turnerschaft Innsbruck	Crosslauf Mannschaft Damen, 3 x 800 m, 4 x 100 m mixed
	IAC - LEICHTATHLETIK	Fünfkampf Halle Mannschaft, Siebenkampf Team, 4 x 100 m Damen
	Sportclub Lauftreff Breitenbach	Berglauf Mannschaft Herren
	Sportverein Reutte Zweigverein Leichtathletik Raiffeisen	Fünfkampf Halle Mannschaft, 4 x 100 m Herren
	Jugend - U 18	
	Deborah ACHLEITNER, IAC - LEICHTATHLETIK	Kugelstoßen, Weitsprung, Weitsprung Halle, 60 m Halle
	Theresa ASTENWALD, Turnerschaft Innsbruck	Stabhochsprung
	Karin BAUER, Sportverein Brixlegg - Zweigverein Leichtathletik	Speerwurf Winterwurf
	Linda BUCHER, Leichtathletikgemeinschaft Pletzer Hopfgarten	400 m Hürden
	Fabiola FORTSCHEGGER, Sportunion Raiffeisen Lienz	Berglauf, Crosslauf, 5 km Straßenlauf
	Hanna GASSER, Turnerschaft Innsbruck	100 m Hürden
	Anna HÖCK, Leichtathletikgemeinschaft Pletzer Hopfgarten	3.000 m
	Vanessa HUEBER, LEICHTATHLETIK CLUB TIROL INNSBRUCK	Hammer Winterwurf
	Andrea JURMAN, Turnerschaft Innsbruck	Diskuswurf, Diskuswurf Winterwurf, Hammerwurf
	Amelie KOFLER, TIROLER SprintChampion ASVÖ Tirol	200 m, 400 m, 200 m Halle, 400 m Halle, 800 m Halle
	Lea OEFNER, IAC - LEICHTATHLETIK	Siebenkampf, Stabhochsprung Halle
	Lisa RAUCH, Turnerschaft Sparkasse Schwaz	Kugelstoßen Halle, Speerwurf, 60 m Hürden Halle
	Rhia SCHATZER, Turnerschaft Innsbruck	800 m, 1.500 m
	Sophie STRASSER, Turnerschaft Innsbruck	Hochsprung, 100 m
	Emilio FREITAG, Laufgemeinschaft Decker Itter	800 m, 1.500 m, 3.000 m, 3.000 m Halle
	Fernando FREITAG, Laufgemeinschaft Decker Itter	5 km Straßenlauf
	Josua GSCHWENTNER, TRI-X-Kufstein	Crosslauf
	Raphael KUPPELWIESER, Sportverein Brixlegg - Zweigverein Leichtathletik	200 m, 400 m, 200 m Halle, 400 m Halle
	Mario LEITNER, Laufgemeinschaft Decker Itter	Berglauf
	Lukas OBERTSCHEIDER, Sportunion Raiffeisen Lienz	100 m
	Sebastian PFURTSCHELLER, Sportgemeinschaft Wattens	Hochsprung, Weitsprung

Josef PLATTNER, Turnerschaft Sparkasse Schwaz	Stabhochsprung, Stabhochsprung Halle, 60 m Halle
Raffael VENT, Sportverein Reutte Zweigverein Leichtathletik Raiffeisen	Diskuswurf, Kugelstoßen, Kugelstoßen Halle, Speerwurf, Speerwurf Winterwurf, Weitsprung Halle
Laufgemeinschaft Decker Itter	3 x 1.000 m, 5 km Straßenlauf Team
Sportunion Raiffeisen Lienz	Crosslauf Mannschaft Damen
IAC - LEICHTATHLETIK	3 x 800 m
Turnerschaft Innsbruck	4 x 100 m Damen
Leichtathletikgemeinschaft Pletzer Hopfgarten	5 km Straßenlauf Team
U 20	
Theresa ASTENWALD, Turnerschaft Innsbruck	Stabhochsprung
Sarah AUSSERLECHNER, Sportunion Raiffeisen Lienz	400 m Hürden
Fabiola FORTSCHEGGER, Sportunion Raiffeisen Lienz	Berglauf, 800 m
Leni GÖRKE, IAC - LEICHTATHLETIK	Dreisprung
Madeleine HUBER, Turnerschaft Sparkasse Schwaz	Kugelstoßen, Kugelstoßen Halle, Speerwurf, Speerwurf Winterwurf, 60 m Halle
Tabea HUYS, Turnerschaft Innsbruck	10 km Straßenlauf, 1.500 m, 1.500 m Halle, 3.000 m Halle
Andrea JURMAN, Turnerschaft Innsbruck	Diskuswurf, Diskuswurf Winterwurf
Alma KATHAN, Turnerschaft Innsbruck	Fünfkampf Halle
Samira KIRCHEBNER, LEICHTATHLETIK CLUB TIROL INNSBRUCK	Hammerwurf
Amelie KOFLER, TIROLER SprintChampion ASVÖ Tirol	100 m, 200 m, 400 m, 200 m Halle, 400 m Halle, 800 m Halle
Sanya MALIK, Arbeiter Turn- und Sportverein Innsbruck - Zweig Leichtathletik	Hochsprung, Hochsprung Halle, 100 m Hürden
Lea OEFNER, IAC - LEICHTATHLETIK	Stabhochsprung Halle
Magdalena SAPL, Sportclub Lauftreff Breitenbach	Crosslauf
Carolina SCHIEFER, TRI-X-Kufstein	5.000 m
Berta SCHWANINGER, Turnerschaft Innsbruck	Weitsprung, Weitsprung Halle
Hannah WALDER, LEICHTATHLETIK CLUB TIROL INNSBRUCK	Hammer Winterwurf
Fernando FREITAG, Laufgemeinschaft Decker Itter	1.500 m, 3.000 m Halle, 5.000 m
Stefan HUBER, IAC - LEICHTATHLETIK	Weitsprung, Weitsprung Halle, 100 m, 110 m Hürden, 200 m Halle, 400 m Hürden, 60 m Halle, 60 m Hürden Halle
Leonhard JÄGER, Sportverein Reutte	Diskuswurf, Diskuswurf Winterwurf, Hammer Winterwurf, Kugelstoßen, Kugelstoßen Halle, Speerwurf
Raphael KUPPELWIESER, Sportverein Brixlegg - Zweigverein Leichtathletik	400 m Halle
Sebastian PFURTSCHELLER, Sportgemeinschaft Wattens	Hochsprung
Valentin SCHOPF, Turnerschaft Innsbruck	1.500 m Halle
Samuel SCHRÖDER, TRI-X-Kufstein	Berglauf
Barnaby SELLERS, Turnerschaft Innsbruck	Crosslauf
Vincent WILLIS, Turnerschaft Innsbruck	Hochsprung Halle
Tobias ZIMMERMANN, Turnerschaft Innsbruck	400 m, 800 m, 800 m Halle
Turnerschaft Innsbruck	4 x 100 m Herren, 4 x 100 m Damen
Sportunion Raiffeisen Lienz	3 x 800 m
Schüler - U 14	
Marie HOCHEGGER, IAC - LEICHTATHLETIK	Fünfkampf, Weitsprung, 60 m
Mia HOLZKNECHT, Turnerschaft Innsbruck	600 m
Lisa LAGG, IAC - LEICHTATHLETIK	Weitsprung Halle
Julia NEUWIRT, Sportklub Völs	Crosslauf, 2.000 m
Sophie PRIGOJEVA, Turnerschaft Sparkasse Schwaz	Vortex, 60 m Halle
Gerda SCHWANINGER, Turnerschaft Innsbruck	Fünfkampf Halle, Hochsprung, Hochsprung Halle, Kugelstoßen, Kugelstoßen Halle, 60 m Hürden, 60 m Hürden Halle
Jakob LANGTHALER, Turnerschaft Sparkasse Schwaz	2.000 m
Leo MÖSSNER, Turnerschaft Innsbruck	Hochsprung, Hochsprung Halle, Kugelstoßen
Elias RIRSCH, Turnerschaft Sparkasse Schwaz	Fünfkampf, Fünfkampf Halle, Vortex, Weitsprung, Weitsprung Halle, 600 m, 60 m, 60 m Halle, 60 m Hürden, 60 m Hürden Halle
Noah THALER, Tri & Run Thiersee	Crosslauf
David TSCHAUKO, Sportverein Reutte Zweigverein Leichtathletik Raiffeisen	Kugelstoßen Halle
Turnerschaft Sparkasse Schwaz	4 x 100 m mixed, Fünfkampf Halle Mannschaft, Fünfkampf Mannschaft, 4 x 100 m Herren
Turnerschaft Innsbruck	Crosslauf Mannschaft Damen
IAC - LEICHTATHLETIK	Fünfkampf Halle Mannschaft, Fünfkampf Mannschaft, 4 x 100 m Damen
Tri & Run Thiersee	Crosslauf Mannschaft Herren
U 23	
Alina HRNECEK, Laufgemeinschaft Decker Itter	Halbmarathon
Madeleine HUBER, Turnerschaft Sparkasse Schwaz	Kugelstoßen Halle, Speerwurf Winterwurf, 60 m Halle
Tabea HUYS, Turnerschaft Innsbruck	10 km Straßenlauf
Sophia INSAM, Sportverein Reutte	Diskuswurf, Kugelstoßen, Speerwurf
Alma KATHAN, Turnerschaft Innsbruck	Weitsprung, 200 m
Samira KIRCHEBNER, LEICHTATHLETIK CLUB TIROL INNSBRUCK	Hammerwurf
Sophia KLOTZ, Innsbrucker Turn- und Sportgemeinschaft	Crosslauf
Elisabeth KREPPER, Sportklub Rueckenwind	10.000 m, 5.000 m
Mikaela LYRI, Turnerschaft Innsbruck	100 m
Sanya MALIK, Arbeiter Turn- und Sportverein Innsbruck - Zweig Leichtathletik	Hochsprung Halle, 60 m Hürden Halle
Amelie REUTER, Turnerschaft Innsbruck	Weitsprung Halle
Lara TONAK, TRI-X-Kufstein	400 m, 1.500 m
Hannah WALDER, LEICHTATHLETIK CLUB TIROL INNSBRUCK	Hammer Winterwurf
Selin YASARTAS, Leichtathletikgemeinschaft Pletzer Hopfgarten	Diskuswurf Winterwurf
Romain BELFY-DE HARO, Arbeiter- Turn- und Sportverein Innsbruck (ATSV Insbruck)	Crosslauf
Romain BELFY-DE HARO, Arbeiter Turn- und Sportverein Innsbruck - Zweigverein Leichtathletik	10 km Straßenlauf, 5.000 m
Laurens BRUGGER, Turnerschaft Innsbruck	1.500 m
Stefan HUBER, IAC - LEICHTATHLETIK	Weitsprung, 100 m
Leonhard JÄGER, Sportverein Reutte	Diskuswurf Winterwurf, Hammer Winterwurf, Kugelstoßen Halle
Lukas KURZ, Turnerschaft Sparkasse Schwaz	Weitsprung Halle
Gregor MARKOVIC, Leichtathletikgemeinschaft Pletzer Hopfgarten	800 m
Emil SCHWANINGER, Turnerschaft Innsbruck	200 m, 400 m
Lucca Dario VENT, Sportverein Reutte Zweigverein Leichtathletik Raiffeisen	Kugelstoßen, Speerwurf
Noel WAROSCHITZ, IAC - LEICHTATHLETIK	60 m Halle

ORIENTIERUNGSLAUF

Schüler bis 12 Jahre	
Nina DANNENMAIER, OL Kufstein - Orientierungslauf	OL - Lang, OL - Sprint
Lisa HAUSER, Naturfreunde Österreich, Ortsgruppe Kitzbühel	OL - Mittel, OL Staffel
Adam STAMPFER, OL Kufstein - Orientierungslauf	OL - Sprint, OL Staffel

	Schüler	
	Lilli EGGER, ORIENTEERING INNSBRUCK IMST	OL - Mittel
	Sarah MAIR, ORIENTEERING INNSBRUCK IMST	OL Staffel
	Moritz GRISSEMANN, ORIENTEERING INNSBRUCK IMST	OL Staffel
	Jugend	
	Emma FREY, OL Kufstein - Orientierungslauf	OL - Lang
	Maria HAUSER, Naturfreunde Österreich, Ortsgruppe Kitzbühel	OL - Sprint
	Moritz GRISSEMANN, ORIENTEERING INNSBRUCK IMST	OL - Lang
	Schüler bis 14 Jahre	
	Anna HAUSER, Naturfreunde Österreich, Ortsgruppe Kitzbühel	OL - Mittel
	Sarah MAIR, ORIENTEERING INNSBRUCK IMST	OL - Lang, OL - Sprint
	Felix DANNENMAIER, OL Kufstein - Orientierungslauf	OL - Mittel
	Julius GSTIR, ORIENTEERING INNSBRUCK IMST	OL - Lang
PFERDESPORT	**Junioren**	
	Paula BLASY, Campagnereitergesellschaft Tirol - Reitclub Innsbruck - Igls	Dressurreiten
	Hannah CHESSELL, Reitstall Pill	Gruppenvoltigieren
	Lea HOLLAUS, Reitstall Pill	Gruppenvoltigieren
	Maja KLEINHEINZ, Reitstall Pill	Gruppenvoltigieren
	Marie KULHANEK, Reitstall Pill	Gruppenvoltigieren
	Selina LUCHNER, Reitstall Pill	Gruppenvoltigieren
	Magdalena PACHATZ, RC STRASSERWIRT-PILLERSEE	Springreiten
	Sarah PLATT, Reitstall Pill	Einzelvoltigieren, Gruppenvoltigieren
	Nicole VOITHOFER, Reitstall Pill	Gruppenvoltigieren (Longenführer)
	Klaus HAIDACHER, Reitstall Pill	Einzelvoltigieren (Longenführer)
	Jugend	
	Elisa ELSÄSSER, Westernridingclub Volders	Westernreiten – All Around, Westernreiten – Pleasure, Westernreiten – Ranch Riding, Westernreiten – Trail
	Laura FRANZL, AUSTRIAN WESTERN RIDING & BREEDING ASSOCIATION TIROL, A W A Westernreitclub Tirol - A W A TIROL	Westernreiten - Reining
	Leonie-Marie HOLZKNECHT, Reitverein Michelfeldarena	Springreiten
	Milena PARTINGER, RC STRASSERWIRT-PILLERSEE	Dressurreiten
	Livia SCHORN, Sportunion Ländlicher Reitverein Mieming	Vielseitigkeit
	Junge Reiter	
	Leonie KOLLER, Reitstall Pill	Einzelvoltigieren
	Klaus HAIDACHER, Reitstall Pill	Einzelvoltigieren (Longenführer)
RADFAHREN	**Junioren**	
	Emma BINDHAMMER, Radunion St. Johann in Tirol	Mountainbike - Downhill
	Sophia KNAUBERT, RV Bike Sport Scheffau	Mountainbike - Hill Climb
	Julian PLANER, Radunion St. Johann in Tirol	Mountainbilke - Enduro
	Jamie SCHMÖLZER, Ride Free Downhill & Freeride Osttirol	Mountainbike - Downhill
	Schüler U 15	
	Amelie BURTSCHER, Racing Team Haiming	Mountainbike - Cross Country, Mountainbike - Hill Climb
	Amy ELLINGER, eldoRADo Bike Team	Straße - Einzel
	Marie-Theres PARGGER, Ride Free Downhill & Freeride Osttirol	Mountainbike - Downhill
	Jakob EHAMMER, Radunion St. Johann in Tirol	Mountainbike - Downhill
	Kilian NEUMANN, eldoRADo Bike Team	Mountainbike - Hill Climb
	David ORTNER, Radsportclub ASKÖ Terfens	Mountainbike - Cross Country
	David ORTNER, Radsportverein Weer-Kolsass	Straße - Einzel, Straße - Einzelzeitfahren
	U 23	
	Katrin EMBACHER, Radsportverein Schuler Sports Schwoich	Mountainbike - Cross Country
	Alexander HAMMERLE, Radsportclub Krug Mieming	Mountainbike - Cross Country
	Jugend - U 17	
	Renee EXENBERGER, RC ARBÖ Wörgl	Straße - Einzel, Straße - Einzelzeitfahren
	Charlotte SCHENK, SV Silz 1930-ZV Biketeam Silz-Mötz	Mountainbike - Cross Country
	Florian HIEBAUM, Radunion St. Johann in Tirol	Mountainbike - Downhill
	Moritz KUHNERT, Racing Team Haiming	Mountainbike - Cross Country
	Michael ORTNER, Radsportclub ASKÖ Terfens	Straße - Einzel
	Josef SCHWEIGL, Radsportclub Krug Mieming	Mountainbike - Hill Climb
	Schüler U 13	
	Luna SCHLEICHER, Racing Team Haiming	Mountainbike - Cross Country
	Charlotte SCHLEICHER, Radunion St. Johann in Tirol	Mountainbike - Downhill
	Linus GRITSCH, Racing Team Haiming	Mountainbike - Cross Country
	Leonas PLANKENSTEINER, Ride Free Downhill & Freeride Osttirol	Mountainbike - Downhill
	Moritz SCHAUERHAMMER, Racing Team Haiming	Straße - Einzelzeitfahren
RANGGELN	**Jugend - U 16**	
	Matthäus GANDER, Sportunion Raiffeisen Matrei in Osttirol Ranggeln	Einzel
	Schüler - U 12	
	Max HAUSER, Zillertaler Ranggler- und Judoverein	Einzel
	Michael MARINER, Sportunion Raiffeisen Matrei in Osttirol Ranggeln	Einzel
	Schüler - U 8	
	Florian LANG, Sportunion Raiffeisen Matrei in Osttirol Ranggeln	Einzel
	Josef LINDER, Sportunion Raiffeisen Matrei in Osttirol Ranggeln	Einzel
	Jugend - U 18	
	Simon LANG, Sportunion Raiffeisen Matrei in Osttirol Ranggeln	Einzel
	Schüler - U 14	
	Gabriel MARINER, Sportunion Raiffeisen Matrei in Osttirol Ranggeln	Einzel
	U 6	
	Tobias MÜHLBURGER, Sportunion Raiffeisen Matrei in Osttirol Ranggeln	Einzel
	Schüler - U 10	
	Liam ROWAIN, Sportunion Raiffeisen Matrei in Osttirol Ranggeln	Einzel
	Tobias TISCHNER, Zillertaler Ranggler- und Judoverein	Einzel
RINGEN	**U14**	
	Johanna ABFALTERER, Ring-Sport-Club Inzing	Freistil - bis 54 kg
	Sophia DONNER, Ring-Sport-Club Inzing	Freistil - bis 42 kg
	Dagmara MATAEVA, ATHLETENCLUB HÖTTING	Freistil - bis 26 kg
	Lea SILBERBERGER-SAILER, Ring-Sport-Club Inzing	Freistil - bis 44 kg
	U14 B	
	Alexander ABENTHUM, ATHLETENCLUB HÖTTING	Freistil - bis 27 kg
	Maximilian ALEXANOV, Athletenclub - Vollkraft	Freistil - bis 31 kg
	Elias HALLER, Ring-Sport-Club Inzing	Freistil - bis 42 kg
	Franz-Josef KRANEBITTER, Ring-Sport-Club Inzing	Griechisch - Römisch - bis 38 kg

	Florian MERANER, Ring-Sport-Club Inzing	Griechisch - Römisch - bis 30 kg
	Paul NIKOLIC, Sportverein Kelchsau - Sektion Ringen	Freistil - bis 29 kg, Griechisch - Römisch - bis 31 kg
	Amir SAIDOV, Athletenclub - Vollkraft	Freistil - bis 38 kg, Griechisch - Römisch - bis 42 kg
	Liam SPIEGL, Ring-Sport-Club Inzing	Griechisch - Römisch - bis 26 kg
	Philipp STEINER, Ring-Sport-Club Inzing	Freistil - bis 54 kg
	U20	
	Alois ABFALTERER, Ring-Sport-Club Inzing	Freistil - bis 61 kg
	Lucas DONNER, Ring-Sport-Club Inzing	Freistil - bis 48 kg
	Moritz GASTL, Ring-Sport-Club Inzing	Freistil - bis 70 kg
	Stefan KREIDL, ATHLETENCLUB HÖTTING	Griechisch - Römisch - bis 97 kg
	Peter MARINI, Ring-Sport-Club Inzing	Freistil - bis 79 kg
	Julian OBERDANNER, Ring-Sport-Club Inzing	Freistil - bis 57 kg, Griechisch - Römisch - bis 60 kg
	Kerim TAJIC, Kraftsportclub Hatting	Freistil - bis 125 kg
	Noah WALDER, Ring-Sport-Club Inzing	Freistil - bis 92 kg, Griechisch - Römisch - bis 82 kg
	Jakob WALDER, Ring-Sport-Club Inzing	Griechisch - Römisch - bis 49 kg
	U14 A	
	Maximilian KLIEBER, Ring-Sport-Club Inzing	Freistil - bis 46 kg, Griechisch - Römisch - bis 53 kg
	Andre NIKOLIC, Sportverein Kelchsau - Sektion Ringen	Freistil - bis 34 kg
	Rasul PACHAEV, Athletenclub - Vollkraft	Freistil - bis 42 kg
	Paul SCHOBER, Athletenclub - Vollkraft	Freistil - bis 58 kg
	Jakob WALDER, Ring-Sport-Club Inzing	Griechisch - Römisch - bis 46 kg
	U14 C	
	Max LUSCHIN, Athletenclub - Vollkraft	Freistil - bis 23 kg, Griechisch - Römisch - bis 23 kg
	Yunus MATAEV, ATHLETENCLUB HÖTTING	Freistil - bis 25 kg, Griechisch - Römisch - bis 26 kg
	Moritz MEADOWS-JÄGER, Athletenclub - Vollkraft	Griechisch - Römisch - bis 31 kg
	Karim SAIDOV, Athletenclub - Vollkraft	Griechisch - Römisch - bis 29 kg
	Loris SCHMID, Ring-Sport-Club Inzing	Freistil - bis 21 kg
	Adrian SIEBERER, Sportverein Kelchsau - Sektion Ringen	Freistil - bis 27 kg
RODELSPORT - KUNSTBAHNRODELN		
	Junioren	
	Barbara ALLMAIER, Sportverein Rinn	Einsitzer
	Dorothea SCHWARZ, Rodelverein Swarovski Halltal Absam	Doppelsitzer
	Lisa ZIMMERMANN, Rodelverein Imst	Doppelsitzer
	Johannes SCHARNAGL, Sportverein Igls	Doppelsitzer
	Moritz SCHIEGL, Sportverein Langkampfen	Doppelsitzer
	Fabio ZAUSER, Rodelverein Imst	Einsitzer
ROLLSPORT	**Junioren**	
	Sarah HAUPT, Skiclub Lattella Wörgl, Zweigverein Team Speedskating	Bahn Kurzdistanz, Bahn Langdistanz I
	AK 5/6	
	Ida OBERSCHNEIDER, Skiclub Lattella Wörgl, Zweigverein Team Speedskating	Bahn Kurzdistanz, Bahn Langdistanz I
	Anton DARBO, Langlauf & Skating Team Volders	Bahn Kurzdistanz, Bahn Langdistanz I
	AK 15/16	
	Lina OBERSCHNEIDER, Skiclub Lattella Wörgl, Zweigverein Team Speedskating	Bahn Kurzdistanz, Bahn Langdistanz I
	AK 13/14	
	Valentina RAGUSI, ASVÖ Roll und Eisschnelllaufclub Innsbruck	Bahn Kurzdistanz, Bahn Langdistanz I
	Simon GASTEIGER, Union Speedskating Club Innsbruck	Bahn Kurzdistanz, Bahn Langdistanz I
	AK 7/8	
	Asya SPAHIC, Skiclub Lattella Wörgl, Zweigverein Team Inlinealpin	Bahn Kurzdistanz, Bahn Langdistanz I
	Max OBERSCHNEIDER, Skiclub Lattella Wörgl, Zweigverein Team Speedskating	Bahn Kurzdistanz, Bahn Langdistanz I
	AK 9/10	
	Stanislava VORON, Union Speedskating Club Innsbruck	Bahn Kurzdistanz, Bahn Langdistanz I
	Sidney DOBBIN, Union Speedskating Club Innsbruck	Bahn Kurzdistanz, Bahn Langdistanz I
	AK 11/12	
	Emil WÖRLE, Union Speedskating Club Innsbruck	Bahn Kurzdistanz, Bahn Langdistanz I
SCHACH	**Jugend - Mädchen U 14**	
	Sasha FEUCHTNER, Schach ohne Grenzen	Klassisches Schach
	Schüler - U 14	
	Noah BENEDIKT, Tiroler Schachschule	Klassisches Schach
	Schüler - U 12	
	Tobias GARTNER, Schachgemeinschaft Bretze Hall in Tirol	Klassisches Schach
	Jugend - U 16	
	Armin HASELSBERGER, Schachklub Kufstein	Klassisches Schach
	Jugend - U 18	
	Justin HOFER, Schachklub Sparkasse Reutte	Klassisches Schach
	Schüler - Knaben U 10	
	Aeneas MAYR, Tiroler Schachschule	Klassisches Schach
	Schüler - Knaben U 8	
	Atlas UNCU, Schach ohne Grenzen	Klassisches Schach
	Schüler - Volksschulen	
	Schach ohne Grenzen	Schnellschach Mannschaft
SCHIESSEN	**Jugend II**	
	Lorena ENTNER, Breitenbacher Schützen	Luftgewehr - 10 m
	Manuela JOFEN, Sportschützenverein Nußdorf-Debant	Luftpistole - 10 m
	Riccardo COSER, Schützengilde Oberperfuss	Luftgewehr - 10 m
	Paul WEIß, Schützengilde Schwoich	Luftpistole - 10 m
	Jungschützinnen	
	Mia GROSCH, Sportschützen Rettenberg Wattens	Luftgewehr - 10 m
	Juniorinnen	
	Julia HIRNER, Schützengilde Münster	Luftgewehr - 10 m
	Juniors	
	Anna LUN, Schützengilde Aschau im Zillertal	Luftgewehr - 10 m
	Emma SPRENGER, Schützengilde Nauders	Luftpistole - 10 m
	Leander SCHROLL, Schützengilde Fieberbrunn	Luftgewehr - 10 m
	Jugend I	
	Sophia NEUNER, Schützengilde Fließ	Luftpistole - 10 m
	Anna TRENKWALDER, Schützengilde Kundl	Luftgewehr - 10 m
	Jakob ACHLEITNER, Schützengilde Kundl	Luftpistole - 10 m
	Markus SEISL, Schützengilde Kundl	Luftgewehr - 10 m
	Jungschützen	
	Maximilian GRUBHOFER, Schützengilde Thaur	Luftgewehr - 10 m

Junioren	
Kevin WEILER, Sportschützengilde Innervillgraten	Luftgewehr - 10 m

SCHWIMMEN

AK12	
Linda ALFAREI, Schwimmclub IKB Stadtoasen Innsbruck	Freiluft - 50 m Freistil, Freiluft - 100 m Freistil, Freiluft - 200 m Freistil, Freiluft - 400 m Freistil, Freiluft - 200 m Lagen, Freiluft - 100 m Schmetterling, Freiluft - 200 m Schmetterling, Halle - 100 m Freistil, Halle - 200 m Freistil, Halle - 400 m Freistil, Halle - 200 m Lagen, Halle - 100 m Rücken, Halle - 200 m Rücken, Halle - 100 m Schmetterling, Halle - 200 m Schmetterling, Halle - Mehrkampf
Lea TELLIAN, Tiroler Wassersportverein	Halle - 100 m Brust, Halle - 200 m Brust
Amelie TURANOVIC, Schwimmunion Hall	Freiluft - 100 m Brust, Freiluft - 200 m Brust, Freiluft - 100 m Rücken, Freiluft - 200 m Rücken
Jakob ASTNER, Schwimmunion Hall	Freiluft - 200 m Freistil, Freiluft - 200 m Schmetterling
Vinzent RIENER, Schwimmclub IKB Stadtoasen Innsbruck	Freiluft - 400 m Freistil
Gabriel STEGER, Schwimmclub IKB Stadtoasen Innsbruck	Freiluft - 100 m Brust, Freiluft - 200 m Brust, Halle - 200 m Brust
Ben TELLIAN, Tiroler Wassersportverein	Freiluft - 100 m Rücken, Freiluft - 200 m Rücken, Halle - 100 m Brust, Halle - 100 m Rücken
Max VILL, Schwimmunion Hall	Freiluft - 50 m Freistil, Freiluft - 100 m Freistil, Freiluft - 200 m Lagen, Freiluft - 100 m Schmetterling, Halle - 100 m Freistil, Halle - 200 m Freistil, Halle - 400 m Freistil, Halle - 200 m Lagen, Halle - 200 m Rücken, Halle - 100 m Schmetterling, Halle - Mehrkampf
AK13	
Marlies BRENNER, Wassersportverein St. Johann in Tirol	Freiluft - 200 m Freistil, Halle - 200 m Lagen, Halle - 200 m Rücken
Claire GNEMMI, Tiroler Wassersportverein	Freiluft - 100 m Brust, Freiluft - 50 m Freistil, Freiluft - 100 m Freistil, Freiluft - 400 m Freistil, Freiluft - 200 m Lagen, Freiluft - 100 m Schmetterling, Halle - 100 m Brust, Halle - 100 m Freistil, Halle - 400 m Freistil
Rosa MAIER-DEJACO, Tiroler Wassersportverein	Freiluft - 200 m Brust, Halle - 200 m Brust
Olivia RUBEY, Schwimmclub IKB Stadtoasen Innsbruck	Freiluft - 200 m Schmetterling, Halle - 100 m Rücken, Halle - 100 m Schmetterling, Halle - 200 m Schmetterling
Klara SEISSL, TRI-X-Kufstein	Freiluft - 100 m Rücken, Freiluft - 200 m Rücken, Halle - 200 m Freistil
Eva TROPPMAIR, Schwimmclub IKB Stadtoasen Innsbruck	Halle - Mehrkampf
Vincent GUTH, Schwimmunion Hall	Freiluft - 50 m Freistil, Freiluft - 100 m Freistil, Freiluft - 200 m Freistil, Freiluft - 400 m Freistil, Freiluft - 200 m Lagen, Freiluft - 100 m Schmetterling, Halle - 100 m Freistil, Halle - 200 m Freistil, Halle - 400 m Freistil, Halle - 200 m Lagen, Halle - 100 m Rücken, Halle - 200 m Rücken
Lukas HÖLLER, Schwimmclub IKB Stadtoasen Innsbruck	Freiluft - 100 m Rücken, Freiluft - 200 m Rücken
Emil LEONHARTSBERGER, Tiroler Wassersportverein	Halle - 100 m Schmetterling
Maximilian THURNER, Tiroler Wassersportverein	Freiluft - 100 m Brust, Freiluft - 200 m Brust, Halle - 100 m Brust, Halle - 200 m Brust
Hannes TRENKWALDER, Tiroler Wassersportverein	Halle - Mehrkampf
Jakob WEGSCHEIDER, Schwimmclub Turnerschaft Wörgl	Freiluft - 200 m Schmetterling
AK15	
Sissi BRENNER, Wassersportverein St. Johann in Tirol	Freiluft - 100 m Brust, Freiluft - 400 m Freistil, Freiluft - 200 m Lagen
Ida DOBLER, Tiroler Wassersportverein	Halle - Mehrkampf
Anna POMAROLI, Schwimmclub IKB Stadtoasen Innsbruck	Halle - 100 m Brust, Halle - 200 m Brust, Halle - 200 m Schmetterling
Mona SAILER, Tiroler Wassersportverein	Freiluft - 200 m Brust, Freiluft - 50 m Freistil
Elina SCHWEITZER, Tiroler Wassersportverein	Freiluft - 100 m Freistil, Freiluft - 200 m Freistil, Freiluft - 100 m Rücken, Freiluft - 200 m Rücken, Freiluft - 100 m Schmetterling, Halle - 100 m Freistil, Halle - 200 m Freistil, Halle - 400 m Freistil, Halle - 200 m Lagen, Halle - 100 m Rücken, Halle - 200 m Rücken, Halle - 100 m Schmetterling
Lilith WALDER, Tiroler Wassersportverein	Open Water 5 km
Peter ALFAREI, Schwimmclub IKB Stadtoasen Innsbruck	Halle - 200 m Rücken
Noah JOPPI, Tiroler Wassersportverein	Freiluft - 100 m Brust, Freiluft - 200 m Brust, Halle - 200 m Brust, Halle - 100 m Freistil
Giovanni KRISMER, Tiroler Wassersportverein	Freiluft - 50 m Freistil, Freiluft - 100 m Freistil, Freiluft - 200 m Freistil, Freiluft - 100 m Schmetterling, Halle - 100 m Brust, Halle - 200 m Freistil, Halle - 400 m Freistil, Halle - 200 m Lagen, Halle - 100 m Rücken, Halle - 100 m Schmetterling
Victor MIHURKO, Tiroler Wassersportverein	Freiluft - 400 m Freistil
Niklas NEYER, Schwimmclub IKB Stadtoasen Innsbruck	Freiluft - 200 m Lagen, Freiluft - 100 m Rücken, Freiluft - 200 m Rücken, Freiluft - 200 m Schmetterling, Halle - 200 m Schmetterling
Felix STEYERER, Schwimmclub IKB Stadtoasen Innsbruck	Halle - Mehrkampf
Alexander TIEFENBACHER, Wassersportverein St. Johann in Tirol	Open Water 5 km
Schwimmclub IKB Stadtoasen Innsbruck	Halle - Mannschaft
Tiroler Wassersportverein	Halle - Mannschaft
AK11	
Sofia CANIGOVA, Wassersportverein St. Johann in Tirol	Freiluft - 200 m Schmetterling
Ilvy ELLINGER, Tiroler Wassersportverein	Freiluft - 100 m Brust, Freiluft - 200 m Brust, Halle - 100 m Brust, Halle - 200 m Brust
Elisabeth HOLLUSCHEK, Tiroler Wassersportverein	Freiluft - 200 m Rücken, Halle - 100 m Rücken
Sophia PACHNER, Tiroler Wassersportverein	Halle - 200 m Rücken
Mara SEIWALD, Wassersportverein St. Johann in Tirol	Halle - 200 m Freistil
Eva TROPPMAIR, Schwimmclub IKB Stadtoasen Innsbruck	Freiluft - 50 m Freistil, Freiluft - 100 m Freistil, Freiluft - 200 m Freistil, Freiluft - 400 m Freistil, Freiluft - 200 m Lagen, Freiluft - 100 m Rücken
Leni ZANGERL, Schwimmclub IKB Stadtoasen Innsbruck	Freiluft - 100 m Schmetterling, Halle - 100 m Freistil, Halle - 400 m Freistil, Halle - 200 m Lagen, Halle - 100 m Schmetterling
Mathias KLIEBER, Tiroler Wassersportverein	Freiluft - 50 m Freistil, Halle - 200 m Brust
Arthur MUGLACH, Tiroler Wassersportverein	Freiluft - 200 m Schmetterling

Hannes TRENKWALDER, Tiroler Wassersportverein	Freiluft - 100 m Brust, Freiluft - 200 m Brust, Freiluft - 100 m Freistil, Freiluft - 200 m Freistil, Freiluft - 400 m Freistil, Freiluft - 200 m Lagen, Halle - 100 m Brust, Halle - 200 m Freistil, Halle - 400 m Freistil, Halle - 200 m Lagen, Halle - 100 m Rücken, Halle - 200 m Rücken
Madu Peter WESTERWELLE, MAKE-IT-HAPPEN SWIM Zillertal	Freiluft - 100 m Rücken, Freiluft - 200 m Rücken, Freiluft - 100 m Schmetterling, Halle - 100 m Freistil, Halle - 100 m Schmetterling
AK09	
Ida DOBLER, Tiroler Wassersportverein	Freiluft - 50 m Brust, Halle - 50 m Brust, Halle - 50 m Freistil, Halle - 100 m Lagen
Glory-Lily HONG, MAKE-IT-HAPPEN SWIM Zillertal	Freiluft - 50 m Freistil
Raffaella MÜLLER, Wassersportverein St. Johann in Tirol	Freiluft - 200 m Freistil, Freiluft - 50 m Rücken, Freiluft - 50 m Schmetterling, Halle - 200 m Freistil, Halle - 50 m Rücken, Halle - 50 m Schmetterling
Sebastian DAHM, Schwimmclub IKB Stadtoasen Innsbruck	Freiluft - 50 m Brust
Anton MÜLLER, Schwimmunion Hall	Freiluft - 50 m Freistil, Freiluft - 200 m Freistil
Valentin RICHTER, Schwimmklub Leutasch Seefeld Scharnitz Reith	Halle - 50 m Brust, Halle - 50 m Freistil, Halle - 50 m Rücken
Nils TRAMPUSCH, Schwimmclub IKB Stadtoasen Innsbruck	Freiluft - 50 m Rücken
AK17	
Maria EDER, Schwimmclub IKB Stadtoasen Innsbruck	Freiluft - 50 m Freistil, Freiluft - 100 m Freistil, Freiluft - 200 m Freistil, Freiluft - 400 m Freistil, Freiluft - 200 m Lagen, Freiluft - 100 m Rücken, Freiluft - 200 m Rücken, Freiluft - 100 m Schmetterling, Freiluft - 200 m Schmetterling, Halle - 100 m Freistil, Halle - 200 m Freistil, Halle - 400 m Freistil, Halle - 200 m Lagen, Halle - 100 m Rücken, Halle - 200 m Rücken, Halle - 100 m Schmetterling, Halle - 200 m Schmetterling
Sophie EICHHOLZER, Tiroler Wassersportverein	Halle - 100 m Brust, Halle - 200 m Brust
Laura SCHÖFFTHALER, Tiroler Wassersportverein	Freiluft - 100 m Brust, Freiluft - 200 m Brust
Moritz KRÄTSCHMER, Schwimmclub IKB Stadtoasen Innsbruck	Halle - 100 m Brust, Halle - 200 m Brust, Halle - 100 m Freistil, Halle - 200 m Freistil, Halle - 400 m Freistil, Halle - 200 m Lagen, Halle - 100 m Rücken, Halle - 200 m Rücken, Halle - 100 m Schmetterling, Halle - 200 m Schmetterling
AK10	
Theresia FRISCHMANN, Schwimmklub Leutasch Seefeld Scharnitz Reith	Freiluft - 200 m Freistil, Halle - 50 m Brust
Rosa HOLLUSCHEK, Tiroler Wassersportverein	Freiluft - 50 m Brust
Lilly KRATZER, Tiroler Wassersportverein	Freiluft - 50 m Schmetterling
Melanie MICHALCZUK, Schwimmunion Hall	Freiluft - 50 m Rücken
Rosalie STOCK, Wassersportverein St. Johann in Tirol	Freiluft - 50 m Freistil
Amelie THEMEL, Wassersportverein St. Johann in Tirol	Halle - 50 m Freistil, Halle - 200 m Freistil, Halle - 100 m Lagen, Halle - 50 m Rücken, Halle - 50 m Schmetterling
Raphael GLÄTZLE, Schwimmclub IKB Stadtoasen Innsbruck	Freiluft - 200 m Freistil, Halle - 200 m Freistil, Halle - 50 m Schmetterling
Johannes STEGER, Schwimmclub IKB Stadtoasen Innsbruck	Freiluft - 50 m Brust, Halle - 50 m Brust, Halle - 50 m Freistil, Halle - 100 m Lagen
Felix STEYERER, Schwimmclub IKB Stadtoasen Innsbruck	Freiluft - 50 m Schmetterling
Raphael ZANIER, Schwimmclub IKB Stadtoasen Innsbruck	Freiluft - 50 m Freistil, Freiluft - 50 m Rücken, Halle - 50 m Rücken
AK14	
Armella GUTH, Schwimmunion Hall	Freiluft - 100 m Schmetterling, Halle - 200 m Schmetterling
Antonia MIHURKO, Tiroler Wassersportverein	Freiluft - 50 m Freistil, Freiluft - 200 m Freistil
Anna PFEFFERKORN, Schwimmclub IKB Stadtoasen Innsbruck	Freiluft - 100 m Rücken, Freiluft - 200 m Rücken, Halle - 100 m Schmetterling
Mia TRENKWALDER, Tiroler Wassersportverein	Freiluft - 100 m Brust, Freiluft - 200 m Brust, Halle - 100 m Brust, Halle - 200 m Brust
Emma TROPPMAIR, Schwimmclub IKB Stadtoasen Innsbruck	Freiluft - 100 m Freistil, Freiluft - 400 m Freistil, Freiluft - 200 m Lagen, Freiluft - 200 m Schmetterling, Halle - 100 m Freistil, Halle - 200 m Freistil, Halle - 400 m Freistil, Halle - 200 m Lagen, Halle - 100 m Rücken, Halle - 200 m Rücken
Jonas FEICHTNER, Schwimmclub IKB Stadtoasen Innsbruck	Freiluft - 200 m Rücken
Matteo HÖFER, Tiroler Wassersportverein	Freiluft - 100 m Brust, Freiluft - 50 m Freistil, Freiluft - 100 m Freistil, Freiluft - 400 m Freistil, Freiluft - 200 m Lagen, Freiluft - 100 m Schmetterling
Noel RABATSCHER, Tiroler Wassersportverein	Freiluft - 200 m Brust, Halle - 100 m Freistil
Raphael SCHWEIGER, Schwimmclub IKB Stadtoasen Innsbruck	Freiluft - 200 m Freistil, Halle - 100 m Brust, Halle - 200 m Brust, Halle - 200 m Freistil, Halle - 400 m Freistil, Halle - 200 m Lagen, Halle - 100 m Schmetterling
Paul VILL, Schwimmunion Hall	Freiluft - 100 m Rücken, Halle - 200 m Rücken
Adrian ZANGERL, Schwimmclub IKB Stadtoasen Innsbruck	Halle - 100 m Rücken
AK18	
Miriam LANGHOFER, Schwimmclub IKB Stadtoasen Innsbruck	Freiluft - 200 m Freistil, Freiluft - 400 m Freistil, Freiluft - 200 m Schmetterling, Halle - 200 m Schmetterling
Paula NIEDERACHER, Schwimmclub IKB Stadtoasen Innsbruck	Halle - 400 m Freistil
Romy PABST, Schwimmclub IKB Stadtoasen Innsbruck	Freiluft - 100 m Brust, Freiluft - 50 m Freistil, Freiluft - 100 m Freistil, Freiluft - 100 m Rücken, Freiluft - 200 m Rücken, Freiluft - 100 m Schmetterling, Halle - 100 m Brust, Halle - 200 m Brust, Halle - 100 m Freistil, Halle - 200 m Freistil, Halle - 200 m Lagen, Halle - 100 m Rücken, Halle - 200 m Rücken, Halle - 100 m Schmetterling
Emma WAPPLER, Schwimmclub IKB Stadtoasen Innsbruck	Freiluft - 200 m Brust, Freiluft - 200 m Lagen
Julian STEINACHER, Tiroler Wassersportverein	Freiluft - 50 m Freistil, Freiluft - 100 m Freistil, Freiluft - 400 m Freistil, Freiluft - 200 m Lagen, Halle - 100 m Brust, Halle - 100 m Freistil, Halle - 200 m Freistil, Halle - 400 m Freistil, Halle - 200 m Lagen, Halle - 100 m Rücken, Halle - 100 m Schmetterling, Halle - 200 m Schmetterling

	AK16	
	Lisa PABST, Schwimmclub IKB Stadtoasen Innsbruck	Freiluft - 100 m Brust, Freiluft - 200 m Brust, Freiluft - 100 m Freistil, Freiluft - 200 m Freistil, Freiluft - 400 m Freistil, Freiluft - 200 m Lagen, Freiluft - 100 m Schmetterling, Halle - 100 m Brust, Halle - 200 m Brust, Halle - 200 m Lagen, Halle - 100 m Schmetterling, Halle - 200 m Schmetterling, Halle - 4 x 100 m Lagen
	Anna PFEFFERKORN, Schwimmclub IKB Stadtoasen Innsbruck	Halle - 4 x 100 m Lagen
	Mona SAILER, Tiroler Wassersportverein	Halle - 4 x 100 m Freistil
	Elina SCHWEITZER, Tiroler Wassersportverein	Halle - 4 x 100 m Freistil
	Mia TRENKWALDER, Tiroler Wassersportverein	Halle - 4 x 100 m Freistil
	Emma TROPPMAIR, Schwimmclub IKB Stadtoasen Innsbruck	Halle - 4 x 100 m Lagen
	Lilith WALDER, Tiroler Wassersportverein	Halle - 4 x 100 m Freistil
	Rabea WILLMANN, Sportverein Reutte Schwimmen	Freiluft - 200 m Schmetterling
	Lea ZOLLER, Schwimmclub IKB Stadtoasen Innsbruck	Freiluft - 50 m Freistil, Freiluft - 100 m Rücken, Freiluft - 200 m Rücken, Halle - 100 m Freistil, Halle - 200 m Freistil, Halle - 400 m Freistil, Halle - 100 m Rücken, Halle - 200 m Rücken, Halle - 4 x 100 m Lagen
	Noah JOPPI, Tiroler Wassersportverein	Halle - 4 x 100 m Freistil
	Giovanni KRISMER, Tiroler Wassersportverein	Halle - 4 x 100 m Lagen
	Victor MIHURKO, Tiroler Wassersportverein	Freiluft - 200 m Freistil, Freiluft - 100 m Rücken, Freiluft - 200 m Rücken, Freiluft - 200 m Schmetterling, Halle - 200 m Freistil, Halle - 400 m Freistil, Halle - 200 m Lagen, Halle - 100 m Rücken, Halle - 200 m Rücken, Halle - 200 m Schmetterling, Halle - 4 x 100 m Freistil, Halle - 4 x 100 m Lagen
	Leo PANSI, Tiroler Wassersportverein	Freiluft - 100 m Brust, Freiluft - 200 m Brust, Freiluft - 50 m Freistil, Freiluft - 100 m Freistil, Freiluft - 200 m Lagen, Freiluft - 100 m Schmetterling, Halle - 100 m Brust, Halle - 200 m Brust, Halle - 100 m Freistil, Halle - 100 m Schmetterling, Halle - 4 x 100 m Freistil, Halle - 4 x 100 m Lagen
	Max PANSI, Tiroler Wassersportverein	Halle - 4 x 100 m Freistil, Halle - 4 x 100 m Lagen
	Junioren	
	Nikolaus RUCKER, MAKE-IT-HAPPEN SWIM Zillertal	Open Water 5 km
SEGELN	**Schüler**	
	Felice STABENTHEINER, Segelclub TWV Achensee	Optimist
	Jugend	
	Moritz SCHAUER, Segelclub TWV Achensee	Optimist
	Jugend U12	
	Benedikt ZINGERLE, Segelclub TWV Achensee	Optimist
SKISPORT - BIATHLON	**Schüler U 13**	
	Jana GRASBERGER, Kitzbüheler Ski Club	Sprint
	Sandro SEE, Kitzbüheler Ski Club	Sprint
	Schüler U 15	
	Nina HUBER, Lang Lauf Club Region Angerberg	Sprint
	Tim DENNER, Heeressportverein Hochfilzen	Sprint
	Schüler U 14	
	Sophie LUCHNER, Lang Lauf Club Region Angerberg	Sprint
	Sverre HÄMMERLE, Ski-Club Seefeld	Sprint
SKISPORT - FIRNGLEITEN	**Schüler**	
	Maria KUPFNER, Wintersportverein Zell am Ziller	Slalom
	Jonas MAIROSER, SV Raika Natters	Slalom
	Jugend	
	Liliana WOLF, Schiklub Imst	Slalom
	Andreas STEINER, Kitzbüheler Ski Club	Slalom
SKISPORT - NORDISCH LANGLAUF		
	Jugend U18	
	Katharina AUSTAD, NORDIC TEAM ABSAM	Staffel
	Maria HOHENRAINER, Sportverein Lechaschau	Einzel klassisch
	Stella PIZZIGNACCO, NORDIC TEAM ABSAM	Staffel
	Felix PETRINI, Sportverein Reutte	Einzel klassisch
	Schüler I	
	Josephine FALKE, Skiclub Tannheimertal	Sprint
	Xaver SCHWARZ, NORDIC TEAM ABSAM	Sprint
	Jugend II	
	Anna GEHRING, Skiclub Tannheimertal	Sprint
	Laurin STOLL, Ski-Club Seefeld	Sprint
	Schüler II	
	Anna HAUSER, Kitzbüheler Ski Club	Sprint
	Linus MARLIN, Skiclub Tannheimertal	Sprint
	Schüler U14	
	Anna HAUSER, Kitzbüheler Ski Club	Einzel klassisch
	Vera SCHALLHART, NORDIC TEAM ABSAM	Staffel
	Laura TODESCHINI, NORDIC TEAM ABSAM	Staffel
	Jugend U16	
	Maria HAUSER, Kitzbüheler Ski Club	Einzel klassisch
	Patrick STEURER, Sportverein Reutte Skilauf	Einzel klassisch
	Jugend I	
	Nina HUBER, Lang Lauf Club Region Angerberg	Sprint
	Patrick STEURER, Sportverein Reutte Skilauf	Sprint
	Junioren	
	Alexander LEITNER, NORDIC TEAM ABSAM	Sprint
	Schüler U14	
	Daniel PETRINI, Sportverein Reutte	Staffel
	Alexander STEURER, Sportverein Reutte	Einzel klassisch, Staffel

SKISPORT - NORDISCHE KOMBINATION		
	Schüler I	
	Sandra PLANK, NORDIC TEAM ABSAM	Einzel
	Alexander STEINBACHER, WSV Wörgl	Einzel
	Schüler II	
	Marietta SCHNEIDER, NORDIC TEAM ABSAM	Einzel
	Aaron HOCHENEGG, NORDIC TEAM ABSAM	Einzel
SKISPORT - SHORTCARVING		
	Schüler	
	Natalie HOTTER, Wintersportverein Zell am Ziller	Vielseitigkeit
	Jonas MAIROSER, SV Raika Natters	Vielseitigkeit
	Jugend	
	Lucas MAIROSER, SV Raika Natters	Vielseitigkeit
SKISPORT - SKI ALPIN	**Schüler U 14**	
	Lena ERHARTER, Sportverein Thiersee	Super-G
	Chiara SPORER, Raiffeisen-Sportklub-Finkenberg	Slalom
	Lea TASSER, Ski-Club Mayrhofen	Riesenslalom
	Finn NEURURER, Sportclub Mutters	Slalom, Riesenslalom, Super-G
	Schüler U 16	
	Hannah FEDRIZZI, Wintersportverein Wiesing	Riesenslalom
	Elena GRUMER, Sportclub Hinterthiersee	Slalom, Super-G
	Niklas GSTREIN, Schiclub Sölden-Hochsölden	Riesenslalom, Super-G
	David KNOFLACH, WSV - RAIBA Neustift	Slalom
	Jugend U 18	
	Sarah HUBER, Wintersportverein Wiesing	Riesenslalom
	Elisabeth KUCERA, Skiclub Ellmau	Slalom
	Asaja STURM, Skiclub St. Leonhard	Slalom, Riesenslalom
	U 21	
	Elisa RIEGLER, Schiclub Hall in Tirol - Absam	Slalom, Riesenslalom
	Nicolas TABERNIG, Ski Club Lienz	Slalom
	Fabio WALCH, Skiclub Schwaz	Riesenslalom
SKISPORT - SPEZIALSPRUNGLAUF		
	Schüler I	
	Sandra PLANK, NORDIC TEAM ABSAM	Sprunglauf - Einzel
	Alexander STEINBACHER, WSV Wörgl	Sprunglauf - Einzel
	Schüler II	
	Marietta SCHNEIDER, NORDIC TEAM ABSAM	Sprunglauf - Einzel
	Aaron HOCHENEGG, NORDIC TEAM ABSAM	Sprunglauf - Einzel
SPORTKEGELN	**U 18**	
	Marko ARSIC, Eisenbahnersportverein Wörgl	Classic - Einzel
	U 10	
	Raphael GSTREIN, Kegelverein Schwaz - KV Schwaz	Classic - Einzel
	U 23	
	Thomas KOFLER, Kegelsportklub Sparkasse Jenbach	Classic - Einzel
SPORTKEGELN - BOWLING	**Jugend**	
	Mia SELAK, Tenpin Wizards	Doppel
	Kai-Jürgen EDER, BC Hollywood Tirol	Einzel
	Manuel RUECH, Tenpin Wizards	Doppel
	SQUASH	
	Jugend U 17	
	Johanna SPIEGL, Squash Club Veldidena Boasters	Einzel
	Leon CLEMENTI, Squash Club Veldidena Boasters	Einzel
	Schüler - U 13	
	Bekir Eren CALKAN, Raiffeisen SquashClub Telfs	Einzel
TAEKWONDO	**Junioren**	
	Rüya ERDEM, Tiroler Wettkampf- und Selbstverteidigungszentrum (kurz: TWS)	Kampf - Kyorugi - bis 49 kg
	Gizem FERMAN, Tiroler Wettkampf- und Selbstverteidigungszentrum (kurz: TWS)	Kampf - Kyorugi - bis 55 kg
	Dania JASARAGIC, Tiroler Wettkampf- und Selbstverteidigungszentrum (kurz: TWS)	Kampf - Kyorugi - bis 59 kg
	Berfin KIZILKAN, Tiroler Wettkampf- und Selbstverteidigungszentrum (kurz: TWS)	Kampf - Kyorugi - bis 42 kg
	Misela ZELENOVIC, Taekwondo Scorpions Austria	Kampf - Kyorugi - bis 52 kg
	Fabian AICHER, Tiroler Wettkampf- und Selbstverteidigungszentrum (kurz: TWS)	Kampf - Kyorugi - bis 51 kg
	Leonard DAXNER, Sportvereinigung Reichenau (abgekürzt „SVR")	Kampf - Kyorugi - bis 63 kg
	Felix FANTUR, Sportvereinigung Reichenau (abgekürzt „SVR")	Kampf - Kyorugi - bis 73 kg
	Magnus HAIDACHER, Taekwondo Mieming	Kampf - Kyorugi - bis 45 kg
	Maximilian MAURACHER, Taekwondo Ilyo Wörgl	Kampf - Kyorugi - bis 68 kg
	Kadetten	
	Hanna HAMIDOVIC, Swarovski Wattens, Werkssportgemeinschaft (WSG)	Kampf - Kyorugi - bis 59 kg
	Lorin KIZILKAN, Tiroler Wettkampf- und Selbstverteidigungszentrum (kurz: TWS)	Kampf - Kyorugi - bis 37 kg
	Annalena KOIDL, TAEKWONDO VEREIN KÖSSEN/TIROL	Kampf - Kyorugi - bis 55 kg
	Aline WEITENBACHER, Tiroler Wettkampf- und Selbstverteidigungszentrum (kurz: TWS)	Kampf - Kyorugi - bis 47 kg
	Marcel LECHTHALER, TAEKWONDO VEREIN KÖSSEN/TIROL	Kampf - Kyorugi - bis 53 kg
	Christian RADOSAVLJEVIC, Tiroler Wettkampf- und Selbstverteidigungszentrum (kurz: TWS)	Kampf - Kyorugi - über 65 kg
	Mahmut Esat YIGIT, Tiroler Wettkampf- und Selbstverteidigungszentrum (kurz: TWS)	Kampf - Kyorugi - bis 41 kg
TENNIS	**Jugend U 12**	
	Marta DECRISTOFORO, Sportverein Silz 1930	Freiluft: Doppel, Halle: Einzel
	Marta DECRISTOFORO, Tennisclub Raika Pitztal	Halle: Doppel
	Lina JACOB, Tennisclub Raika Pitztal	Freiluft: Doppel, Halle: Doppel
	lilly MAYR, Tennisclub Achenkirch	Freiluft: Einzel
	Noah DECRISTOFORO, Sportverein Silz 1930	Freiluft: Einzel, Freiluft: Doppel, Halle: Doppel
	Elias GREIL, Tennis-Club Kramsach	Freiluft: Doppel, Halle: Doppel
	Schüler U 11	
	Lina JACOB, Tennisclub Raika Pitztal	Freiluft: Einzel
	Soraya NAVA, Tennisclub Schwaz	Freiluft: Doppel
	Linda-Ilvi SAIKKONEN, Tennisclub Schwaz	Freiluft: Doppel, Halle: Einzel
	Sebastian ANGERER, Tennisclub Huaberhof Weerberg	Freiluft: Doppel

	Maximilian HOLZ, Turnerschaft Innsbruck	Freiluft: Doppel, Halle: Einzel
	Raphael ROSSNER, Kitzbüheler Tennisclub	Freiluft: Einzel
	Junioren U 18	
	Sophie JORDAN, Tennisclub Kolsass	Halle: Einzel
	Marie SCHULER, Tennisclub Oetz	Freiluft: Einzel
	Peter KIESLINGER, Tennisclub Schwaz	Freiluft: Einzel, Halle: Einzel
	Turnerschaft Innsbruck	Freiluft: Mannschaft gemischt
	TENNISCLUB TELFS	Freiluft: Mannschaft Herren
	Schüler U 14	
	Rosa KOSTENZER, Tennisklub Wattens	Halle: Doppel
	Amelie MAYR, Tennisclub Achenkirch	Freiluft: Einzel, Freiluft: Doppel
	Eyla PENKNER, Kitzbüheler Tennisclub	Freiluft: Doppel, Halle: Doppel
	Alexander AUFSCHNAITER, Tennisclub Oberndorf in Tirol	Freiluft: Doppel, Halle: Doppel
	Lukas LILG, Tennisclub Stans	Freiluft: Einzel
	Dominic MESSENLECHNER, Kitzbüheler Tennisclub	Halle: Doppel
	Matteo RIML, Tennisclub Hall Schönegg	Halle: Einzel
	Samuel SAIKKONEN, Tennisclub Oberndorf in Tirol	Freiluft: Doppel
	Schüler U 10	
	Ida MAURACHER, TC Terfens-Vomperbach	Freiluft: Einzel, Halle: Einzel
	Nils RANDOLF, Tennisclub Raika Pitztal	Freiluft: Einzel, Halle: Einzel
	Jugend U 14	
	Amelie MAYR, Tennisclub Achenkirch	Halle: Einzel
	Junioren U 16	
	Amelie MAYR, Tennisclub Achenkirch	Halle: Doppel
	Amelie MUJIC, TENNISSPORTVEREIN HALL I. T	Freiluft: Doppel
	Marie SCHULER, Tennisclub Oetz	Freiluft: Doppel, Halle: Einzel
	Viktoria SOIER, TIROLER TENNISVERBAND	Freiluft: Einzel
	Viktoria SOIER, Tennisklub IEV	Halle: Doppel
	Valentin KLAUNZNER, Sportverein Silz 1930	Freiluft: Einzel, Freiluft: Doppel, Halle: Doppel
	Simon RITTER, Tennisclub Sparkasse Kufstein	Halle: Einzel, Halle: Doppel
	Lorenz ROVAGNATI, Tennisclub Götzens	Freiluft: Doppel
	Schüler U 9	
	Eloise PIRKER, Tennisclub Ehrwald	Freiluft: Einzel
	Schüler U 9 - gemischt	
	Jakob KOSTENZER, Tennisklub Wattens	Freiluft: Doppel
	Hannes PINSKER, Tennisclub Huaberhof Weerberg	Freiluft: Doppel
	Tennisclub Huaberhof Weerberg	Freiluft: Mannschaft gemischt
	Schüler U 9	
	Jakob KOSTENZER, Tennisklub Wattens	Halle: Einzel
	Hannes PINSKER, Tennisclub Huaberhof Weerberg	Freiluft: Einzel
	Schüler U 8	
	Laurin PINSKER, Tennisclub Huaberhof Weerberg	Freiluft: Einzel
	Felix RANDOLF, Tennisclub Raika Pitztal	Halle: Einzel
	Schüler U 10 - gemischt	
	Kitzbüheler Tennisclub	Freiluft: Mannschaft gemischt
	Schüler U 11 - gemischt	
	Tennisclub Raika Pitztal	Freiluft: Mannschaft gemischt
	Jugend U13	
	Tennisclub Stans	Freiluft: Mannschaft Damen
	Kitzbüheler Tennisclub	Freiluft: Mannschaft Herren
	Jugend U 15	
	Tennisklub Wattens	Freiluft: Mannschaft Damen
	Tennisclub Schwaz	Freiluft: Mannschaft Herren
TISCHTENNIS	**U11**	
	Sophia BALDAUF, TTC Raiffeisen Kirchbichl	Doppel
	Jana TULOK, Tischtennisclub Rum	Mixed Doppel, Einzel, Doppel
	Patrick CHMIELAK, Sportverein Reutte Zweigverein Tischtennis	Mixed Doppel, Einzel, Doppel
	Elias MOSER, Sportunion Kufstein	Doppel
	U17	
	Leni GRABMÜLLER, Turn- und Sportverein Schlick2000 Fulpmes (TSV Schlick2000 Fulpmes)	Mixed Doppel
	Clara KURZTHALER, TTC Raiffeisen Kirchbichl	Einzel, Doppel
	Lara SCHAUBMAIR, TTC Raiffeisen Kirchbichl	Doppel
	Jonas HOHENEGGER, Turnerschaft Innsbruck	Mixed Doppel, Einzel, Doppel
	Samuel REICH, Turnerschaft Innsbruck	Doppel
	U19	
	Leni GRABMÜLLER, Turn- und Sportverein Schlick2000 Fulpmes (TSV Schlick2000 Fulpmes)	Mixed Doppel, Einzel, Doppel
	Larissa SCHÖSER, Turn- und Sportverein Schlick2000 Fulpmes (TSV Schlick2000 Fulpmes)	Doppel
	Jonas HOHENEGGER, Turnerschaft Innsbruck	Mixed Doppel, Einzel
	Alexander KOHL-LÖRTING, Tischtennisclub Rum	Doppel
	Samuel REICH, Turnerschaft Innsbruck	Doppel
	U13	
	Lilly GRUBER, TTC Raiffeisen Kirchbichl	Mixed Doppel, Doppel
	Lara SCHAUBMAIR, TTC Raiffeisen Kirchbichl	Einzel, Doppel
	Florian DIETRICH, Tischtennisclub Rum	Doppel
	Kai SCHRÖCKER, Turnerschaft Innsbruck	Mixed Doppel, Einzel, Doppel
	U15	
	Lilly GRUBER, TTC Raiffeisen Kirchbichl	Doppel
	Clara KURZTHALER, TTC Raiffeisen Kirchbichl	Mixed Doppel, Einzel
	Lara SCHAUBMAIR, TTC Raiffeisen Kirchbichl	Doppel
	Lennox KAPFINGER, TTC Raiffeisen Kirchbichl	Mixed Doppel, Einzel, Doppel
	Valentin MAYR-TOLL, TTC Raiffeisen Kirchbichl	Doppel
	U21	
	Nicola SALZBURGER, TTC Raiffeisen Kirchbichl	Einzel
	David PÜHRINGER, Turnerschaft Innsbruck	Einzel
TRIATHLON	**Schüler C**	
	Noemi ADAM, Triathlonverein Kitzbühel	Wintertriathlon
	Valerie REICHT	Crosstriathlon
	Valerie REICHT, Triathlonverein Kitzbühel	Triathlon
	Marie SCHIPFLINGER, Turnerschaft Wörgl	Aquathlon

	Lara THALER, Tri & Run Thiersee	Duathlon
	David HÖLLER, SKITRIZIRL	Aquathlon, Triathlon
	Manuel PIRCHMOSER	Duathlon, Wintertriathlon
	Gavin Peter SPEED, TRI-X-Kufstein	Crosstriathlon
	Schüler A	
	Nina GRÜNER, Triathlonverein Kitzbühel	Crosstriathlon, Duathlon
	Sofia SCHATZ, Skiclub Leutasch	Wintertriathlon
	Luisa SCHWEIGL, Tri Team Oberland	Aquathlon, Triathlon
	Leo KOHL, Tri Team Oberland	Aquathlon, Crosstriathlon, Duathlon, Triathlon, Wintertriathlon
	Junioren	
	Viktoria GRÜNER, Triathlonverein Kitzbühel	Wintertriathlon
	Tabea HUYS, MAKE-IT-HAPPEN TRIATHLON	Triathlon - Sprintdistanz
	Olivia KURZ, Turnerschaft Wörgl	Triathlon Super Sprint
	Carolina SCHIEFER, TRI-X-Kufstein	Aquathlon, Triathlon, Triathlon - Sprintdistanz
	Simon FREISINGER, TRI-X-Kufstein	Triathlon, Triathlon - Sprintdistanz, Wintertriathlon
	Tobias VESELY, 1. Tiroler Triathlon Club Innsbruck	Aquathlon
	Schüler B	
	Anna HAUSER, Triathlonverein Kitzbühel	Duathlon, Wintertriathlon
	Marie Anais KOHL, Tri Team Oberland	Crosstriathlon
	Laura TODESCHINI, 1. Tiroler Triathlon Club Innsbruck	Aquathlon, Triathlon
	Victor KRATZER, Skiclub Leutasch	Wintertriathlon
	Emilio SCHLEICH, Tri Team Oberland	Aquathlon, Crosstriathlon, Duathlon, Triathlon
	Jugend	
	Rosa SCHMIDT-MOLL, Triathlonverein Kitzbühel	Aquathlon, Duathlon, Triathlon, Triathlon - Sprintdistanz
	Luis JENEWEIN, SKITRIZIRL	Duathlon
	Jelle KAINDL, Turnerschaft Wörgl	Triathlon
	Lorenz SCHATZ, Skiclub Leutasch	Aquathlon, Triathlon - Sprintdistanz, Wintertriathlon
	Tobias VESELY, 1. Tiroler Triathlon Club Innsbruck	Triathlon - Sprintdistanz
TURNEN - KUNSTTURNEN	**Allgemeine Juniorinnen**	
	Maja AUER, Turnerschaft Sparkasse Schwaz	Mehrkampf
	Grundlagenstufe 2 a	
	Mia ERHART, Turnverein Jahn Telfs	Mehrkampf
	Jugendstufe 2	
	Maya GLEIRSCHER, Innsbrucker Turnverein	Mehrkampf
	Finley DIECHTLER, Innsbrucker Turnverein	Mehrkampf
	Grundlagenstufe 2 b	
	Lea HOFBAUER, Innsbrucker Turnverein	Mehrkampf
	Grundlagenstufe 1 a	
	Ela KILIC, Innsbrucker Turnverein	Mehrkampf
	Jugendstufe 3	
	Emma LARCHER, Innsbrucker Turnverein	Mehrkampf
	Jugend Kür	
	Emma LARCHER, Innsbrucker Turnverein	Mehrkampf
	Hashem HIJAZI, Innsbrucker Turnverein	Mehrkampf
	Grundlagenstufe 1 b	
	Elena PESA, Innsbrucker Turnverein	Mehrkampf
	Grundlagenstufe 0 a	
	Tijana PILJANOVIC, Innsbrucker Turnverein	Mehrkampf
	Grundlagenstufe 0 b	
	Alina ROSTEK, Innsbrucker Turnverein	Mehrkampf
	Jugendstufe 1	
	Maria STRIGL, Turnverein Jahn Telfs	Mehrkampf
	Leon THOMA, Innsbrucker Turnverein	Mehrkampf
	Juniorinnen	
	Maria STRIGL, Turnverein Jahn Telfs	Mehrkampf
	Jugendstufe 6	
	Maximilian ALEXANOV, Innsbrucker Turnverein	Mehrkampf
	Junioren	
	Jeremy BALAZS, Innsbrucker Turnverein	Mehrkampf
	Kinderstufe 1	
	Alp Arslan DOGAN, Innsbrucker Turnverein	Mehrkampf
	Jugendstufe 5	
	David MRAK, Innsbrucker Turnverein	Mehrkampf
	Jugendstufe 4	
	Otto SCHWANINGER, Turnverein Wattens	Mehrkampf
TURNEN - RHYTHMISCHE GYMNASTIK		
	Jugend 2	
	Sarafina ADIAKPOR, Verein Rhythmische Gymnastik Wörgl	Mehrkampf
	Kinder 1	
	Jasmin JÄGER, Innsbrucker Turnverein	Mehrkampf
	Jugend 1	
	Indra NOMINCHULUUN, Innsbrucker Turnverein	Mehrkampf
	Jugend 3	
	Larra PILNY, Verein Rhythmische Gymnastik Wörgl	Mehrkampf
	Jugend 4	
	Stella SARTORI, Innsbrucker Turnverein	Mehrkampf
	Kinder 2	
	Heidi SCHAITER, Innsbrucker Turnverein	Mehrkampf
	Junioren	
	Vera TERESHCHENKO, Innsbrucker Turnverein	Mehrkampf
VOLLEYBALL	**Jugend U 19**	
	Julia EBNER, Sportunion Inzing	Beachvolleyball
	Valentina MAYER, Sportunion Inzing	Beachvolleyball
	Luis David GAVAN, HYPO TIROL VOLLEYBALLTEAM	Beachvolleyball
	Alban HOFER, HYPO TIROL VOLLEYBALLTEAM	Beachvolleyball
	Schüler U 17	
	Emma GASSER, Turnerschaft Innsbruck	Beachvolleyball
	Helena LAMM, Turnerschaft Innsbruck	Beachvolleyball
	Valentin MIKULA, HYPO TIROL VOLLEYBALLTEAM	Beachvolleyball
	Thomas TOMASCHKO, HYPO TIROL VOLLEYBALLTEAM	Beachvolleyball

	Junioren U 21	
	Natalie LEXER, Turnerschaft Innsbruck - Axess - Volley	Beachvolleyball
	Paula PISSAREK, Sportunion Inzing	Beachvolleyball
	Finn ÖRLEY, HYPO TIROL VOLLEYBALLTEAM	Beachvolleyball
	Nikolas ROLLI, HYPO TIROL VOLLEYBALLTEAM	Beachvolleyball
	Midi U 15	
	Marie MANHARTSBERGER, Turnerschaft Innsbruck	Beachvolleyball
	Ceren YORULMAZ, Volleyballclub Volders	Beachvolleyball
	Volleyballclub Tirol	Mannschaft Damen
	HYPO TIROL VOLLEYBALLTEAM	Mannschaft Herren
	Super-Mini U 13	
	Sportunion Inzing	Mannschaft Damen
	Volleyballclub KLAFS Brixental	Mannschaft Herren
	Mini U 14	
	Volleyballclub Tirol	Mannschaft Damen
	Volleyballclub Mils	Mannschaft Herren
	Schüler U 16	
	Turnerschaft Innsbruck	Mannschaft Damen
	HYPO TIROL VOLLEYBALLTEAM	Mannschaft Herren
	Jugend U18	
	Turnerschaft Innsbruck	Mannschaft Damen
	HYPO TIROL VOLLEYBALLTEAM	Mannschaft Herren
	Junioren U20	
	Sportunion Inzing	Mannschaft Damen
	HYPO TIROL VOLLEYBALLTEAM	Mannschaft Herren

ÖSTERREICHISCHE MEISTER

BOXEN	**Schoolgirls (U15)**	
	Nadja ARSENIC, Boxclub Steinadler Wörgl	Boxen - bis 52 kg (Bantamgewicht)
	Youth (U19)	
	Abdul-Halim ALHAZUROV, Union Box Club Lienz	Boxen - bis 63,5 kg (Halbweltergewicht)
	Youth (U22)	
	Irslam CHASCHDIMURADOV, Boxclub Steinadler Wörgl	Boxen - über 92 kg (Superschwergewicht)
	Khalid MOHAMMADZAI, Box Ring Innsbruck	Boxen - bis 80 kg (Halbschwergewicht)
	Schoolboys (U15)	
	Nazar HOLOWIN, Boxclub Steinadler Wörgl	Boxen - bis 48 kg (Halbfliegengewicht)
	Cristian NEUSCHLI, Boxclub Steinadler Wörgl	Boxen - bis 43 kg (Papiergewicht)
	Juniors (U17)	
	Ihor NEOFIDI, Boxclub Steinadler Wörgl	Boxen - bis 80 kg (Halbschwergewicht)
	Ivan PITEK, Boxclub Steinadler Wörgl	Boxen - bis 75 kg (Mittelgewicht)
EIS- UND STOCKSPORT	**Junioren U 23**	
	Sina RIEGER, Eis- Stocksportverein Pinswang	Eisstocksport - Ziel
EISSCHNELLLAUF	**Junioren C**	
	Sofia GERBER-DELLA-PIETRA, Union Speedskating Club Innsbruck	Massenstart
	Lina OBERSCHNEIDER, Skiclub Lattella Wörgl, Zweigverein Team Ice-Skating	Allround Vierkampf
	Junioren D	
	Leonie HANN, Union Speedskating Club Innsbruck	Allround Vierkampf
	Julia MEHNERT, Skiclub Lattella Wörgl, Zweigverein Team Ice-Skating	Massenstart
	Junioren F	
	Lena PERGER, Union Speedskating Club Innsbruck	Allround Vierkampf, Massenstart
	Sidney DOBBIN, Union Speedskating Club Innsbruck	Massenstart
	Max OBERSCHNEIDER, Skiclub Lattella Wörgl, Zweigverein Team Ice-Skating	Allround Vierkampf
	Junioren A	
	Jeannine ROSNER, Union Speedskating Club Innsbruck	Allround Vierkampf, Massenstart
	Adrian Fritz GERBER-DELLA PIETRA, Union Speedskating Club Innsbruck	Allround Vierkampf, Massenstart
	Junioren B	
	Sarah ROSNER, Union Speedskating Club Innsbruck	Allround Vierkampf, Massenstart
	Daniel KROJER, Union Speedskating Club Innsbruck	Massenstart
	Paul WÖRLE, Union Speedskating Club Innsbruck	Allround Vierkampf
	Junioren E	
	Emil WÖRLE, Union Speedskating Club Innsbruck	Allround Vierkampf, Massenstart
FLUGSPORT - SEGELFLIEGEN		
	Junioren	
	Yves ABGRALL, Innsbrucker Segelfliegervereinigung	Klasse 2 - Club Klasse
GEWICHTHEBEN	**Junioren - U 23**	
	Alina BERGONZI, 1.Arbeiter Kraftsportverein Innsbruck	Zweikampf - bis 59 kg
	Schüler - U 9	
	Anabell PERKTOLD, Kraftsportclub Bad Häring/Kufstein	Zweikampf, Mehrkampf
	Manuel GRUBER, Kraftsportclub Bad Häring/Kufstein	Zweikampf, Mehrkampf
	Junioren - U 20	
	Florian BARTH, Kraftsportverein Rum	Zweikampf - bis 102 kg
GOLF	**Jugend - U 16**	
	Leo URAKI, Olympia Golfclub Igls	Zählspiel
JUDO	**Jugend - U 18**	
	Mavie RABL, Judozentrum Innsbruck	Einzel - bis 63 kg
	Lorenz HORNGACHER, Judozentrum Innsbruck	Einzel - bis 90 kg
	Jugend - U 16	
	Sven WOLFF, Judozentrum Innsbruck	Einzel - bis 46 kg
KICKBOXEN	**Older Cadets (U14)**	
	Mia-Marie FLÖCK, Kampfsportcenter Kruckenhauser	Point-Fighting - bis 55 kg
	Bella JÖCHL, High-Side-Kicks Kickboxing Verein Hopfgarten	Point-Fighting - bis 42 kg
	Nadine MOSER, Kampfsportcenter Kruckenhauser	Point-Fighting - bis 50 kg
	Celine PLATTNER, JP Martial Arts	Point-Fighting - bis 46 kg, Point-Fighting Mannschaft - Team
	Lena RÖSNER, JP Martial Arts	Point-Fighting - über 65 kg, Point-Fighting Mannschaft - Team, Light Contact - über 65 kg
	Anna SALZBURGER, Kampfsportcenter Kruckenhauser	Point-Fighting - bis 65 kg, Light Contact - bis 60 kg

	Isabella WENSCHUR, JP Martial Arts	Point-Fighting Mannschaft - Team
	David ANYOS, Kampfsportcenter Kruckenhauser	Point-Fighting Mannschaft - Team
	Adrian UNTERRAINER, High-Side-Kicks Kickboxing Verein Hopfgarten	Point-Fighting - bis 37 kg
	Maximilian WEGSCHEIDER, Kampfsportcenter Kruckenhauser	Point-Fighting Mannschaft - Team
	Juniors (U 19)	
	Caroline KLINGLER, High-Side-Kicks Kickboxing Verein Hopfgarten	Point-Fighting - bis 65 kg
	Nadine MOSER, Kampfsportcenter Kruckenhauser	Point-Fighting - bis 50 kg, Light Contact - bis 50 kg, Kick Light - bis 55 kg
	Ranja SCHACHNER, JP Martial Arts	Point-Fighting - bis 60 kg
	Younger Cadets (U12)	
	Marie Christina Gabriela LECHNER, JP Martial Arts	Point-Fighting - bis 28 kg
	Emely STAMPFL, Kampfsportcenter Kruckenhauser	Point-Fighting - bis 32 kg
	Children (U 10)	
	Dana SCHNEIDER, Kampfsportcenter Kruckenhauser	Point-Fighting - bis 27 kg
	Eleonor WEIDNER, Kampfsportcenter Kruckenhauser	Point-Fighting - bis 36 kg
	Simon EMBACHER, High-Side-Kicks Kickboxing Verein Hopfgarten	Point-Fighting - über 36 kg
	Nuka SANTELER, Kampfsportcenter Kruckenhauser	Point-Fighting - bis 30 kg
KLETTERN	**Schüler - U 14**	
	Ella GRAF, Österreichischer Alpenverein - Sektion Zillertal	Boulder, Lead, Boulder & Lead (Kombination)
	Simon SCHMUTZHARD, Österreichischer Alpenverein - Sektion Wörgl-Wildschönau	Speed
	Jugend B - U 16	
	Antonia MAYR, Österreichischer Alpenverein - Sektion Kufstein	Speed
	Jakoba RAUTER, Alpenverein Innsbruck	Boulder, Boulder & Lead (Kombination)
	Jugend A - U 18	
	Flora OBLASSER, Alpenverein Innsbruck	Lead, Boulder & Lead (Kombination)
	Junioren - U 20	
	Raffael GRUBER, Alpenverein Innsbruck	Boulder
KRAFTDREIKAMPF	**Junioren**	
	Desiree SCHÖPF, Power Bunker Imst	Bankdrücken Classic
	Matthias PITSCHEIDER, Kraftsportverein Champions Innsbruck	Bankdrücken Classic
LEICHTATHLETIK	**Schüler - U 16**	
	Deborah ACHLEITNER, IAC - LEICHTATHLETIK	Weitsprung
	Josef PLATTNER, Turnerschaft Sparkasse Schwaz	Stabhochsprung
	Raffael VENT, Sportverein Reutte Zweigverein Leichtathletik Raiffeisen	Speerwurf
	Jugend - U 18	
	Deborah ACHLEITNER, IAC - LEICHTATHLETIK	Weitsprung
	Fabiola FORTSCHEGGER, Sportunion Raiffeisen Lienz	Berglauf
	Leonard BRAUNEGGER, Laufgemeinschaft Decker Itter	5 km Straßenlauf Team
	Fernando FREITAG, Laufgemeinschaft Decker Itter	5 km Straßenlauf Team
	Emilio FREITAG, Laufgemeinschaft Decker Itter	5 km Straßenlauf Team
	Schüler - U 14	
	Mia HOLZKNECHT, Turnerschaft Innsbruck	Crosslauf
	Jakob LANGTHALER, Turnerschaft Sparkasse Schwaz	Fünfkampf Mannschaft
	Elias RIRSCH, Turnerschaft Sparkasse Schwaz	Fünfkampf Mannschaft
	Gabriel RIRSCH, Turnerschaft Sparkasse Schwaz	Fünfkampf Mannschaft
	Turnerschaft Innsbruck	Crosslauf Mannschaft Damen
	U 20	
	Madeleine HUBER, Turnerschaft Sparkasse Schwaz	Kugelstoßen Halle
	Alma KATHAN, Turnerschaft Innsbruck	Fünfkampf Halle, Siebenkampf
	Magdalena RAUTER, Arbeiter Turn- und Sportverein Innsbruck - Zweigverein Leichtathletik	Stabhochsprung
	Stefan HUBER, IAC - LEICHTATHLETIK	Weitsprung, Weitsprung Halle, 60 m Hürden Halle
	Leonhard JÄGER, Sportverein Reutte	Kugelstoßen, Kugelstoßen Halle
	U 23	
	Leonhard JÄGER, Sportverein Reutte	Kugelstoßen
ORIENTIERUNGSLAUF	**Jugend**	
	Lilli EGGER, ORIENTEERING INNSBRUCK IMST	OL - Lang
	Schüler bis 14 Jahre	
	Sarah MAIR, ORIENTEERING INNSBRUCK IMST	OL - Mittel
PFERDESPORT	Junge Reiter	
	Leonie KOLLER, Reitstall Pill	Einzelvoltigieren
RADFAHREN	**Junioren**	
	Ramona GRIEßER, ALLGEMEINER SPORTVEREIN INZING, ASVI	Straße - Einzel
	Oliver VOGL, Keen Momentum (KM)	Mountainbike - Downhill
	U 23	
	Tabea HUYS, RC ARBÖ Wörgl	Straße - Einzelzeitfahren
	Jugend - U 17	
	Charlotte SCHENK, Racing Team Haiming	Straße - Einzel
	Michael ORTNER, Radsportclub ASKÖ Terfens	Straße - Einzel
	Schüler U 15	
	Sandro EXENBERGER, RC ARBÖ Wörgl	Bahn - Sprint
	Anton ZIERL, Keen Momentum	Mountainbike - Downhill
RINGEN	**U14**	
	Johanna ABFALTERER, Ring-Sport-Club Inzing	Freistil - bis 56 kg
	Julia KLIEBER, Ring-Sport-Club Inzing	Freistil - bis 46 kg
	Dagmara MATAEVA, ATHLETENCLUB HÖTTING	Freistil - bis 26 kg
	Leonie VOLINA, Ring-Sport-Club Inzing	Freistil - bis 36 kg
	U20	
	Julia KLIEBER, Ring-Sport-Club Inzing	Freistil
	Julian OBERDANNER, Ring-Sport-Club Inzing	Freistil - bis 55 kg
	Noah WALDER, Ring-Sport-Club Inzing	Griechisch - Römisch - bis 82 kg
	U17	
	Fabio MARX, Ring-Sport-Club Inzing	Griechisch - Römisch - bis 48 kg
	Julian OBERDANNER, Ring-Sport-Club Inzing	Griechisch - Römisch - bis 55 kg
	Paul SCHOBER, Athletenclub - Vollkraft	Freistil - bis 55 kg
	David SCHOBER, Athletenclub - Vollkraft	Griechisch - Römisch - bis 71 kg
	Noah WALDER, Ring-Sport-Club Inzing	Freistil - bis 80 kg, Griechisch - Römisch - bis 80 kg

	U14 A	
	Andre NIKOLIC, Sportverein Kelchsau - Sektion Ringen	Griechisch - Römisch - bis 34 kg
	Paul SCHOBER, Athletenclub - Vollkraft	Freistil - bis 58 kg, Griechisch - Römisch - bis 58 kg
	U14 B	
	Paul NIKOLIC, Sportverein Kelchsau - Sektion Ringen	Freistil - bis 31 kg, Griechisch - Römisch - bis 31 kg
RODELSPORT - KUNSTBAHNRODELN		
	Junioren	
	Barbara ALLMAIER, Sportverein Rinn	Einsitzer
	Dorothea SCHWARZ, Rodelverein Swarovski Halltal Absam	Doppelsitzer
	Lisa ZIMMERMANN, Rodelverein Imst	Doppelsitzer
	Johannes SCHARNAGL, Sportverein Igls	Doppelsitzer
	Moritz SCHIEGL, Sportverein Langkampfen	Doppelsitzer
ROLLSPORT	**AK 10/14**	
	Johanna-Maria ERHARTER, Skiclub Lattella Wörgl, Zweig Team Speedskating	Bahn Staffel
	Emily GODESCHA, Skiclub Lattella Wörgl, Zweig Team Speedskating	Bahn Staffel
	Lea MATKOVIC, Skiclub Lattella Wörgl, Zweig Team Speedskating	Bahn Staffel
	AK 5/6	
	Ida OBERSCHNEIDER, Skiclub Lattella Wörgl, Zweig Team Speedskating	Straße Kurzdistanz I
	AK 7/8	
	Sophia SALOMON, Skiclub Lattella Wörgl, Zweig Team Inlinealpin	Bahn Kurzdistanz, Bahn Langdistanz I
	AK 5/10	
	Amina SENDERMANN, Skiclub Lattella Wörgl, Zweig Team Speedskating	Bahn Staffel
	Sayra SPAHIC, Skiclub Lattella Wörgl, Zweig Team Speedskating	Bahn Staffel
	AK 15+	
	Alexander FARTHOFER, Skiclub Lattella Wörgl, Zweig Team Speedskating	Bahn Staffel
	Manuel VOGL, Skiclub Lattella Wörgl, Zweig Team Speedskating	Bahn Staffel
SCHIESSEN	**Juniorinnen**	
	Paula ALBERTS, Tiroler Landes-Schützenbund	Luftgewehr - 10 m Mannschaft Damen
	Julia HIRNER, Tiroler Landes-Schützenbund	Armbrust - 10 m, Luftgewehr - 10 m, Luftgewehr - 10 m Mannschaft Damen
	Lara PIXNER, Tiroler Landes-Schützenbund	Luftpistole - 10 m
	Zoe ZASS, Tiroler Landes-Schützenbund	Luftgewehr - 10 m Mannschaft Damen
	Jugend II	
	Leonie ASCHER, Tiroler Landes-Schützenbund	Luftgewehr - 10 m Mannschaft Damen
	Valerie ASPRIAN, Tiroler Landes-Schützenbund	Luftgewehr - 10 m
	Sophie ISSER, Tiroler Landes-Schützenbund	Luftgewehr - 10 m Mannschaft Damen
	Mathea STÖCKL, Tiroler Landes-Schützenbund	Luftgewehr - 10 m Mannschaft Damen
	Jungschützinnen	
	Jessica BAUHOFER, Tiroler Landes-Schützenbund	Luftgewehr - 10 m Mannschaft Damen
	Mia GROSCH, Tiroler Landes-Schützenbund	Luftgewehr - 10 m, Luftgewehr - 10 m Mannschaft Damen
	Helena LANTHALER, Tiroler Landes-Schützenbund	Luftgewehr - 10 m Mannschaft Damen
	Junioren Mixed	
	Zoe ZASS, Tiroler Landes-Schützenbund	Luftgewehr - 10 m Mannschaft mixed
	Johannes KUEN, Tiroler Landes-Schützenbund	Luftgewehr - 10 m Mannschaft mixed
	Junioren	
	Patrick ENTNER, Tiroler Landes-Schützenbund	Luftgewehr - 10 m, Luftgewehr - 10 m Mannschaft Herren
	Johannes KUEN, Tiroler Landes-Schützenbund	Luftgewehr - 10 m Mannschaft Herren
	Kevin WEILER, Tiroler Landes-Schützenbund	Luftgewehr - 10 m Mannschaft Herren
SCHWIMMEN	**AK12**	
	Linda ALFAREI, Schwimmclub IKB Stadtoasen Innsbruck	Freiluft - 100 m Freistil, Halle - 100 m Freistil
	Amelie TURANOVIC, Schwimmunion Hall	Freiluft - 200 m Brust
	Junioren	
	Maria EDER, Schwimmclub IKB Stadtoasen Innsbruck	Freiluft - 100 m Freistil, Freiluft - 200 m Freistil, Freiluft - 100 m Rücken, Halle - 200 m Freistil, Halle - 100 m Rücken, Halle - 200 m Rücken
	Romy PABST, Schwimmclub IKB Stadtoasen Innsbruck	Freiluft - 50 m Brust, Freiluft - 100 m Brust, Halle - 50 m Brust, Halle - 100 m Brust, Halle - 100 m Lagen
	Emma WAPPLER, Schwimmclub IKB Stadtoasen Innsbruck	Freiluft - 200 m Brust
	AK13	
	Luisa LANZA, MAKE-IT-HAPPEN SWIM Zillertal	Synchronschwimmen Figuren
	Vincent GUTH, Schwimmunion Hall	Halle - 100 m Freistil, Halle - 200 m Freistil, Halle - 400 m Freistil
	AK14	
	Antonia MIHURKO, Tiroler Wassersportverein	Halle - 100 m Freistil
	Emma TROPPMAIR, Schwimmclub IKB Stadtoasen Innsbruck	Halle - 400 m Freistil
	Matteo HÖFER, Tiroler Wassersportverein	Freiluft - 100 m Freistil, Halle - 100 m Freistil, Halle - 100 m Schmetterling
	AK15	
	Lilith WALDER, Tiroler Wassersportverein	Open Water 5 km
	Giovanni KRISMER, Tiroler Wassersportverein	Halle - 100 m Freistil, Halle - 200 m Freistil, Halle - 100 m Schmetterling, Halle - 200 m Schmetterling
	AK16	
	Emma WITTING, MAKE-IT-HAPPEN SWIM Zillertal	Synchronschwimmen Figuren
	Giovanni KRISMER, Tiroler Wassersportverein	Halle - 4 x 50 m Freistil Herren, Halle – 4 x 50 m Lagen Herren
	Victor MIHURKO, Tiroler Wassersportverein	Halle - 4 x 50 m Freistil Herren, Halle – 4 x 50 m Lagen Herren
	Max PANSI, Tiroler Wassersportverein	Halle - 4 x 50 m Freistil Herren, Halle – 4 x 50 m Lagen Herren
	Leo PANSI, Tiroler Wassersportverein	Halle - 4 x 50 m Freistil Herren, Halle – 4 x 50 m Lagen Herren
	Jugend	
	Matteo HÖFER, Tiroler Wassersportverein	Freiluft – 4 x 100 m Freistil Herren
	Giovanni KRISMER, Tiroler Wassersportverein	Freiluft – 4 x 100 m Freistil Herren
	Victor MIHURKO, Tiroler Wassersportverein	Freiluft – 4 x 100 m Freistil Herren
	Leo PANSI, Tiroler Wassersportverein	Freiluft – 4 x 100 m Freistil Herren
	AK11	
	Hannes TRENKWALDER, Tiroler Wassersportverein	Halle - 100 m Brust, Halle - 200 m Lagen
	Madu Peter WESTERWELLE, MAKE-IT-HAPPEN SWIM Zillertal	Halle - 100 m Schmetterling

SKISPORT - BIATHLON	**U 17**	
	Selina GANNER, Union Obertilliach	Skiroller Sprint
	Katharina PÜRGY, Skiclub Leutasch	Skiroller Einzel
	Schüler U 13	
	Jana GRASBERGER, Kitzbüheler Ski Club	Staffel
	Anna HAUSER, Kitzbüheler Ski Club	Einzel, Staffel
	Laura TODESCHINI, NORDIC TEAM ABSAM	Verfolgung, Staffel
	Tobias RAUTH, NORDIC TEAM ABSAM	Sprint, Verfolgung
	Junioren	
	Lara WAGNER, Kitzbüheler Ski Club	Skiroller
	U 19	
	Mathias PROSSER, Kitzbüheler Ski Club	Skiroller
SKISPORT - FIRNGLEITEN	**Schüler**	
	Maria KUPFNER, Wintersportverein Zell am Ziller	Kombination, Riesenslalom, Slalom
	Jugend	
	Liliana WOLF, Schiklub Imst	Kombination, Riesenslalom, Slalom
	U 18	
	Lucas MAIROSER, SV Raika Natters	Kombination, Slalom
	U 21	
	Andreas STEINER, Kitzbüheler Ski Club	Kombination, Riesenslalom, Slalom
SKISPORT - NORDISCH LANGLAUF		
	Jugend U18	
	Heidi BUCHER, NORDIC TEAM ABSAM	Skiroller
	Julia LINDSBERGER, Langlauf und Radsportclub Lienzer Dolomiten	Langdistanz
	Jugend U16	
	Marie DREXEL, NORDIC TEAM ABSAM	Skiroller
	Selina GANNER, Union Obertilliach	Langdistanz
	Patrick STEURER, Sportverein Reutte Skilauf	Langdistanz
	Jugend I	
	Selina GANNER, Union Obertilliach	Einzel klassisch, Verfolgung
	Schüler	
	Anna HAUSER, Kitzbüheler Ski Club	Verfolgung
	Junioren	
	Tobias GANNER, Union Obertilliach	Einzel Freie Technik, Langdistanz, Skiroller, Verfolgung
SKISPORT - SHORTCARVING		
	Schüler	
	Maria KUPFNER, Wintersportverein Zell am Ziller	Kombination, Riesenslalom, Slalom
	U 18	
	Lucas MAIROSER, SV Raika Natters	Kombination, Riesenslalom, Slalom
	U 21	
	Andreas STEINER, Kitzbüheler Ski Club	Kombination, Riesenslalom, Slalom
SKISPORT - SKI ALPIN	**Schüler U 15**	
	Emma GOSCH, Schiclub Raika Volders	Slalom
	Severin WIESER, Sportverein Sistrans	Slalom
	Jugend U 18	
	Elisabeth KUCERA, Skiclub Ellmau	Slalom
	Maja WAROSCHITZ, Skiclub Schwaz	Riesenslalom
	Asaja STURM, Skiclub St. Leonhard	Slalom, Riesenslalom
	Schüler U 14	
	Lea TASSER, Ski-Club Mayrhofen	Slalom, Kombination
	Finn NEURURER, Sportclub Mutters	Slalom, Riesenslalom, Super-G, Kombination
	Schüler U 16	
	Niklas GSTREIN, Schiclub Sölden-Hochsölden	Slalom, Riesenslalom
	U 21	
	Matteo HAAS, Wintersportverein Gerlos	Abfahrt
	Fabio WALCH, Skiclub Schwaz	Riesenslalom
SKISPORT - SPEZIALSPRUNGLAUF		
	Junioren	
	Simon STEINBERGER, Ski-Club Mayrhofen	Sprunglauf - Einzel
SKISPORT - WETTKAMPFSKIBERGSTEIGEN		
	Jugend	
	Emma ALBRECHT, Skiclub Going am Wilden Kaiser	Individual, Sprint, Vertical
	Simon WIDMOSER, Skiclub St. Ulrich am Pillersee	Sprint
	Junioren	
	Silvano WOLF, Skiclub Arlberg Tirol	Vertical
SPORTKEGELN	**U 10**	
	Raphael GSTREIN, Kegelverein Schwaz - KV Schwaz	Classic - Einzel
	U 23	
	Thomas KOFLER, Kegelsportklub Sparkasse Jenbach	Classic - Einzel
SPORTKEGELN - BOWLING	**Schüler**	
	Mia SELAK, Tenpin Wizards	Einzel
	Jugend	
	Melissa STROBL, BOWLINGCLUB STRIKING EAGLES	Einzel, Doppel
	Angelina STROBL, BOWLINGCLUB STRIKING EAGLES	Doppel
	Eric GOGALA, Tenpin Wizards	Einzel
SQUASH	**Jugend U 15**	
	Johanna SPIEGL, Squash Club Veldidena Boasters	Einzel
	Jugend U 17	
	Johanna SPIEGL, Squash Club Veldidena Boasters	Einzel
	Leon CLEMENTI, Squash Club Veldidena Boasters	Einzel
TAEKWONDO	**Junioren**	
	Alma BULJUBASIC, Tiroler Wettkampf- und Selbstverteidigungszentrum	Kampf - Kyorugi - bis 63 kg
	Rüya ERDEM, Tiroler Wettkampf- und Selbstverteidigungszentrum	Kampf - Kyorugi - bis 44 kg
	Dania JASARAGIC, Tiroler Wettkampf- und Selbstverteidigungszentrum	Kampf - Kyorugi - bis 59 kg
	Nadja MAYERL, Taekwondo Schule Söll	Kampf - Kyorugi - bis 55 kg
	Fabian AICHER, Tiroler Wettkampf- und Selbstverteidigungszentrum	Kampf - Kyorugi - bis 51 kg

	Felix CORAZZA, Tiroler Wettkampf- und Selbstverteidigungszentrum	Kampf - Kyorugi - bis 45 kg
	Leonard DAXNER, Sportvereinigung Reichenau Zweigverein Freizeitsport	Kampf - Kyorugi - bis 63 kg
	Kadetten	
	Hanna HAMIDOVIC, Tiroler Wettkampf- und Selbstverteidigungszentrum	Kampf - Kyorugi - bis 59 kg
	Penelope MAIER, Taekwondo Schule Söll	Kampf - Kyorugi - bis 33 kg
	Aline WEITENBACHER, Tiroler Wettkampf- und Selbstverteidigungszentrum	Kampf - Kyorugi - bis 51 kg
	Joshua WALTHER, Taekwondoclub Fieberbrunn	Kampf - Kyorugi - bis 41 kg
	Manuel WIMMER, Sportvereinigung Reichenau	Kampf - Kyorugi - bis 61 kg
	Mahmut Esat YIGIT, Tiroler Wettkampf- und Selbstverteidigungszentrum	Kampf - Kyorugi - bis 49 kg
TENNIS	**Junioren U 18**	
	Emily LEDERER, Kitzbüheler Tennisclub	Halle: Doppel
	Simon GRUBER, Tennisclub Schwaz	Freiluft: Doppel
	Peter KIESLINGER, Tennisclub Schwaz	Freiluft: Doppel
	Jugend U 15	
	Tennisclub Schwaz	Freiluft: Mannschaft Herren
TRIATHLON	**Junioren**	
	Tabea HUYS, MAKE-IT-HAPPEN TRIATHLON	Triathlon - Sprintdistanz
	Carolina SCHIEFER, TRI-X-Kufstein	Aquathlon Sprint
	Schüler A	
	Luisa SCHWEIGL, Tri Team Oberland	Cross Triathlon Sprintdistanz
	Leo KOHL, Tri Team Oberland	Cross Triathlon Sprintdistanz
	U23	
	Raphael PETROVIC, 1. Tiroler Triathlon Club Innsbruck	Triathlon - Olympische Distanz
	Jugend	
	Lorenz SCHATZ, Skiclub Leutasch	Aquathlon Sprint, Cross Triathlon Sprintdistanz
TURNEN - KUNSTTURNEN	**Jugendstufe 1**	
	Maria STRIGL, Turnverein Jahn Telfs	Mehrkampf
VOLLEYBALL	**Schüler U 16**	
	Turnerschaft Innsbruck	Mannschaft Damen

INTERNATIONALE MEISTER

EIS- UND STOCKSPORT	**Junioren U 23**	
	Maximilian GFÄLLER, Eisschützenverein Brandenberg	Europameister: Eisstocksport - Mannschaftsspiel Herren (1. Platz)
EISSCHNELLLAUF	**Junioren A**	
	Jeannine ROSNER, Union Speedskating Club Innsbruck	Weltmeister: Allround Vierkampf (4. Platz), Gesamtweltcup: Massenstart (3. Platz), Gesamtweltcup: 1.000 m Sprint (3. Platz), Gesamtweltcup: 1.500 m (3. Platz)
	Alexander FARTHOFER, Skiclub Lattella Wörgl, Zweigverein Team Ice-Skating	Weltmeister: Allround Vierkampf (4. Platz), Weltmeister: 5.000 m (4. Platz)
KICKBOXEN	**Juniors (U 19)**	
	Nadine MOSER, Kampfsportcenter Kruckenhauser	Weltmeister: Point-Fighting - bis 50 kg (2. Platz), Weltmeister: Kick Light - bis 50 kg (2. Platz)
	Older Cadets (**U14**)	
	Lena RÖSNER, JP Martial Arts	Weltmeister: Point-Fighting - bis 65 kg (2. Platz)
	Anna SALZBURGER, Kampfsportcenter Kruckenhauser	Weltmeister: Point-Fighting - über 65 kg (1. Platz)
KLETTERN	**Jugend A - U 18**	
	Flora OBLASSER, Alpenverein Innsbruck	Weltmeister: Lead (2. Platz)
	Jugend B - U 16	
	Jakoba RAUTER, Alpenverein Innsbruck	Europameister: Boulder (2. Platz), Europacup (gesamt): Boulder (1. Platz)
KRAFTDREIKAMPF	**Junioren**	
	Desiree SCHÖPF, Power Bunker Imst	Weltmeister: Kraftdreikampf Equipped (5. Platz)
	Matthias PITSCHEIDER, Kraftsportverein Champions Innsbruck	Europameister: Bankdrücken Classic (2. Platz)
LEICHTATHLETIK	**Schüler - U 16**	
	Deborah ACHLEITNER, IAC - LEICHTATHLETIK	International Children Games: Weitsprung (1. Platz)
	U 20	
	Magdalena RAUTER, Arbeiter Turn- und Sportverein Innsbruck - Zweigverein Leichtathletik	Weltmeister: Stabhochsprung (2. Platz)
PFERDESPORT	**Junioren**	
	Hannah CHESSELL, Reitstall Pill	Weltmeister: Gruppenvoltigieren (5. Platz)
	Lea HOLLAUS, Reitstall Pill	Weltmeister: Gruppenvoltigieren (5. Platz)
	Maja KLEINHEINZ, Reitstall Pill	Weltmeister: Gruppenvoltigieren (5. Platz)
	Marie KULHANEK, Reitstall Pill	Weltmeister: Gruppenvoltigieren (5. Platz)
	Selina LUCHNER, Reitstall Pill	Weltmeister: Gruppenvoltigieren (5. Platz)
	Clara LUDWICZEK, Voltigierverein Zillertal	Weltmeister: Gruppenvoltigieren (5. Platz)
	Sarah PLATT, Reitstall Pill	Weltmeister: Gruppenvoltigieren (5. Platz)
	Nicole VOITHOFER, Reitstall Pill	Weltmeister: Gruppenvoltigieren (Longenführer) (5. Platz)
RADFAHREN	**Junioren**	
	Emma BINDHAMMER, Radunion St. Johann in Tirol	Europameister: Mountainbike - Downhill (3. Platz)
	U 23	
	Leila GSCHWENTNER, RC ARBÖ Wörgl	Europameister: Bahn - Einzelverfolgung (2. Platz)
	Jugend - U 17	
	Rosa ZIERL, Keen Momentum (KM)	Europameister: Mountainbike - Downhill (1. Platz)
RODELSPORT - KUNSTBAHNRODELN		
	Junioren	
	Barbara ALLMAIER, Sportverein Rinn	Weltmeister: Einsitzer (6. Platz), Weltmeister: Mannschaft (3. Platz)
	Teresa KIRCHMAIR, SPORTUNION EISBÄREN INNSBRUCK	Gesamtweltcup: Einsitzer (3. Platz)
	Nina LERCH, SPORTUNION EISBÄREN INNSBRUCK	Weltmeister: Doppelsitzer (3. Platz)
	Anna LERCH, SPORTUNION EISBÄREN INNSBRUCK	Weltmeister: Doppelsitzer (4. Platz)
	Lina RIEDL, Sportverein Raika Mieders	Weltmeister: Doppelsitzer (4. Platz)
	Marie RIEDL, Sportverein Raika Mieders	Weltmeister: Doppelsitzer (3. Platz)

	Johannes SCHARNAGL, Sportverein Igls	Weltmeister: Mannschaft (3. Platz)
	Moritz SCHIEGL, Sportverein Langkampfen	Weltmeister: Mannschaft (3. Platz)
	Fabio ZAUSER, Rodelverein Imst	Weltmeister: Einsitzer (5. Platz)
	U 23	
	Selina EGLE, Sportverein Rinn	Europameister: Doppelsitzer (3. Platz), Weltmeister: Doppelsitzer (1. Platz)
	Lara KIPP, SPORTUNION EISBÄREN INNSBRUCK	Europameister: Doppelsitzer (3. Platz), Weltmeister: Doppelsitzer (1. Platz)
	Dorothea SCHWARZ, Rodelverein Swarovski Halltal Absam	Europameister: Doppelsitzer (2. Platz)
	Lisa ZIMMERMANN, Rodelverein Imst	Europameister: Doppelsitzer (2. Platz)
	Juri GATT, Sportverein Rinn	Europameister: Doppelsitzer (1. Platz), Weltmeister: Doppelsitzer (1. Platz)
	Riccardo SCHÖPF, Rodelverein Imst	Europameister: Doppelsitzer (1. Platz), Weltmeister: Doppelsitzer (1. Platz)
	Jugend	
	Anna LERCH, SPORTUNION EISBÄREN INNSBRUCK	Continental Cup (gesamt): Doppelsitzer (2. Platz), Youth Olympic Games: Doppelsitzer (3. Platz)
	Nina LERCH, SPORTUNION EISBÄREN INNSBRUCK	Youth Olympic Games: Doppelsitzer (2. Platz)
	Lina RIEDL, Sportverein Raika Mieders	Continental Cup (gesamt): Doppelsitzer (2. Platz), Youth Olympic Games: Doppelsitzer (3. Platz)
	Marie RIEDL, Sportverein Raika Mieders	Youth Olympic Games: Doppelsitzer (2. Platz), Youth Olympic Games: Einsitzer (3. Platz), Youth Olympic Games: Mannschaft (3. Platz), Youth Olympic Games: Team-Staffel (3. Platz)
	Johannes SCHARNAGL, Sportverein Raika Mieders	Youth Olympic Games: Mannschaft (3. Platz), Youth Olympic Games: Team-Staffel (3. Platz)
	Moritz SCHIEGL, Sportverein Langkampfen	Youth Olympic Games: Mannschaft (3. Platz), Youth Olympic Games: Team-Staffel (3. Platz)
	Paul SOCHER, SPORTUNION EISBÄREN INNSBRUCK	Youth Olympic Games: Einsitzer (2. Platz), Youth Olympic Games: Team-Staffel (3. Platz)
	Paul SOCHER, Sportverein Sistrans	Youth Olympic Games: Mannschaft (3. Platz)
RODELSPORT - NATURBAHNRODELN		
	U23	
	Hannah NAGELE, SPORTVEREIN RAIKA SCHÖNBERG	Europameister: Einsitzer (3. Platz)
	Riccarda RUETZ, Sportverein Sellrain	Europameister: Einsitzer (1. Platz)
	Miguel BRUGGER, Sportverein Umhausen	Europameister: Einsitzer (3. Platz)
	Junioren	
	Riccarda RUETZ, Sportverein Sellrain	Weltmeister: Einsitzer (1. Platz), Weltmeister: Mannschaft (2. Platz), Gesamtweltcup: Einsitzer (1. Platz)
	Leon AUER, Sportverein Umhausen	Weltmeister: Einsitzer (2. Platz), Weltmeister: Mannschaft (2. Platz)
SCHIESSEN	**Junioren**	
	Patrick ENTNER, Tiroler Landes-Schützenbund	Europameister: KK-Gewehr - Dreistellungsmatch Mannschaft (2. Platz), Europameister: KK-Gewehr - Dreistellungsmatch 3 x 20 (3. Platz), Europameister: Luftgewehr - 10 m (3. Platz), Europameister: Luftgewehr - 10 m Mannschaft Herren (1. Platz), Europameister: Luftgewehr - Trio Event Herren (3. Platz)
	Johannes KUEN, Tiroler Landes-Schützenbund	Europameister: Luftgewehr - 10 m Mannschaft Herren (1. Platz), Europameister: Luftgewehr - Trio Event Herren (3. Platz)
	Kevin WEILER, Tiroler Landes-Schützenbund	Europameister: KK-Gewehr - Dreistellungsmatch Mannschaft (2. Platz)
SKISPORT - BIATHLON	**Junioren**	
	Lara WAGNER, Kitzbüheler Ski Club	Europameister: Sprint (1. Platz), Weltmeister: Staffel (5. Platz)
	Jugend	
	Lara WAGNER, Kitzbüheler Ski Club	Weltmeister: Mixed Staffel (3. Platz)
SKISPORT - FIRNGLEITEN	**Schüler**	
	Elinor DE CARLI, EISENBAHNERSPORTVEREIN INNSBRUCK	Europameister: Riesenslalom (1. Platz)
	Maria KUPFNER, Wintersportverein Zell am Ziller	Europameister: Slalom (1. Platz)
	Theresa SOMWEBER, Sportverein Ehrwald	Europameister: Kombination (1. Platz)
	Luca COVINI, Schiklub Imst	Europameister: Riesenslalom (1. Platz)
	Jonas MAIROSER, SV Raika Natters	Europameister: Kombination (1. Platz), Europameister: Slalom (1. Platz)
	Jugend	
	Liliana WOLF, Schiklub Imst	Europameister: Kombination (1. Platz), Europameister: Riesenslalom (1. Platz), Europameister: Slalom (1. Platz)
	Andreas STEINER, Kitzbüheler Ski Club	Europameister: Kombination (1. Platz), Europameister: Riesenslalom (1. Platz), Europameister: Slalom (1. Platz)
SKISPORT - NORDISCHE KOMBINATION		
	Junioren	
	Anna-Sophia GREDLER, Ski-Club Mayrhofen	Weltmeister: Sprint - Team (3. Platz), Weltmeister: Mixed Team (4. Platz)
SKISPORT - SKI ALPIN	**Junioren**	
	Natalie FALCH, Wintersportverein Fügen	Weltmeister: Slalom (4. Platz), Weltmeister: Team Kombination (2. Platz)
	Valentina RINGS-WANNER, Kitzbüheler Ski Club	Weltmeister: Super-G (4. Platz)
	Jugend	
	Maja WAROSCHITZ, Skiclub Schwaz	Youth Olympic Games: Parallel Mixed Team (1. Platz), Youth Olympic Games: Slalom (1. Platz), Youth Olympic Games: Kombination (1. Platz)
	Asaja STURM, Skiclub St. Leonhard	Youth Olympic Games: Super-G (2. Platz)

SKISPORT - SPEZIALSPRUNGLAUF		
	Junioren	
	Stephan EMBACHER, Kitzbüheler Ski Club	Weltmeister: Sprunglauf - Einzel (1. Platz), Weltmeister: Normalschanze Mannschaft Herren (1. Platz), Weltmeister: Mixed Team (1. Platz)
	Simon STEINBERGER, Ski-Club Mayrhofen	Weltmeister: Sprunglauf - Einzel (4. Platz), Weltmeister: Normalschanze Mannschaft Herren (1. Platz)
	Jugend	
	Nikolaus HUMML, Kitzbüheler Ski Club	Youth Olympic Games: Sprunglauf - Einzel (2. Platz), Youth Olympic Games: Mixed Team (3. Platz)
SKISPORT - WETTKAMPFSKIBERGSTEIGEN		
	Jugend	
	Emma ALBRECHT, Skiclub Going am Wilden Kaiser	Europameister: Sprint (3. Platz)
SPORTKEGELN	**U 23**	
	Maximilian MONTHALER, Kegelverein Schwaz - KV Schwaz	Europameister: Classic - Sprint (3. Platz)

Bildnachweis

Umschlag

vorne: GEPA
hinten: GEPA (15), privat (1)

Vorworte

S. 6: Fischler
S. 7: Tiroler Tageszeitung

Jänner

S. 10-11: Tiroler Tageszeitung/Rita Falk
S. 12 li.: AFP/Kerstin Joensson
S. 12 re. o.: APA/Georg Hochmuth
S. 12 re. Mitte: AFP/Kerstin Joensson
S. 12 re. u.: APA/Georg Hochmuth
S. 13 o.: GEPA
S. 13 u.: GEPA
S. 14-15: GEPA
S. 15 o., Mitte: GEPA
S. 15 u.: Tiroler Tageszeitung/Rita Falk
S. 16 o.: ECK/Kickenweitz
S. 16 u.: Zlu Haller
S. 17: GEPA
S. 18-19: EXPA/Stefan Adelsberger (3)
S. 20 o.: FIL
S. 20 u.: APA/KEYSTONE/Mayk Wendt
S. 21: www.imago-images.de
S. 22: GEPA (2)
S. 24 groß: GEPA
S. 24 klein: AFP/Fabrice Coffrini
S. 25: AFP/Marco Bertorello (3)
S. 26 o.: Sandro Halank
S. 26 u.: Dietmar Reker
S. 27 o.: GEPA
S. 27 u.: Vanna Antonello
S. 28-29: www.imago-images.de
S. 29 o.: www.imago-images.de
S. 29 Mitte: GEPA
S. 29 u.: www.imago-images.de
S. 30: APA/Barbara Gindl
S. 31 o.: APA/dpa/Karl-Josef Hildenbrand
S. 31 u.: IMAGO/nordphoto GmbH/Hafner
S. 32: GEPA
S. 34-35: GEPA (5)
S. 35 o.: APA/Barbara Gindl
S. 36 li. o.: APA/Georg Hochmuth
S. 36 li. u.: GEPA
S. 36-37 o.: GEPA
S. 36-37 u.: EXPA/Johann Groder
S. 38: GEPA (2)
S. 39 o.: GEPA
S. 39 u.: GEPA
S. 39 u. klein: AFP/Vladimir Simicek
S. 40 o.: AFP/Marco Bertorello
S. 40 u.: ÖRV/Ebermann
S. 40-41: EXPA
S. 42 o.: Michael Meindl, www.michaelmeindl.com
S. 42 u.: mia maria knoll
S. 43: GEPA (3)
S. 44 o.: GEPA
S. 44 u.: Tiroler Tageszeitung/Rita Falk
S. 45: GEPA (3)
S. 46: APA/Erwin Scheriau
S. 47: GEPA
S. 48-49: www.imago-images.de (8)
S. 50: AFP/Martin Keep
S. 51 o.: AFP/Kerstin Joensson
S. 51 u.: www.imago-images.de

Feber

S. 54-55: GEPA (3)
S. 55 o.: APA/Georg Hochmuth
S. 56 o.: GEPA
S. 56 Mitte: APA/Georg Hochmuth
S. 56 u.: GEPA
S. 57 o.: EXPA/Stefan Adelsberger
S. 57 u.: APA/dpa/Swen Pförtner
S. 58 o.: Daniel Schoenherr
S. 58 u.: ÖRV
S. 59 o.: ÖRV/Reker
S. 59 Mitte, u.: www.imago-images.de (2)
S. 60 o.: Hans Osterauer
S. 60 u.: GEPA
S. 61 o.: AFP/Jeff Pachoud
S. 61 u.: APA/Georg Hochmuth
S. 62-63: GEPA
S. 63 o.: Handball Tirol
S. 63 Mitte: GEPA
S. 63 u.: kristen-images.com/Michael Kristen
S. 64 o.: GEPA
S. 64 u.: Tiroler Tageszeitung/Stefan Adelsberger
S. 65: Daniel Schoenherr
S. 66 o.: www.imago-images.de
S. 66 Mitte: GEPA
S. 66 u.: AFP/Joe Klamar
S. 67 o.: APA/Georg Hochmuth
S. 67 u.: Biathlon Austria
S. 68 o.: www.imago-images.de
S. 68 u.: ANP/AFP/Vincent Jannink
S. 69 o., Mitte: GEPA (2)
S. 69 u.: www.imago-images.de
S. 71 o.: GEPA
S. 71 Mitte, u.: Reker (2)
S. 72: Tiroler Tageszeitung/Rita Falk
S. 73: AFP/Oli Scarff
S. 74-75: GEPA
S. 75 o.: APA/EXPA/Stefan Adelsberger
S. 75 Mitte, u.: GEPA (2)
S. 76 o.: www.imago-images.de
S. 76 u.: AFP/Richard A. Brooks
S. 77 o.: AFP/Fabrice Coffrini
S. 77 li. u.: AFP/Ed Jones
S. 77 re. u.: AFP/Fabrice Coffrini
S. 78-79: GEPA
S. 78 o.: Tiroler Tageszeitung/Rita Falk
S. 78 2. v. o.: Daniel Schoenherr
S. 78 3. v. o.: HCI/Papaconstantis
S. 78 u.: Daniel Schoenherr
S. 80: GEPA (2)
S. 81 o.: Panathlon Club Innsbruck
S. 81 u.: www.imago-images.de
S. 82 o.: comeBLACK
S. 82 u.: GEPA
S. 83 o.: GEPA
S. 83 u.: FIL/Galinovskis

März

S. 86 o.: FIL
S. 86 Mitte: Galinovskis
S. 86 u.: Tiroler Tageszeitung/Axel Springer
S. 87: GEPA (2)
S. 88 o.: Jussi Nukari/Lehtikuva/AFP
S. 88 u.: GW Photography
S. 89: Vesa Moilanen/Lehtikuva/AFP (2)
S. 90: TVB Seefeld
S. 91 o.: Johannes Franke
S. 91 u.: Hans Osterauer
S. 92 o.: GEPA
S. 92 u.: www.imago-images.de
S. 93: GEPA (2)
S. 94 o.: RSC Inzing
S. 94 u.: Kickenweiz
S. 95 o.: GEPA
S. 95 u.: www.imago-images.de
S. 96: GEPA (2)
S. 97 o.: Beate Oma Dahle/NTB/AFP
S. 97 u.: oesv dominik matesa
S. 98: Geir Olsen/NTB/picturedesk.com
S. 99: GEPA
S. 100 groß: GEPA
S. 100 klein: kristen-images.com/Michael Kristen
S. 102: GEPA (2)
S. 103 o.: Pontus Lundahl/TT News Agency/AFP
S. 103 u.: turnsport Austria
S. 104 o.: Geir Olsen/NTB/AFP
S. 104 u.: Ronny Hartmann/AFP
S. 105: Freeride World Tour
S. 106: GEPA
S. 108-109: GEPA
S. 109 o.: APA/Dietmar Stiplovsek
S. 109 u.: GEPA
S. 110 o.: Joe Klamar/AFP
S. 110 Mitte: GEPA
S. 110 u.: APA/EXPA/Johann Groder
S. 111 o.: bühner-weinrauch
S. 111 Mitte: Joe Klamar/AFP
S. 111 u.: GEPA
S. 112 o.: Geir Olsen/NTB/AFP
S. 112 u.: Ole Martin Wold/NTB/picturedesk.com
S. 113 o.: Geir Olsen/NTB/AFP
S. 113 u.: GEPA
S. 114 o.: Jure Makovec/AFP
S. 114 u.: GEPA
S. 115: Kramer/TLSB (2)
S. 116 o.: Lorenzi
S. 116 u.: Tiroler Tageszeitung/Thomas Böhm

April

S. 118 o.: kristen-images.com/Michael Kristen
S. 118 u.: Handball Tirol
S. 119 o.: privat
S. 119 u.: Mair
S. 120 o.: UWW
S. 120 u.: Christian Habel
S. 122 groß: ÖFB/Gruber
S. 122 klein: GEPA
S. 123 o.: GEPA
S. 123 u.: ASVÖ
S. 124 o.: GEPA
S. 124 li. u., Mitte: GEPA (2)
S. 124 re. u.: Tiroler Tageszeitung/Rita Falk
S. 125 li. o.: www.imago-images.de
S. 125 re. o.: Cerveny
S. 125 li. u.: Staron
S. 125 re. u.: www.imago-images.de
S. 126 o.: GEPA
S. 126 Mitte, u.: Florian Madl
S. 127 o. groß: martin hanslmayr
S. 127 o. klein: manuel ferrigato
S. 127 u.: HCI/Smotherman
S. 129: GEPA (3)
S. 130-131: Tiroler Tageszeitung/Thomas Böhm
S. 131 o., Mitte: Dalia Föger (2)
S. 131 u.: Tiroler Tageszeitung/Thomas Böhm
S. 132: GEPA (2)
S. 133: GEPA (3)
S. 135: toni zangerl (3)
S. 137 o.: kristen-images.com/Michael Kristen
S. 137 u.: Simone Ferraro
S. 138 o.: www.imago-images.de
S. 138 u.: pribv

Mai

S. 140: roast media
S. 141 o.: TI-Volley
S. 141 u.: Axel Springer
S. 142: www.redbullmediahouse.com (2)
S. 143 o.: Slobodan Miskovic
S. 143 u.: challenge-walchsee
S. 144 o.: World Triathlon/Schmidt
S. 144 u.: Hailey Ji Chai/Alexander Perthen
S. 145 o.: GEPA
S. 145 u.: Daringer
S. 146 o.: Slobodan Miskovic
S. 146 u.: Stefan Adelsberger
S. 148-149: Michal Cizek/AFP
S. 149 o.: www.imago-images.de
S. 149 Mitte: GEPA
S. 149 u.: Lochbihler
S. 150 o.: GEPA
S. 150 Mitte: Tiroler Tageszeitung/Axel Springer
S. 150 u.: KV Schwaz
S. 151: GEPA (2)
S. 152: Rita Falk/Tiroler Tageszeitung (2)
S. 153 o.: Angelo Sarabia
S. 153 u.: Peter Maurer
S. 154-155: Michael Meindl, www.michaelmeindl.com
S. 155 o., Mitte: GEPA (2)
S. 155 u.: APA/EXPA/Johann Groder
S. 156: GEPA (2)

Juni

S. 158-159: Nino-Jonas Jonas
S. 158 o.: florianrogner photography
S. 158 2. v. o.: Andreas Aufschnaiter
S. 158 3. v. o.: Michael Meindl, www.michaelmeindl.com
S. 158 u.: Jasmin Walter
S. 160 o.: Dimitar Dilkoff/AFP
S. 160 u.: kristen-images.com/Michael Kristen
S. 161 o.: www.imago-images.de
S. 161 u.: ÖSB
S. 162 o.: Johannes Franke
S. 162 u.: Schwiaghofer
S. 163 o.: privat
S. 163 u.: kristen-images.com/Michael Kristen
S. 164: EXPA/Johann Groder (3)
S. 165 groß: www.imago-images.de
S. 165 klein: Axel Springer/Tiroler Tageszeitung
S. 166-167: Clint Trahan
S. 167 o.: Clint Trahan
S. 167 Mitte, u.: crank (2)
S. 168: Andreas Solaro/AFP
S. 169 o.: Backaldrin
S. 169 u.: Andrej Isakovic/AFP
S. 170 o.: Triathlon Kitzbühel
S. 170 u.: APA/ÖOC/Niklas Stadler
S. 171: GEPA (2)
S. 172 o.: Rita Falk/Tiroler Tageszeitung
S. 172 u.: Uran
S. 173 o.: Privat
S. 173 u.: Andreas Aufschnaiter
S. 174 o.: TVB Stubai
S. 174 u.: Ernst Lorenzi
S. 176 o.: Adelsberger
S. 176 li. 2. v. o.: Falk
S. 176 li. 3. v. o.: Schönherr
S. 176 li. u.: Zangerl
S. 176 re. 2. v. o.: Franz Linser
S. 176 re. 3. v. o.: Böhm
S. 176 re. u.: Zangerl
S. 177 o.: SPG Mittelgebirge Ost
S. 177 li. 2. v. o.: SV Stans
S. 177 li. 3. v. o.: FC Reith
S. 177 li. u.: SR Oberlangkampfen
S. 177 re. 2. v. o.: SV Ried/Kaltenbach
S. 177 re. 3. v. o.: FC Stubai/Hermann Auer
S. 177 re. u.: Springer
S. 178 o.: Steinacher
S. 178 u.: freddyrace
S. 179 o.: APA/KEYSTONE/Gian Ehrenzeller
S. 179 u.: Baldauf
S. 180 o.: Jure Makovec/AFP
S. 180 u.: www.imago-images.de

Juli

S. 182-183: GEPA
S. 183 o.: Angelos Tzortzinis/AFP
S. 183 Mitte: GEPA
S. 183 u.: Tobias Schwarz/AFP
S. 184 li. o., u.: APA/Georg Hochmuth (2)
S. 184 re. o.: www.imago-images.de
S. 184 re. u.: GEPA
S. 185: GEPA (3)
S. 186 o.: Baldauf
S. 186 u.: GEPA
S. 187: Goran Milosavljevic, www.goranmilo.myportfolio.com
S. 188 o.: Andreas Aufschnaiter
S. 188 u.: kristen-images.com/Michael Kristen
S. 189 o.: GEPA
S. 189 Mitte: Thomas Samson/AFP
S. 189 u.: www.imago-images.de
S. 190 o.: GEPA
S. 190 Mitte: Madl
S. 190 u.: APA/EXPA/Johann Groder
S. 191 o.: kristen-images.com/Michael Kristen
S. 191 u.: Arne Mill/Cycling Austria
S. 192: mitteregger (2)
S. 194 o.: ksc alpinguin
S. 194 u.: GEPA
S. 195 o.: Andrea Fuchshumer
S. 195 u.: Wagner
S. 196-197: APA/EXPA/Johann Groder
S. 197 o.: APA/EXPA/ Johann Groder
S. 197 Mitte, u.: GEPA (2)
S. 198: GEPA (2)
S. 198 u.: ÖTRV

August

S. 200 o.: GEPA
S. 200 u.: avid Goldman/POOL/AFP
S. 200-201 o.: oesv matesa
S. 200-201 Mitte: Mauro Pimentel/AFP
S. 200-201: GEPA
S. 201: GEPA (3)
S. 202 o.: Fabrice Coffrini/AFP
S. 202 Mitte: www.imago-images.de
S. 202 u.: GEPA
S. 202-203 o.: APA/Georg Hochmuth
S. 202-203 Mitte: Jerome Brouillet/AFP
S. 202-203 u.: Clement Mahoudeau/AFP
S. 203 o.: Andrej Isakovic/AFP
S. 203 Mitte: Fabrice Coffrini/AFP
S. 203 u.: www.imago-images.de
S. 204: GEPA (3)
S. 206 o.: www.andifrank.com
S. 206 u.: Haiden
S. 207 o.: www.imago-images.de
S. 207 u.: kristen-images.com/Michael Kristen
S. 208 o.: GEPA
S. 208 u.: ÖLV/Maleterova
S. 209 o.: C. Kramer/TLSB
S. 209 u.: kristen-images.com/Michael Kristen
S. 210: Karwendelmarsch (3)
S. 212 o.: Martin Bihounek/martinbihounek.com
S. 212 u.: as

September

S. 214 o.: EXPA/Johann Groder
S. 214 u.: Lorenzi
S. 214-215: Ernst Lorenzi
S. 216 o.: Raul Arboleda/AFP
S. 216 u.: OEFB
S. 217 o.: www.imago-images.de
S. 217 li. u.: gas
S. 217 re. u.: gasb
S. 218: GEPA
S. 219 o., re. u.: Lukas Pilz/Red Bull Content Pool (2)
S. 219 li. u.: Philipp Carl Riedl/Red Bull Content Pool
S. 220 o.: EXPA/Reinhard Eisenbauer
S. 220 u.: pro
S. 221 o.: Privat
S. 221 Mitte: GEPA
S. 221 u.: Feuersinger
S. 222 o.: GEPA
S. 222 u.: imago sportfotodienst
S. 223 o.: Thomas Böhm/Tiroler Tageszeitung
S. 223 u.: imago panoramic
S. 224 o., li. u.: www.imago-images.de (2)
S. 224 re. u.: Cycling Austria
S. 225 o.: GEPA
S. 225 u.: Draxl
S. 226 o.: GEPA
S. 226 u.: Rita Falk/Tiroler Tageszeitung (2)
S. 227 o.: HCI/Papaconstantis
S. 227 u.: GEPA
S. 228 o.: Max Mauthner
S. 228 u.: MicheleMondini.com
S. 229 o.: tgv
S. 229 u.: GEPA
S. 230 o.: APA/EXPA/Stefan Adelsberger
S. 230 u.: APA/Erwin Scheriau
S. 232 o.: Johannes Franke
S. 232 u.: Stefan Adelsberger/TT
S. 233: privat
S. 234: Slobodan Miskovic, www.miskovic.net

Oktober

S. 236: APA/Eva Manhart (3)
S. 237 groß: APA/EXPA/Stefan Adelsberger
S. 237 klein: APA/EXPA/Johann Groder
S. 238 groß, klein re.: HCI/Papaconstantis (2)
S. 238 klein li.: GEPA
S. 239: GEPA
S. 240 groß: Toni Zangerl
S. 240 klein: SC Imst
S. 241 li. o.: Daniel Schoenherr
S. 241 re. o.: Johannes Franke
S. 241 u.: Nakajima
S. 242 o.: Cerveny
S. 242 u.: Emanuel Adensam
S. 243 o.: Mercedes-AMG Motorsport (2)
S. 243 u.: www.imago-images.de
S. 244 o.: APA/Eva Manhart
S. 244 u.: GEPA
S. 245 o.: Provicence College
S. 245 u.: RSC Inzing
S. 246 o.: Daniel Schoenherr
S. 246 u.: Joe Klamar/AFP
S. 247: APA/Max Slovencik
S. 248: Schwaninger (2), Adelsberger
S. 250-251: Alexander Pauli Photography
S. 251 o., Mitte: GEPA (2)
S. 251 u.: Rita Falk/Tiroler Tageszeitung
S. 252-253: oesv aichner
S. 252 klein: GEPA
S. 253 o., Mitte: GEPA (2)
S. 253 u.: APA/EXPA/Johann Groder

November

S. 256: GEPA (3)
S. 257: GEPA (2)
S. 258: GEPA (2)
S. 259 o.: www.imago-images.de
S. 259 u.: kristen-images.com/Michael Kristen
S. 260: www.redbullmediahouse.com
S. 261 o., Mitte: GEPA (2)
S. 261 u.: HCI
S. 262 o.: Joe Klamar/AFP
S. 262 u.: Alexander Schwaninger
S. 263 o.: APA/LEHTIKUVA/Jussi Nukari
S. 263 u.: asfd
S. 264: Bernhard Walder (2)
S. 265: GEPA (3)
S. 266: Geir Olsen/NTB/AFP (2)
S. 267 o.: GEPA
S. 267 u.: www.imago-images.de
S. 268 o.: Monica Gasbichler/ÖESV
S. 268 u.: World Curling
S. 269 o.: GEPA
S. 269 u. groß: privat
S. 269 u. klein: Cycling Austria
S. 270 li. o.: Rudy De Moor
S. 270 re. o.: GEPA
S. 270 u.: Conny Högg
S. 272 o.: Wolfgang Ebner ÖBFK
S. 272 u.: Miha Matav
S. 273 o.: Markku Ulander
S. 273 u.: www.imago-images.de
S. 274 o.: www.imago-images.de
S. 274 u.: Ski Austria
S. 275 o.: Stefan Adelsberger/TT
S. 275 u.: www.imago-images.de
S. 276-277: APA/EXPA/Johann Groder
S. 276 klein: Oliver Schwarz
S. 277: APA/EXPA/Johann Groder (3)
S. 278 o.: Joseph Prezioso/AFP
S. 278 u.: GEPA

Dezember

S. 280: GEPA (2)
S. 282: Fabrice Coffrini/AFP (2)
S. 283 o., u.: GEPA (2)
S. 283 Mitte: Jeff Pachoud/AFP
S. 284 o.: GEPA
S. 284 u.: HT/Kreidl
S. 285 o., u.: GEPA (2)
S. 285 Mitte: www.imago-images.de
S. 286: HCI/PAPA Productions (2)
S. 287 o.: GEPA
S. 287 u.: Ski Austria Derganc
S. 288-289: Dietmar Reker
S. 288 li. o.: APA/EXPA/Johann Groder
S. 288 li. u.: Dietmar Reker
S. 289 re. o.: Dietmar Reker
S. 290 o.: www.imago-images.de
S. 290 u.: GEPA
S. 292 o.: Daniel Schoenherr
S. 292 li. u.: www.imago-images.de
S. 292 re. u.: GEPA
S. 293: GEPA
S. 294 groß: EXPA/Stefan Adelsberger
S. 294 li. o.: APA/Georg Hochmuth
S. 294 re. o.: Md
S. 295: GEPA (3)
S. 296 o.: TSV
S. 296 u.: Privat
S. 298 o.: GEPA
S. 298 u.: www.imago-images.de
S. 299: GEPA (4)
S. 300: GEPA (3)
S. 301 o.: GEPA (2)
S. 301 u.: HCI/PAPA Productions
S. 302: GEPA (2)

Jahresbericht des Amtes der Tiroler Landesregierung

S. 304: GEPA
S. 305 li.: Privat
S. 305 re.: Land Tirol
S. 306: Schigymnasium Stams
S. 307: NWKZ Tirol
S. 308 li.: GEPA
S. 308 re.: NWKZ Tirol
S. 309: Simon Rainer/NWKZ Tirol
S. 310: Olympiazentrum Tirol (4)
S. 311: Land Tirol/Brandhuber
S. 312: Ski Mittelschule Neustift (3)
S. 313: TVB St. Anton am Arlberg/Hetfleisch